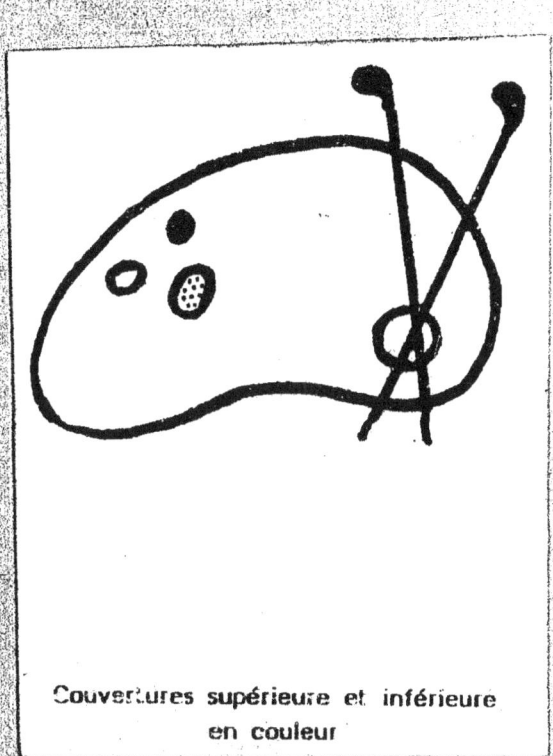

Couvertures supérieure et inférieure
en couleur

COUVERTURES SUPERIEURE ET INFERIEURE D'IMPRIMEUR.

AVENTURIÈRES

ET

COURTISANES

CALMANN LÉVY, ÉDITEUR

OUVRAGES

DE

ROGER DE BEAUVOIR

Format grand in-18

IMPRIMERIE D. BARDIN, A SAINT-GERMAIN

AVENTURIÈRES

ET

COURTISANES

PAR

ROGER DE BEAUVOIR

NOUVELLE ÉDITION

C · L

PARIS

CALMANN LÉVY, ÉDITEUR

ANCIENNE MAISON MICHEL LÉVY FRÈRES

RUE AUBER, 3, ET BOULEVARD DES ITALIENS, 15

A LA LIBRAIRIE NOUVELLE

—

1880

AVANT-PROPOS

La Bruyère a écrit quelque part :

« Il y a des mots *aventuriers* qui deviennent ce qu'ils peuvent. »

Nous dirons, nous : « Il y a des *aventurières* qui deviennent ce qu'elles veulent. »

Atmosphère voluptueuse, ou cloaques empestés, vie tranquille ou orageuse, ligne droite ou ligne gauche, peu leur importe par où elles doivent passer, l'important pour elles c'est qu'elles arrivent en amour, en politique, en fortune ; l'important c'est qu'elles ne restent pas *stationnaires*.

L'inaction pour de pareilles natures, c'est la mort.

Vous avez connu, ne fût-ce que par la *Gazette de Francfort* le brigand Schubri, le Mandrin, du XIXᵉ siècle qui, après avoir été dix fois fusillé, pendu, écartelé, décapité, roué, autopsié, enterré, se trouve, comme par enchantement, au delà de l'océan Atlantique, où il exerce la profession d'apothicaire à Charlestown ?

Eh bien ! coupez en morceaux une de nos aventurières à la mode, vous en retrouverez les tronçons comme ceux de la couleuvre ; au premier jour donné, elles iront de Paris à Munich, de Londres à Hombourg, de Prusse en Australie ou sur la côte d'Afrique ; — ces femmes-là n'ont jamais de Waterloo.

Sont-elles heureuses ?

Jamais !

Leur vie est une vie d'*expiation* à leur insu.

Il est évident pour nous qu'elles ont vécu dans d'autres corps ;

COURTISANES, elles ont vu les orgies romaines, les nuits de la Régence, les soupers du Directoire, etc. ;

AVENTURIÈRES, elles ont vécu de la vie des hirondelles voyageuses, sur les grandes routes, dans les châteaux, les boudoirs, etc.,

Portant la chaîne de leurs amours ou la brisant à leur gré ;

Et si elle est vraie cette pensée *qu'on se lasse des plaisirs qu'on prend, mais jamais de ceux qu'on donne,* jugez dans quel cercle illimité pareilles femmes s'agitent !

Vie étrange, tunique de Nessus qui brûle ! Quelque chose de sombre et de convulsif repose au fond de ces joies, de ces sourires, de ces verres, ces femmes ont à peine le temps d'avoir un cœur !

Quelques-unes ont pourtant encore assez de loisirs pour *faire de l'esprit.*

« Quand on relève le pan de sa robe, — disait une mère d'actrice à sa fille, — ce n'est pas, ma fille, pour passer le ruisseau, c'est pour monter en voiture ! »

Hélas ! il y en a peu qui vont à pied !

Le bonheur leur arrive d'un coup, comme l'insuccès.

Leur *naïveté* est souvent monumentale, — témoin mademoiselle Constance Mar..... à qui une amie de son cercle habituel lisait un jour la relation d'un hardi coup de main de nos soldats sur la réserve de l'émir bédouin Abd-el-Kader.

— Ce pauvre Abd-el-Kader ! on a pris *sa malle,* s'écria douloureusement mademoiselle Constance.

— Oui, ma chère, dans le sac d'une tribu, répondit gravement la lectrice.

*
* *

Il fut un temps où ces dames avaient inventé une langue tout autre que la langue française : elles parlaient *ja-vanais !*

*
* *

Cette langue seule agace les nerfs, les mots y balayent les mots ; les syllabes, argot féroce, défient les étymologistes les plus forts. Cette langue eut pendant un temps un succès colossal, surtout dans les foyers de théâtre ; elle est maintenant tombée dans l'oubli.

*
* *

Un beau livre à écrire serait celui-ci : Grandeur et décadence de la langue *javanaise.*

*
* *

La mort de ces femmes est à elle seule une leçon.

Quand leur beauté a fléchi dans cette longue lutte, celle du besoin ou des plaisirs, — quand leur jeunesse demeure douée sur le champ de bataille de la douleur, — quelques-unes se souviennent alors qu'elles avaient une famille, elles appellent à leur chevet des gens qui souvent n'y viennent pas.

— Ma mère !
— Ma sœur !

Quelques-unes disent :

— Mon fils, ou ma fille !

*
* *

Ce que j'ai vu de plus lamentable en ce genre, ce qui vous fera croire à tous les désenchantements de ces joies d'un jour, d'une heure, c'est ceci :

Il existe un bal appelé Sainte-Cécile...

C'est là... dans ce bal... que vers les quatre neures du matin — une nuit de Carnaval, j'ai vu cette apparition...

Une femme jeune, belle à défier le pinceau de Winterqalter, des yeux en aile de corbeau, un front de Diane, des mains de reine.

Eh bien! elle était venue là, grelottant la fièvre dans son cachemire, plus pâle, plus pâle encore que Marguerite Gautier — elle était venue là, se traînant, s'appuyant aux balustrades et aux escaliers — souriante à son dernier quart d'heure d'orgie—de plaisir—d'orgueil peut-être! Elle était là sinistre, cadavéreuse, attendant le premier souffle de la mort pour l'emporter, mais trop faible pour résister à cette dernière tentative — à ce suprême appel du bal ; elle était là et il a fallu que des mains amies l'en arrachassent; cette femme s'appelait HERMOSA !

HERMOSA! nom de beauté qui lui était, certes, bien dû !

Ainsi livide, expirante, elle avait voulu aspirer les âcres senteurs de ce bal sans nom, elle avait voulu voir les femmes, les quadrilles et les danseurs !

Et le lendemain elle était morte, morte après sa rentrée dans un couvent où, faisant venir la supérieure, elle lui avait dit en lui donnant une petite clef pendue à son cou :

— Ma sœur, voilà pour vos pauvres ! Moi... j'ai connu des riches; allez et partagez-vous ce qui m'en reste... de cet or si étrangement gagné... je meurs seule et sans une amie... Priez pour moi !

AVENTURIÈRES

ET

COURTISANES

MADEMOISELLE LAGUERRE

Vous remarquerez deux choses dans cette rage de maîtresses, qu'afficha le dix-huitième siècle, sa passion d'abord, ensuite son mépris. Sa passion épuisa tous les caprices ; elle eut recours, dans un même temps donné, aux deux extrêmes, courant en échevelée de Manon Lescaut, la plus excusable des courtisanes, à cette autre fille du marquis de Sades, le plus infâme des monstres. La passion du dix-huitième siècle fut un mélange de libertinage et de candeur ; elle allait jusqu'à se moquer d'elle-même dans ses romans et ses livres ; elle se racontait, se critiquait, et se collationnait, pour ainsi dire, par ordre de dates, afin que rien de ce siècle vaniteux ne fût perdu ! Après cela, ce qui ne doit pas

1

surprendre davantage, c'est son mépris. Le veau d'or
une fois brisé, la foule dansait autour du veau d'or ;
elle oubliait et ces jeunes femmes de l'Œil-de-bœuf, si
belles et si imprudentes, lascivement fardées dans les
tableaux de Chardin, la bouche en cœur, et le carquois
de Diane sur l'épaule, ravissantes créatures, dont la
meilleure et la plus noble partie devait monter sur les
échafauds de 93 ; et les agaçantes actrices de son
Opéra d'alors, couvertes de diamants, de poudre et de
priviléges, presque toutes maîtresses d'un maréchal
ou d'un prince du sang, à qui ce siècle avait constamment battu des mains, comme pour les payer de leurs
prodigues complaisances ! Non-seulement la foule les
oubliait, mais elle les poursuivait de ses sarcasmes et
de son opprobre ; et ce qu'il y a d'inouï, c'est qu'elle
riait de leur fin. Ces femmes, à quelques exceptions
près, mouraient en effet misérablement ; elles mouraient tristes, délaissées, dans la honte et le mépris.
Ces filles si parées, si radieuses, ces brillantes étoiles
du premier théâtre du monde, qui trouvaient moyen
de fixer l'Europe à elles seules, malgré les tragédies du
jeune Goethe, les écrits du vieux Franklin et les querelles de la Russie et de la Porte, malgré Diderot,
d'Alembert, M. Necker, Williams Pitt, s'éteignaient
dans la plus profonde obscurité. Il n'y avait guère que
le refus d'inhumation et les résistances du curé de
Saint-Roch, qui pussent alors leur redonner quelque
éclat ; le scandale et l'indécence sauvaient leur convoi
de sa bourgeoise médiocrité.

C'était la Fel, ce *rossignol* de l'Académie royale de Musique, ainsi que les gazetiers la nommaient, la Fel, qui avait rendu fou le tendre et malheureux Cahusac: cet auteur mourut de chagrin pour elle, on le sait, dans une loge de Charenton. La Fel refusa la main de Cahusac, qui avait eu la faiblesse de la lui offrir, avec huit mille livres de rente qu'il possédait. Ce refus aliéna la raison de Cahusac; ce qui l'eût bien vengé plus tard, c'eût été de voir la misère profonde de la Fel, et sa triste dégradation. Elle en était réduite, disent les mémoires, à déshonorer son goût en avouant son étuvisté, lequel succédait lui-même au courrier du duc de Cossé.

C'était encore la *Cartout*, célèbre demoiselle du temps, qui, après s'être retirée doyenne des chœurs de l'Opéra, après avoir soupé autrefois avec quatre princes, tenu table ouverte, brillé, joué et dit des bons mots, n'avait plus, hélas! qu'un vieux laquais pour compagnie, végétait et se mourait, aussi pauvre que la *Chevalier* et la *Lionnais*, toutes deux premières danseuses. La belle *Gaussin* et *Beauménard*, plus connues encore que Cartout, étaient logées à la même enseigne. La Gaussin, qui avait pu jeter le mouchoir à qui elle avait voulu, en l'an de grâce 1745, vit alors l'énormité de sa taille écarter les soupirants; elle fut, en un clin d'œil, quittée des présidents, des généraux, et des fermiers généraux, ce qui est pis! Bientôt, hélas! elle fut réduite à épouser à Saint-Méry, son église, un danseur italien, malgré le mot de M. de Maurepas, ministre d'État, alors chargé du détail à l'Opéra, lequel prétendait que le *sacrement n'était pas fait pour les gens de cette espèce.*

Beauménard, surnommée *Gogo*, que le maréchal de Saxe, ce héros qui ne dédaignait aucune victoire, avait conquise; Beauménard, l'actrice de la Comédie-Française, se vit un jour dépouillée de ses écrins et de ses contrats de rente sur la Ville par un mauvais comédien du nom de Bellecourt, qu'elle aimait à la fureur. Cet homme s'empara de toutes les promesses notariées faites depuis dix ans à la belle *Gogo ;* il avait calculé, en garçon intelligent, la valeur du mobilier et des bijoux ; ayant reconnu que le total formait un fonds qui pouvait lui procurer une vie douce, il écrivit une lettre à la Beauménard, lettre où il lui déclarait qu'après avoir *réuni* une soixantaine de mille livres, il allait l'attendre aux eaux d'Aix-la-Chapelle, où il comptait bien la produire dans la meilleure compagnie. Il est assez curieux, au sujet de ce Bellecourt, de recourir à ce qu'en disait Collé, à l'époque de ses débuts, année 1750.

« Le 21 décembre, je fus voir le début du sieur Bel-
« lecourt dans *Iphigénie,* il y joua très-médiocrement
« et très-fraîchement le rôle d'Achille. Sa voix un peu
« grasseyante, et souvent un air riant, sont des défauts
« légers en comparaison de celui de manquer d'en-
« trailles. Quoi qu'il en soit, s'il ne vaut rien dans le
« tragique, il est sûr du moins que dans le comique il
« est un joli acteur ; il a de quoi devenir supérieur dans

« ce genre, s'il veut travailler. Beau, grand, bien fait,
« l'air noble, de l'intelligence et du feu, il n'a aucune
« des *disgrâces* [1] que l'on contracte ordinairement en
« province. C'est un comédien à aller au grand s'il
« veut se donner de la peine, et écouter les avis des
« gens du métier ; je lui ai donné celui d'éviter de
« prendre ceux des connaisseurs, et je lui désignais
« ainsi particulièrement MM. de Villars et de Thibou-
« ville, qui veulent s'emparer de lui [2]. »

Une magnificence de ce temps-là, observons le fait
en passant, c'était la troupe de comédiens attachée
aux plaisirs du maréchal de Saxe. Le maréchal de
Saxe faisait la pluie et le beau temps ; et quand on demandait à mademoiselle Briant, qui se présentait pour
jouer les rôles d'amoureuse, à la Comédie-Française,
qui elle était et d'où elle venait ? elle répondait : Briant,
de l'armée *du maréchal de Saxe !* Saurin adressait
d'assez mauvais vers à ce héros, que le médecin Sénac
tira d'un fort mauvais pas en juillet 1750. Cette guérison fit un bruit du diable. Sénac partageait le carrosse
du maréchal dans le commencement de sa convales-
cence ; on raconte même que le maréchal mena un
jour Sénac voir la tranchée de je ne sais plus quelle
ville. Le carrosse avait été amené jusqu'à demi-portée
de canon : *Attendez-moi là, docteur,* dit le maréchal,
qui piqua des deux en s'élançant à cheval, *attendez, je*

---

[1] Collé n'est pas le seul auteur qui se soit servi de ce term-
ancien *disgrâce* pour équivalent du mot *défaut.*
[2] Journal de Collé, tome III.

serai bientôt de retour. — *Monseigneur,* répondit Sénac, *et le canon ! Je vois d'ici les canonniers, monseigneur !* continuait le docteur très-effrayé. *Vous n'avez qu'à lever les glaces,* répondit militairement le maréchal.

Le maréchal de Saxe traitait les dames plus galamment que son médecin, disent les chroniques. La *Desaigles,* l'une de ses maîtresses, reçut un jour de lui une rose en pierreries, du prix de trente mille livres, ce fut cette même Desaigles qui porta son deuil *vingt-six* jours, en considération de *vingt-six* épigrammes ou bons mots qu'il lui avait faits dans l'espace de quarante-huit heures. Ne voilà-t-il pas un singulier culte de femme, et un curieux passe-temps de grand seigneur ?

J'ai dit que ces femmes mouraient misérables ; il faut ajouter que beaucoup moururent avant l'âge. Ce siècle, haletant après le plaisir, les tua. Je ne citerai pour exemple que Laguerre, dont un heureux hasard m'a fait récemment découvrir l'histoire et le portrait : le portrait et l'histoire méritent mention. Le portrait, qui nous appartient à cette heure, fut acheté à la vente de la Malmaison. C'est une toile ovale trouée dans plus d'un endroit, brisée, lacérée, comme à plaisir, par quelque mousquetaire jaloux, mais qui n'en garde pas moins encore suave et intacte cette jeune tête de cantatrice ; mademoiselle Laguerre, qui fut enlevée à vingt-huit ans de la scène française, peut en avoir vingt-deux sur ce cadre. Les yeux sont vifs, bien fendus, les sourcils noirs et très-arqués ; aucune mouche, mais de la poudre en longs anneaux, qui retombent comme autant de flocons de neige sur l'épaule. Au côté droit de son corsage bleu à manches éclatantes, corsage retenu par une belle topaze, est suspendue la peau de tigre classique dont s'affublaient alors les actrices, la peau de tigre, que portait Thisbé, Aricie, ou Hermione. Le sein est découvert sous un reste de dentelles fines, de ces dentelles comme savaient en faire Chardin ou Boucher. Malgré cet ajustement d'Opéra, le portrait est d'un effet délicieux ; la bouche, entr'ouverte avec bonheur, laisse croire que Marie Laguerre va chanter. Le coloris transparent de cette figure fait son charme ; les dents de l'actrice, harmonieusement voilées par l'ombre rose de ses lèvres ont l'air d'un clavier qui appelle les accords. Il règne un grand art de dissimulation dans cette étude ; on sent que le peintre a déguisé, sous le fard et la magie de la couleur, les ravages imprimés, par la débauche même, à cette jolie tête. Quand vient le soir, et aux flambeaux seuls, sa maigreur de tombe et ses contours anguleux saillissent de la toile ; cette tête du matin, charmante et rose, laisse percer, à l'œil qui l'examine de plus près, les os d'une tête de mort. C'est qu'en effet Laguerre, la belle Laguerre, n'était elle-même que son masque : sous le fard, malgré son éclat, malgré deux grands yeux étincelants aux lustres comme deux comètes, elle avait à ses pommettes creuses, aux lignes maigres de son col et de sa poitrine, les signes non douteux d'une fin prématurée ;

quelquefois, et rien qu'à l'entendre, on souffrait. Sophie Arnould disait d'elle, un jour qu'elle l'avait entendue chanter à merveille le grand air d'*Adèle de
Ponthieu* [1] : *Laguerre chantera jeudi chez Pluton !*
Guimard, *la belle damnée*, comme l'appelait M. de Marmontel dans une épître fort peu catholique, Guimard
fut la première qui découvrit le talent de mademoiselle Laguerre. Ce fut aussi la seule femme qui lui
donna, dans le cours de sa longue maladie, quelques
larmes véritables, bien que les larmes ne soient pas le
plus souvent le fait des reines d'Opéra. Joséphine-Marie
Laguerre, reçue dans les chœurs de l'Académie royale
de Musique en l'année 1744, fit, deux ans après, ses
premiers débuts dans le rôle d'Adèle de Ponthieu. Incontestablement plus belle que sa devancière, Rosalie
Levasseur, plus mignonne et plus jolie que Sophie
Arnould, qui songeait d'ailleurs, à cette époque, à
prendre sa retraite, Laguerre fit une telle sensation
que les gazetiers du temps eux-mêmes courbent sous
les quatrains et les mots répandus à son sujet, comme
elle courbait déjà dans ce temps sous les couronnes.
Nous regrettons de n'avoir pas en notre possession une
lettre de Gluck, où ce grand musicien parle d'elle
comme *de la Perle de la scène.* « Plus d'une fois, écrit-
il au sujet d'Armide [2], plus d'une fois, en composant
cet ouvrage , je pensais à cette belle *magicienne*

---

[1] Cet opéra fut représenté en janvier 1776.
[2] Le rôle d'Armide fut joué, pour la première fois, le 23 sep-
tembre 1777, par mademoiselle Rosalie Levasseur.

nommée Laguerre. Quelle voix fraîche ! mais on dit qu'elle se perdra. » Gluck n'avait que trop bien prévu ; cependant, en 1778, c'était la cantatrice à la mode que mademoiselle Laguerre ; elle partageait avec Rosalie Levasseur le premier emploi ! Sophie Arnould et la Beaumesnil s'étaient retirées. Il n'y avait pas eu depuis longtemps une plus éclatante période pour une cantatrice qui eût voulu mettre à profit son talent ; Gluck et Piccini luttaient corps à corps sur la scène de l'Académie de Musique ; Sacchini écrivait *Renaud*, que son protecteur, l'empereur Joseph II, présentait lui-même aux comédiens. Les concerts spirituels de l'Opéra attiraient alors par un luxe de voix inusité ; mesdames Todi et Mara passaient, en ce temps, pour les deux plus célèbres cantatrices de l'Europe ; quant à la Saint-Huberti, on sait de Grimm qu'elle remportait sur l'impériale de sa voiture, plus de cent couronnes *argent et or*, à son retour de Provence. C'est contre ce monde étincelant que vint se heurter Laguerre ; Laguerre, la pauvre enfant dont aucun biographe ne s'est donné la peine de rechercher la naissance et le pays. La personne de qui nous tenons le portrait, M. Legrand, marchand de curiosités, homme qui a beaucoup vu, ne se rappelle qu'une chose de Marie Laguerre, c'est le restaurateur chez lequel elle allait boire. Le vice déplorable qu'on a reproché à Laguerre, était-il le fait d'un entraînement ou d'un calcul? c'est ce que nous ne nous chargeons pas d'expliquer. Un feuilletoniste de 1831 reprochait, en termes crus, à une célèbre prima donna, à madame Malibran, d'aimer l'eau-de-vie ; le reproche est au reste des plus mal fondés, cependant si la pâle Desdemona avait eu recours à ce philtre, jugez du précédent pour les cantatrices! Toutes les *Nine* et *Ninette* des Bouffes auraient eu le nez rouge.

Peut-être serait-il pourtant facile de disculper mademoiselle Laguerre au sujet de cette accusation bacchique.

Si Gallet, Collé, et généralement tous les estomacs et les gosiers chantants du dix-huitième siècle, auxquels succédèrent depuis les dîneurs du Caveau, se faisaient une loi rigoureuse de ne chanter *qu'après boire*, pourquoi se refuser à comprendre certains excès de poétiques orgies dans lesquelles l'artiste retrempe ses forces? Lorsqu'il devait se battre, d'Aubigné, l'un des plus raffinés de la cour, d'Aubigné, l'auteur de l'ingénieux roman de *Fœneste*, avalait glorieusement une bouteille : les artistes ne doivent-ils pas, eux, se battre tous les soirs, lutter et espadonner contre le parterre ? Malgré son contrat de décence et de faiblesse, une femme, une actrice ne doit pas, elle, aborder de front, chaque soir, cette grande bataille, ces murmures, ces trépignements, ces tempêtes, ces feux croisés du lustre et de la rampe ? Je sais fort bien que le code de l'Académie royale de Musique ne permettra jamais que l'eau pure à ses artistes féminins. Le public serait quelque peu surpris de voir la délicieuse Cruvelli s'avancer chancelante comme une prêtresse de Bacchus, madame Tédesco répandre autour d'elle un parfum de Sillery et de muscat; Rosati brouiller ses pas divins par suite des erreurs du Lafitte. Mais parce que ces déesses, qui règnent sur nos cœurs et nos oreilles trois fois la semaine, ont le calme et le sourire du bonheur sur les lèvres; parce que leur position est assurée, leur contrat aux mains d'un notaire, et leur notaire aux mains de la loi; parce qu'elles ont des châteaux que paye un *sol* ou un *fa*, parce qu'en 1856, époque raisonnée, sinon raisonnable, époque de contribuables et de rentiers, toute la vie est nette, réglée et précise : s'ensuit-il de là qu'en 1776 les mêmes éléments d'ordre existassent ? Quelle vie et quel ordre, bon Dieu ! Un siècle qui court bride abattue après le plaisir, siècle de bonnes fortunes, de duperie et d'insouciance, siècle où s'élabore à petit bruit la plus effroyable banqueroute du monde, celle de Law ; un siècle où les puissants et les grands seigneurs du jour, les hommes de la mode et du pouvoir comme Richelieu, violent ou laissent violer les droits de tous sans les défendre, où ce même duc de Richelieu, surnommé le *sultan des coulisses*, n'a pas seulement l'idée de vaincre l'influence de M. de Maurepas, directeur de l'Opéra; siècle unique, où le caprice ordonne seul, où les garanties et les traités ne sont rien, à plus forte raison les traités avec les comédiennes ! Et puis ce dénoûment terrible de toutes les querelles, de toutes les rébellions, le For-l'Évêque ou le Temple, ultimatum de la direction tyrannique d'alors ! ne voilà-t-il pas un arbitraire capable d'ébranler

les vocations les plus fermes ? Encore n'ai-je rien dit
de ces amertumes et de ces humiliations à l'ordre du
jour en 1778, où les *camarades* de mademoiselle Saint-
Huberti, lors de ses débuts, la voyant venir à une répétition d'*Orphée* vêtue d'une robe noire fort mesquine,
s'écriaient en chœur devant le chevalier Gluck : *Place!*
place ! voici madame la Ressource ! Ce à quoi Gluck
l'Allemand répondit : *Oui, mesdames, car elle sera un*
jour la ressource de l'Opéra ! Et les prétentions, les per-
fidies, les cabales ! Mademoiselle Arnould se trouvant
mal à *Alceste* parce que mademoiselle Laguerre a bien
chanté ! Lisez seulement ce que Noverre but de dégoûts,
lorsque Gardel, le jaloux Gardel, le vit venir. En vérité,
c'était bien pis que de nos jours ! Ce n'est point par
une forfanterie de paradoxe déplacée que nous soute-
nons ici mademoiselle Laguerre, nous traduisons seulement avec fidélité les angoisses des reines de l'Opéra
en 1776, leurs difficultés de triomphe, leurs rivalités,
et le mépris que le public ou l'autorité faisaient d'elles !

Cela dit, vous en ferez ce que vous voudrez. J'aime
mieux croire que Laguerre effrayée des bruits de coulisse, Laguerre sans appui et sans protecteur apparent
à ses débuts, Laguerre jugeant le duc de Lauraguais,
son ennemi, par cela même qu'il était l'ami de Sophie
Arnould, sa rivale; j'aime mieux croire que Laguerre
a pris bravement le chemin du cabaret de Bergé. Elle
a bu pour ne point tomber les mains jointes devant le
parterre ! Elle s'est enivrée, la blanche et jolie colombe,
afin de ne point battre de l'aile, de soutenir à son

début le feu de tous les regards, le coin du roi et celui

e la reine, le banc des talons rouges, les bons mots,
les lorgnettes, les comédiens, les roués ! Je l'excuse et
l'aime parce qu'elle est belle sur son portrait. C'était
quelque chose, croyez-le, que d'être belle en ce temps-
là ! La Saint-Huberti était blonde et maigre ; mademoiselle Heinel quelque peu Allemande ; mademoiselle Allard, qui fit fureur dans *Sylvie*, avait beau se
carminer, suivant l'expression de cette bonne demoiselle d'Ervieux, Guimard disait tout haut : *J'aime mieux
Laguerre.*

La maison de Bergé faisait le coin de l'Opéra qui
fut brûlé[1]. Un petit bout de jardin, maigre promenade à
bouquets de buis, donnait à ce restaurant un air de
Corso d'Italie. On y vit un jour M. le duc de Chartres,
M. de Lauzun et le marquis de Fitz-James ; ils y en-
trèrent assez tard pour être tranquilles et sans impor-
tuns ; le dîner fut long, la chère très-fine. A la suite de
cette *gaieté*, comme l'on disait alors, le duc de Chartres,
Lauzun et le marquis de Fitz-James parièrent deux
cents louis à qui ferait le plus tôt à pied le chemin de
Paris à Versailles. Or voici ce qui advint : le second
de ces seigneurs renonça à moitié route, et le premier
aux deux tiers. Le dernier, seul, fournit la carrière ;
le comte d'Artois le fit saigner en arrivant et coucher
dans son propre lit.

On buvait très-frais chez ce Bergé. Greuze y dînait

---

[1] *Mémoires secrets.*

deux à quatre fois la semaine : un M. Doyen, qui dessinait en 1775 les fêtes du sacre, à Reims, avait peint
l'enseigne : *A Pygmalion*. Ce Pygmalion était bien le
héros le plus ridicule et le plus gauche : il tenait un
gros marteau de statuaire à la main, et une draperie
grecque qui ne ressemblait pas mal à une serviette.
(Ceci comme couleur locale du sieur Bergé, restaurant.)

On ne comprenait guère pourquoi ce M. Doyen avait
choisi Pygmalion au lieu de Bacchus pour l'enseigne
d'un cabaret ; mais les malicieux disaient que la Vénus
de marbre ressemblait à la Guimard, et que c'était
flatterie pure pour la déesse. Les gardes françaises
affluaient le dimanche chez Bergé. Pour Laguerre,
elle arrivait, la bonne fille ! à trois heures un quart,
son heure ordinaire, elle arrivait avec sa servante,
nommée Julie, et se grisait avec elle les jours d'Opéra
le plus régulièrement du monde. C'était une merveille
alors que Marie-Joséphine Laguerre ! Elle était demandée
des pieds et des mains à son entrée ; elle joua un jour
Iphigénie en Tauride [1], dans un état d'ivresse qui la
faisait ressembler à la Bacchante du Capitole ! *Laguerre
sera divine ce soir, elle est ivre !* était une phrase reçue
en 1776, au coin du roi ; Laguerre en était quitte pour
s'appuyer sur Vestris, qui faisait les rôles de *berger*,
pour martyriser un peu les alexandrins de MM. Cahusac, de Pont-de-Veisle, Bonneval, Laujon et Mon-

---

[1] Musique de Piccini. — Ce n'est point Iphigénie en *Tauride*,
mais bien plutôt Iphigénie en *Champagne* que jouera Laguerre
disait M. de Cossé.

dorge, auteurs oubliés à ce jour à l'égal de l'abbé Pellegrin. Les cadences chevrotées, les saccades et les grimaces étaient alors le défaut de la plupart des chanteuses; il faut voir ce qu'en dit ce bon Rameau! Maintenant, représentez-vous l'Opéra d'alors, les financiers, les marquis, les princes dont les coureurs attendent sous le péristyle éclairé par une méchante lanterne; l'Opéra d'alors, sale au dehors, mais richement paré, éblouissant de fleurs et de guirlandes au dedans! Le chevalier ou la chevalière d'Eon cause au parquet avec le prince de Beauveau; le vieil Helvétius, au frac mordoré, ouvre sa boîte de dragées à M. de Mirepoix; la Duthé, la Sainval resplendissent comme des écrins aux premières loges. On vient d'exécuter le premier ballet, *l'Amour architecte*, pièce composée dans le temps pour madame de Pompadour. Fréron le sévère, Fréron le mal vêtu, est à l'orchestre; Gluck bat la mesure, Laguerre entre... Dieu! comme elle est pâle d'abord, puis comme son teint s'allume! Ses joues se colorent, son regard lance l'éclair. La jeune princesse de Lamballe, qui est venue à ce théâtre *in fiocchi*, est toute troublée et surprise de cet étrange maintien de la Laguerre! Elle souffre, la belle et timide princesse, pour cette autre reine de théâtre si imprudente! Laguerre chante, ses dents sont des perles, son sein bat, la poudre de ses cheveux voltige autour d'elle, vous diriez Vénus dans un nuage... Julie, sa servante, est dans les coulisses, et Bergé, le traiteur, occupe quelque loge de sous-seigneur dans la salle. Ce n'est pas

Laguerre qu'applaudit Bergé, c'est son muscat, muscat
divin, Permesse ignoré des cantatrices; car soyez-en
sûrs, de tous les spectateurs, le plus craintif, c'est
Bergé; c'est sa *pièce* qu'on juge, il ne tremble ni pour
Laguerre ni pour Gluck!

Et à la sortie, on se bat pour elle, on se l'arrache
sous les réverbères du théâtre; les épées des marquis
ne rentrent dans le fourreau qu'à cette phrase : *Eh
bien, messieurs, je soupe avec vous tous!* mais, cette
fois, ce n'est pas chez Bergé, Bergé, le traiteur subal-
terne, que s'en va le gai cortége; les seigneurs ont fait
mettre leur couvert chez d'Ervieux : mademoiselle
d'Ervieux est de droit la surintendante de ce repas.

« — Bonjour, d'Ervieux, — bonjour, Laguerre! —
« Qu'attendez-vous? — Mais probablement le duc de
« Chartres, le comte d'Artois ou M. Collé! Le ballet,
« ma chère, est misérable, mais comme tu as chanté!
« Ce ballet est nul, pas d'air de violon, rien de gai, la
« reine s'est retirée avant la fin! Que donne-t-on de-
« main, de *la Colonie* ou des *Sabots?* Sais-tu bien que
« ce malheureux duc de Chartres a eu toutes les
« peines du monde à venir l'autre soir chez la Gour-
« dan : au moment du souper, un ordre du roi est in-
« tervenu, qui a tout arrêté, même le repas! Le com-
« mandant du guet avait reçu l'ordre de garder les
« avenues, nous n'avons eu que le temps d'écrire au
« prince qu'il se déguisât en femme! Mais que veux-tu?
« lorsqu'on a Laguerre, il faut bien se consoler! Al-
« lons! belle reine, chante avec nous :

« Nous avons Laguerre, oh ! gué!
« Nous avons Laguerre ! »

Alors aussi, on soupait aux accords des violons : le repas était splendide. Les libertins de cette cour avaient pour usage reçu de faire une souscription pour ces sortes de *pique-niques* [1] ; on déposait les lots entre les mains d'une des plus fameuses *impures*, mademoiselle Duthé ou mademoiselle Guimard, par exemple. Le souper était suivi d'un jeu d'enfer; ces femmes, aux cheveux cendrés, aux rubans lilas, aux faibles gazes, résistaient fort peu, ou croyaient souvent le lendemain avoir donné ce qu'on leur avait pris la veille. Alors on entendait d'étranges dissertations de morale et de vertu ! Les grands soupeurs, comme M. le comte de Mirabeau, parlaient de Rome; le comte d'Artois, des courses de Londres; le reste des convives, pour ne pas rester en arrière, s'occupait des combats de Madrid, du carnaval de Venise ou des redoutes de Phila-

---

[1] L'autorité et la police se mêlèrent plusieurs fois de ces sortes de *pique-niques*. Au 15 février 1776, l'une de ces réunions joyeuses devait être suivie de la comédie jouée par mademoiselle Guimard, et de chansons grivoises par la Duthé. Cette partie de plaisir projetée pour le carnaval, avait été remise au premier jeudi du carême ; chaque convive qui devait en être, était taxé de payer cinq louis. Un ordre du roi étant intervenu, la demoiselle d'Ervieux, en sa qualité de surintendante présidant au repas, fit porter tout le festin au curé de Saint-Roch, pour être distribué aux pauvres malades de la paroisse. On nomma plaisamment ce repas le repas des chevaliers de *Saint-Louis*, à cause de l'écot (cinq louis) que chacun devait payer.

delphie. C'était une tempête de cris, de chansons et de bons mots : on se trompait, on se chérissait, on s'excusait, il y avait indulgence plénière pour tout. Le distillateur Le Lièvre fournissait les sirops, Collé les couplets, Lauzun payait, Romagnesi l'arlequin jouait les parades avec sa latte au côté. Chiabran, neveu du fameux Somis, violon de première classe et maître de chapelle du roi de Sardaigne, y faisait danser ces demoiselles; M. le duc de la Vrillière se ruinait à leur brelan : mademoiselle Rosalie, de l'Opéra, qui, depuis la comédie des *courtisanes* (où l'une d'elles se nommait Rosalie), avait trouvé bon de quitter ce nom, pour reprendre son nom de *Levasseur*, y parut un soir en se faisant appeler *baronne*, et elle l'était bien en effet d'une bonne baronnie de 25 à 30,000 livres de rente que lui avait achetée M. le comte Merci-d'Argenteau, l'ambassadeur. Les femmes qui venaient s'asseoir à ces tables fastueuses auraient pu, comme la Cléopâtre antique, y faire fondre leurs perles dans le vinaigre; elles étaient souvent assez opulentes pour cela ! Quand Laguerre mourut, on trouva dans son portefeuille 7 à 800,000 livres en billets de la caisse d'escompte; elle laissait en outre 30,000 livres de rente, deux belles maisons et une grande quantité de bijoux. Tout cela provenait-il des recettes de l'Opéra ou de la munificence de ses amants? Au sujet des recettes, il serait permis de mettre en doute un pareil chiffre de fortune, d'après le seul état des registres de l'Académie de Mu sique (années 1778 et 1780). Nous y lisons que les appointements de Marie-Joséphine Laguerre n'excédaient pas, en 1779 (c'est-à-dire à l'époque la plus brillante de son talent), la somme de 20,000 livres de fixe ; il n'y entrait à titre d'augmentation que les représentations extraordinaires données par l'Opéra à Versailles ou à Marly devant la cour. Il faut donc nécessairement recourir à la seconde supposition, celle des offrandes amoureuses. Mademoiselle Laguerre, on n'en peut douter, était une des filles les plus courues de son temps. Malheureusement les noms de ses adorateurs sont peu connus. Il y a lieu de croire, d'après l'inventaire de la cantatrice, qu'ils étaient assez magnifiques dans leurs cadeaux. A cette époque, il y avait deux fractions bien distinctes dans le camp des actrices à l'Opéra, celle des *fermiers généraux* et celle des *princes*. Le prince d'Hénin, dont un jeu de mots fort applaudi avait fait le *nain des princes*, donnait la main à M. le prince de Guemenée pour l'entretien de ces filles. Venaient après eux, mais en sous-ordre pour le fracas et le luxe, le prince de Soubise, le duc de Lauraguais, le duc de Bouillon, le duc de Choiseul, etc., etc. Les fermiers généraux se trouvaient représentés par le vieux Bouret, La Popelinière, d'Anville, et autres financiers de la rue Grenelle-Saint-Honoré [1]. Il paraît constant que les fermiers généraux, plus encore que les princes, distinguaient alors Marie-Joséphine Laguerre. En 1781, M. Haudry de Soucy, fermier gé-

[1] C'était dans cette rue que l'hôtel des fermiers généraux était situé.

néral, qui fit cette année même une aussi forte banqueroute que celle du duc de Bouillon, était un des soupirants de Laguerre; on trouverait encore au cabinet des estampes de la bibliothèque du Roi, un assez bon portrait de cet Haudry, gravé par Carter. Voici ce qu'écrivait Bachaumont au sujet de ce fermier général (sous la date du 13 février) : « Il est sûr que M. Haudry de Soucy, fermier général, fait une banqueroute décidée. Mademoiselle Laguerre n'y a pas peu contribué, et n'a pas pris cet amant en traître. Elle lui a déclaré qu'elle ne lui donnait pas plus de deux ans, » etc.

En général, Bachaumont, qui ne parle que deux ou trois fois de Laguerre, la maltraite horriblement. Une fois que Laguerre a fermé les yeux et rendu l'âme entre les mains du curé de Saint-Nicolas des Champs, sa paroisse (chose que Bachaumont ne peut lui pardonner), il prononce cette courte oraison funèbre : *C'était au moral un fort mauvais sujet ;* et le voilà qui continue pendant six lignes sur ce ton, l'accusant d'avarice et de défauts bien plus graves ! Nous ne comprenons guère comment une fille d'Opéra ne pourrait mourir une fois par hasard en bonne chrétienne, comment on l'accuse et on l'injurie presque pour cela; c'est ce qui nous faisait dire, au commencement de ce récit, que le siècle raillait ces femmes impitoyablement, quelle que fût leur fin : si elles mouraient pauvres, on leur rappelait leurs débauches, leurs folles prodigalités; si elles laissaient des maisons et des contrats, on les taxait d'avarice. Le dix-huitième siècle fut

ainsi extrême en toutes choses; il couronnait Voltaire
à sa tragédie misérable d'*Irène*, et insultait ensuite le
dieu de la veille dans des pamphlets. Il battait des
mains au duc de Chartres venant au spectacle, parce
qu'il était le prince le plus endetté de France; un an
après il chansonnait en termes assez durs le *singulier*
vainqueur.

Étonnez-vous après cela que les cantatrices aient eu
le sort des princes du sang et des grands seigneurs !
étonnez-vous encore que Laguerre, qui traînait depuis
cinq ans d'une maladie grave, soit morte, triste, dé-
laissée, malgré son opulence, sa vie ancienne et son
beau talent !

« Mademoiselle Laguerre, qui ne s'était jamais ré-
tablie, est morte aujourd'hui [1]. Malgré sa longue absence de la scène de l'Opéra, on ne l'avait point oubliée. Elle est regrettée des amateurs pour la belle
qualité de sa voix et pour sa manière de chanter, pure
et flatteuse. Elle avait brillé surtout dans *Sangaride*;
mais comme son organe, plus propre au chant français qu'à tout autre, s'était gâté par la manière italienne, on n'entendait presque plus sa prononciation. »

La pauvreté de cet éloge se ressent, à notre gré, du
genre nouveau qui commençait à révolutionner Paris,
le genre bouffe. En 1778, les *Finte Gemelle*, de Gol-
doni, se produisaient en France, escortés de la plus
mauvaise musique du monde, la musique de Piccini.

---

[1] *Mémoires secrets*, même année.

Cet opéra fit pourtant fureur. La signora Rosina Byglioni, qui représentait l'hôtesse Olivetta, fut reconduite, avec une actrice nommée Larnesa, à son hôtel de la rue d'Argenteuil, dans un fiacre de place dont le parterre avait dételé les chevaux. En ce temps-là les cantatrices n'avaient pas encore équipage, comme l'eurent plus tard la divine Sontag, comtesse Rossi, madame Malibran et tant d'autres !

Laguerre mourut de sa vie même, elle porta les fruits de sa dissipation et de sa conduite. Presque dans le même temps, dans l'hôtel de la Güimard, Louison Rey, danseuse surnuméraire du grand Opéra, fraîche et jolie, âgée de vingt ans au plus, se mourait de la poitrine. Le poëte Gilbert avait été porté à l'hôpital juste deux années avant ; il était mort comme toutes les victimes de ce siècle, mort de l'indifférence des uns et de la malveillance des autres. Gilbert avait à peine la face couverte d'un drap d'infirmier, que la Harpe, infâme critique, écrivait lâchement que *l'habitude du vin* n'avait pas peu contribué à la folie de Gilbert. La conclusion de ceci, c'est que les écrivains de ce siècle en furent l'égout ; j'aimerais cent fois mieux avoir écrit tout le *Portier des Chartreux* que cette phrase calomnieuse de M. de la Harpe !

Aujourd'hui, en l'année 1856, nous avons des écrivains plus dangereux, ce sont les conseillers de morale et de vertu. Je ne ferai pas à ces messieurs le reproche de mépriser les filles d'Opéra ; mais de les catéchiser. Ils leur indiquent le chemin de la vertu sur les

planches fragiles de Guimard et de Laguerre ; ils mettent la vertu des danseuses sous la protection des no-
taires et des contrats. Cela est moral, mais où est le
profit pour l'art ? Une cantatrice mère de famille, un
ténor vertueux et garde national, cela est bien, mais
où rencontrer l'élan dans ce cercle étroit d'idées, l'actrice inspirée dans la femme de ménage, qui fait sa
cuisine, et s'accroche à son mari comme à un avocat
du Palais ? Y a-t-il dans cette régularité factice, des
chances de gloire et d'entraînement ? Quel est le vrai
maître, du mari ou du public ? chantez et jouez pour
l'un ou pour l'autre, mais choisissez. Le mari, c'est
le maître paisible qui veut que vous chantiez sans
fatigue, à votre aise et pour que vous lui gagniez vos
appointements. Le mari de la cantatrice ou de la danseuse, c'est l'homme assez calculateur (je me sers du
mot honnête) pour l'exploiter comme un immeuble,
pour fumer cette terre et l'engraisser. Que lui importe
la gloire de sa femme ou de sa maîtresse ? Il est insensible à tout, hors à l'argent. D'ailleurs c'est une ombre pâle, un fantôme inaperçu qui se glisse entre deux
pompiers dans les coulisses. C'est un gauche protecteur, auquel on ne fait pas d'attention, un avocat stupide et insuffisant, sachez-le. Qu'il prenne envie à l'un
de ces auteurs à la mode qui trafiquent du scandale,
de *déshabiller* à la scène une comédienne, de lui
faire ôter sa robe épingle à épingle, de vous la montrer
à peine vêtue d'un peignoir, chose fort à la mode
dans certains théâtres ; qu'il lui prenne envie de vio-

ler de la sorte et par le viol le plus odieux, le plus inutile, le plus infâme, le plus lâche, une femme qui n'est pas la sienne et que vous avez choisie ; qu'il la livre ainsi, qu'il la jette nue à tout un parterre par caprice ou par dérision : où est votre puissance, mari d'opéra ? où est votre épée, bouillant Achille ? *C'est un effet de scène,* vous répond l'auteur, *j'ai compté sur cet endroit !* Et tout au plus alors obtiendrez-vous, à la seconde ou troisième représentation, que la robe soit montée de douze ou quinze lignes ! Demandez donc grâce pour votre vertu, et choisissez-vous des soutiens, mesdames, vous prima donna, vous danseuse, vous cantatrice !... Je vous le dis en vérité, vous n'avez qu'un maître, un maître vrai, le public ! Il est votre maître et votre sultan. Vous devez l'amuser, l'agacer, l'aimer et lui jeter le mouchoir. Cette vertu, dont personne ne vous sait gré, est un accessoire d'opéra digne au plus des tragédies grecques. Les femmes du beau monde vous ont de tout temps nommé *perdues,* afin d'autoriser une différence plus extérieure que réelle ; mais vous savez aussi qu'une actrice vaudra toujours plus dans le vrai monde que la femme d'un épicier ou d'un imbécile. Seulement il faut que l'actrice soit actrice ; la danseuse, danseuse dans toute l'acception du mot, c'est-à-dire que sa vie, qui ne peut triompher du préjugé, aille au gré du préjugé et des orages ! Il faut qu'elle se fasse sublime à force de dangers et d'écueils, qu'elle vive la vie de son rang et de sa caste, qu'elle n'échappe pas à sa mission par le

suicide à la mode, le mariage ! La virginité de l'Opéra
est une religion aussi difficile à établir que la religion
de Saint-Simon. A quoi sont venues aboutir toutes ces
vertus tant citées de notre royale Académie de Musique ? La municipalité n'a-t-elle pas vu autrefois la
première de ces déesses qui lèvent si divinement le
pied, venir lever la main à son tribunal comme une
simple mortelle pour épouser l'amant de son choix,
amant qu'elle remplace aujourd'hui par celui-ci et
qu'elle est bien libre à coup sûr d'échanger demain
contre un tel autre ! Soyez donc conséquentes, reines
de la rue Lepelletier, soyez de l'Opéra, vous qui n'êtes
pas nées pour être de Saint-Cyr ! Par pitié, ne vous je-
tez pas dans le mariage, parce que vos devancières du
dix-huitième siècle se sont jetées sur la fin de leurs
jours dans la dévotion. Votre vie, mesdames, c'est
l'acte des nonnes dans *Robert !* Quand les clochettes
pleurent au couvent et que la lune argente les colonnes, quand le vent secoue les feuilles des ifs et que les
follets s'en vont par groupes amoureux baiser les tom-
bes, sortez alors de vos blancs suaires, ô charmantes
divinités ! Effleurez du pied ces dalles sévères, dé-
nouez vos tresses flottantes et dansez la coupe à la main
près des cénotaphes ! Peut-être alors, du marbre voisin d'une tombe, marbre entr'ouvert et brisé, sortira
la pâle fille dont je vous ai dit l'histoire ! Peut-être se
mêlera-t-elle à vos pas ; à vos danses commencées ! Elle
voudra savoir de vous, et pourquoi vous ne traînez
plus d'amants à votre suite, et pourquoi votre vie est

devenue aussi régulière que celle d'un cloître. Elle s'é-
tonnera à bon droit de vos péchés innocents, et de
vos folies raisonnables. Elle vous demandera compte
de ces traditions magnifiques du vieil Opéra, et vous
rappellera vos aïeules chargées de fard et de roses,
souveraines accessibles et bonnes à tous, ces aïeules
divines qui doivent être vos modèles! Laguerre, la
belle chanteuse, Laguerre, la courtisane vraiment comédienne, vous dira de lui revenir, elle vous tendra
les bras comme une ombre du Styx qui supplie!

Nonnes de Robert, vivez plus longtemps qu'elle, et
dansez!

DÉSIRÉE R...

UN MOT DE L'AUTEUR A SON ÉDITEUR

Mon cher ami,

Vous m'avez paru si désireux de savoir la vie de mademoiselle Désirée Rond... à laquelle sont dus plusieurs fragments contenus à la fin de ce volume, qu'il m'est impossible de ne pas satisfaire une curiosité si légitime.

Mademoiselle Désirée Rond... n'est pas un mythe, une création de fantaisie, elle a existé, elle existe encore, seulement est-ce en Russie, en Amérique ou dans l'Inde? franchement il serait difficile de résoudre la question.

C'est, à mon sens, le type le plus complet de la *courtisane* qu'il m'ait été donné de voir dans les premières années du règne de Louis-Philippe; elle a séduit, régné, tenu tête à des ministres, elle a eu des ducs, des grands seigneurs et des journalistes, elle a

aimé la porcelaine de Sèvres et les meubles Renaissance,
les députés et les paravents de laque. Dans ce temps
de moellons et de marbre où Louis-Philippe s'était
fait le premier maçon de son royaume, elle a été artiste, plus artiste vingt fois que MM. Fontaine ou Thiers,
elle a ébloui, elle a confondu le bourgeois. Son salon
(cette femme avait un salon) a reçu, aux heures mar-
quées, les plus étonnants contrastes, le monde interlope
ou demi-monde, puisqu'on le nomme ainsi, le monde
des diplomates, et le monde des filles entretenues, le
rentier, le pair de France, l'auteur, le marchand de
bric-à-brac. Elle a été presque aussi jolie que Ninon
de Lenclos, et elle écrivait aussi bien qu'elle, seulement avec moins d'afféterie...

Portrait flatté, direz-vous ; non pas, car beaucoup de
gens ont de ses lettres... Demandez plutôt dans certains clubs !

Singulière fille et plus singulière histoire !

Au physique, très-digne d'inspirer un caprice, au
moral, légère, coquette ; j'ai l'air de dire cela comme
un amant éconduit, par malheur c'est le contraire.

Par exemple, il n'y eut jamais de plus amusante
créature, elle eût fait rire comme Scaramouche le
Dauphin malade, elle appartenait comme Guim... et
quelques autres assez rares pour qu'on les puisse
compter, à la véritable école de l'esprit, esprit caustique, il est vrai, mais qui se traduira éternellement
par le mot d'argent comptant.

Pour joueuse, on peut dire que c'était là surtout sa

grande bataille. Une fois, en hiver et par une neige de janvier, elle osa demander une revanche à Duj... sur la borne même de sa cour, les pieds chaussés de bas roses et de pantoufles turques...

D'autres fois il fallait qu'elle fût bohémienne devant un grand feu et sur un tapis; elle tirait ainsi les cartes à ce pauvre Pradier, l'un des rois de son Olympe.

J'ai parlé de son salon, il était resplendissant de dorures, de meubles de Boule, d'étagères, elle empilait dans ces dernières, des assiettes à défrayer la table de l'Hôtel du Louvre.

Sa chambre à coucher différait entièrement de ce salon Louis XV d'un très-bon style où se pavanait au plafond un beau lustre en cristal de roche. Cette chambre avait un lit Renaissance de Monbro, une glace de Venise et sur le lit une courtine de velours noir... *Nota bonœ secreta deœ.* Elle avait la peau blanche et savait la faire valoir.

Elle n'eut jamais — j'allais l'oublier — à côté d'elle de mère ni de tante, elle en fût morte!

Fière comme Junon, elle en avait la démarche, des yeux noirs d'un beau velours, des sourcils très-prononcés, des dents admirables, et une peau de déesse...

Mais, hélas! comme dit Musset :

> N'ayant guère le temps de nouer sa ceinture
> Entre l'amant du jour et l'amant de la nuit !

Un beau jour, elle partit, elle émigra en Russie : — pourquoi? Elle avait des créanciers, mais elle avait aussi le cœur enclin aux extravagances, — choisissez !

Elle avait des mots, j'en ai retenu quelques-uns. En ce temps-là il n'était pas facile de se faire mettre d'un club — les motifs d'exclusion étaient loin de manquer aux candidats.

L'un d'eux — lion guindé, le fils d'un restaurateur en renom sous le premier Empire — se plaignait amèrement devant elle de n'avoir pu désarmer la sévérité de ses juges.

— Ils m'ont trouvé trop froid, disait-il, qu'en pensez-vous ?

— Qu'ils ont tort, mon cher ! Vous ne vous présentiez pas comme un potage !

Elle écrivait ceci sur le feu prince Tuffiakin... « La tête grosse et rien dedans, les jambes aussi courtes que les idées, de façon que, soit en pensant, soit en marchant, il reste toujours en chemin. »

Un jour Désirée partit brusquement pour la Russie.

Le livre curieux de M. le marquis de Custines venait de donner à ce pays une véritable vogue : les femmes n'en étaient pas encore aux Moldo-Valaques, aux mariages d'Yassi, aux couronnes de princesses brodées sur des coussins grecs ; on ne savait pas au juste à Bucharest ce qu'est ici Breda-Street.

Connaître un Russe et mourir ! tel était le cri des pécheresses néophytes, leurs aspirations ne tendaient guère qu'à aller jouer Scribe devant le czar, comme

madame Volnys, ou montrer là-bas en échange d'un
plat de turquoises quelques robes d'Alexandrine. Le
Russe était à la mode, on avait eu le temps d'appré-
cier à Paris le prince Tuffiakin, portant le cou sur
l'épaule un peu plus qu'Alexandre, le comte de
Men... f, le prince Galit... n, etc., etc. Paris se souvient encore de ces merveilleux boyards inscrits sur
les fastes des courtisanes d'alors, cotés, numérotés
comme leurs paysans le sont eux-mêmes en Russie;
ils faisaient autorité dans les salons par leur exquise
politesse, dans les boudoirs, par leurs roubles. — Grat-
tez la peau d'un Russe, avait dit Napoléon, et vous
trouverez dessous la peau d'un Cosaque. Était-ce cette
étude qui poussait les femmes du demi-monde d'alors
à s'attacher ces Français du Nord, ces hommes presque
tous rompus aux manéges secrets de Saint-Pétersbourg,
aux intrigues diplomatiques? A l'idée seule qu'ils pouvaient sinon emmener, du moins protéger en Russie
l'objet de leur choix, le cœur de nos houris s'enflam-
mait, il devançait l'heure où elles fouleraient les gazons
de l'Ermitage. Quel orgueil pour elles d'humilier au
retour leurs rivales stationnaires? Plus d'une en quittant Paris achetait chez Susse un album afin d'y écrire
son journal daté de la Newa, couvert de signatures et
de dessins russes, après un mois de séjour ; ces cara-
vanes galantes les faisaient rêver ; Balzac, Balzac lui-
même, Balzac, leur auteur, n'était-il pas allé après
M. de Custines dans ce pays du knout et de la fortune?

Il faut bien le dire d'ailleurs, à cette époque-là l'empereur Nicolas exerçait sur les femmes surtout un vrai prestige, il était leur grand Lama.

Les versions les plus attrayantes circulaient sur l'autocrate : il était noble, magnifique, il couvrait les actrices d'or, de diamants, de contrats de rentes, il protégeait ouvertement madame Volnys, il causait familièrement avec Vernet l'acteur, quitte à le faire repentir ensuite de ces concessions impériales. Les grands de sa cour rampaient sous lui, les artistes l'adoraient. Il parlait à la fois à l'esprit de l'homme, au cœur de la femme, à l'oreille des potentats. Je ne sais plus quelle femme, dans un conte de Voisenon, s'éprend du prince Potiron tant et si bien, sur son portrait, qu'elle ne veut plus le quitter : elle le fait monter en bague, en bracelet, en miroir de poche, elle a pour cet amant souverain des trésors inouïs de tendresse, elle croit le voir dans sa glace en se couchant. La femme ne peut être qu'esclave ou souveraine, celle-ci adore M. Potiron en vraie croyante, c'est bien plus ! Mais le prince est, hélas ! comme ces décors qu'il ne faut voir que de loin, il se montre une fois à cette femme qui l'adore sous son véritable jour, et alors quelle déception ! Écoutez plutôt Voisenon :

« La fête eut lieu, le prince parut bête, son ministre laid, la princesse triste... et tout cela était vrai [1]. »

Soyez donc amoureuse après cela !

[1] Le *Prince Potiron* (conte).

Pourtant c'est à cette vision que devait se prendre Désirée ; — cette fleur impériale l'entêtait. Sa passion fit d'abord bien rire ses amis, mais elle prit ensuite des proportions telles que les donneurs de conseils ne manquèrent pas à leur mission.

— Une rude campagne ! lui disaient-ils, aimer Nicolas ! êtes-vous folle ? Folle, elle l'était et au delà de toute folie. Aimer un empereur ou un acrobate lui semblait la même chose ; elle avait un soir invité Débureau Ier à souper pour se moquer avec lui du vin de Johannisberg... C'était bien un peu se moquer du prince de Metternich.

Mais il ne faut pas s'engager, même dans la plus belle route, sans avoir sa carte en main. Désirée ne connaissait guère que celle du Tendre, elle avait passé sa vie à soutenir des combats, est-ce donc sa faute, si dans celui-ci elle ne put vaincre ?

Le bonnet des courtisanes ressemble un peu au bonnet de la liberté, il affiche avant tout l'audace et la bravoure martiale ; on ne commence, d'ordinaire, ces sottises-là qu'à l'âge de la raison.

Désirée l'avait, mais elle avait de plus, à la honte des Marguerite Gautier d'aujourd'hui, tous les instincts d'une grande dame. Elle faisait parfois l'aumône de son corps et de son esprit.

Ce problème russe l'épouvanta d'abord, puis elle s'y fit.

La toile était tombée dans le royaume de Catherine sur tant d'histoires de ce genre ; les témérités de caste

avaient tant réussi, que ce colosse vu de loin lui semblait de près devoir ressembler à tout le monde ; c'é-
tait après tout l'histoire des bâtons flottants.

Peut-être espérait-elle trouver aussi dans *Lui* le défaut
de la cuirasse, la serrure de ce cœur pouvait être
forcée par cette grande comédienne. Lolla Montès
avait bien subjugué Louis de Bavière !

Elle nourrit son rêve, elle l'habilla comme une
femme de Séville habille son *niño* dans sa chapelle ou
dans son alcôve.

Elle avait souvent voyagé d'un homme à un autre,
jamais pourtant elle n'avait *levé* la pourpre...

C'était avec une joie secrète, un frissonnement indicible qu'elle entendait parler de ce Dieu nouveau
pour elle ; ce poison subtil, elle le buvait en insensée.
D'échelons en échelons elle en arriva à se dire que ce
conte de fées n'était pas si déraisonnable ; d'ailleurs
elle était douée d'une ambition immense, elle voulait
voguer sur la mer de l'avenir sans autre boussole que
son caprice, sans autre pilote qu'elle-même. Il n'y a
vraiment que les courtisanes pour ces audaces.

Un poëte, un épicurien, l'a dit : Les éphémères ne
vivent qu'une seconde, mais si c'est une seconde de
bonheur... les éphémères ont assez vécu [1].

Elle aussi, elle voulut vivre une seconde de cet eni-
vrement profond de plonger son œil bleu dans l'œil
de César, elle voulut jouer avec ce serpent du Nord,

---

[1] Adolphe d'Houdetot. (*Petites pensées.*)

comme Cléopâtre avec son aspic, dût la mort l'étrein-
dre de son baiser froid...

Elle se disait peut-être le beau vers d'Électre :

« Sais-tu quelle est la mort ? C'est le baiser des Dieux ! »

Elle partit seule, avec une amie, et son chien, une
amie, c'est-à-dire ce je ne sais quoi qu'emportent en
voyage toutes ses pareilles, cela ressemble à un sac de
nuit, ou à une confidente du théâtre Richelieu.

L'amie de Désirée était bien choisie, elle était laide ;
— seulement elle avait vingt-deux chapeaux et plusieurs robes. Ainsi armée en guerre, elle savait sa
force, et comptait en profiter.

Rien de plus curieux que les préparatifs d'un départ
de femme galante, quand il s'agit pour elle de cingler
à toutes voiles vers la fortune. Ce n'est pas certes pour
ces dames qu'a été faite la phrase de *Marianne :* « Cette
belle fille partit avec un pauvre petit sac, encore se
plaignait-elle d'arriver ainsi à Paris, ignorant, l'ingé-
nue ! l'avantage qu'il y a pour une fille de seize ans à
être dépourvue de tout. »

Désirée n'avait plus seize ans, mais elle en avait bien
mis vingt à se pourvoir de toutes choses. Une garde-
robe de reine, des dentelles, des bijoux dignes d'une
prima donna, des gants par centaines, des cigarettes
par mille, une malle unique pouvant passer au besoin
pour une commode, des médaillons de *victimes* à employer deux vacations à l'Hôtel de MM. les commis-
saires-priseurs, qu'est-ce encore ? des draps de satin

noir, nous l'avons dit (elle n'en voulait pas d'autres), voilà un aperçu de ce bagage de sultane, sur lequel veillait de son mieux le gentil Fly, charmant King'Charles aux longues soies dont Van Dyck, sans déroger, eût fait de son temps le portrait pour complaire à sa maîtresse.

Fly était content de son sort, d'abord parce qu'en ce temps-là on n'imposait pas les chiens, puis il était si propre, si aimé, si bien servi ! Les plus beaux cornets de dragées étaient pour lui, les plus beaux coussins, les plus moelleuses fourrures ; il n'était jamais grondé, aussi avait-il le caractère assez égal, hormis à l'endroit des préférences. Othello à quatre pattes, il eût mordu tout autre quadrupède assez hardi pour usurper sa place sur les genoux de Désirée...

Ce lui fut pourtant un grand déplaisir à ce bon Fly que de se voir en mer, et sur le *plancher des vaches,* comme on dit communément ; la traversée ne fut pas des meilleures, Désirée arriva malade à Saint-Pétersbourg.

Il faut avoir voyagé pour comprendre l'espèce de marasme dans lequel vous plonge l'aspect d'une nouvelle capitale, différente de mœurs, d'idiome, de goûts, labyrinthe réel dans lequel vous vous engagez. Vous vous surprenez presque à pleurer, vous cherchez vos meubles, votre lit, vos tableaux aimés, vos glaces, votre table, vos plumes... Au lieu de cela un lit d'hôtel, un lit banal dans lequel a couché peut-être un vil coquin, un miroir stupide, habitué à sourire au premier venu, des pantoufles affreuses, des valets bornés, une armée de touristes suant l'ennui, des murailles qui vous regardent piteusement, des oreilles qui vous espionnent... Voilà, à peu de chose près, pour quel lieu commun vous avez quitté votre nid, votre Eden, votre couchette ! Avant de se mettre en route on devrait bien relire la fable des *Deux pigeons!*

Cependant la ville des czars devait recevoir notre transfuge, elle avait bon nombre de lettres de recommandation, elle vit s'ouvrir bien des portes ; elle ne ressemblait pas à ces affamées qui se mettent vite en battue avant le lever du jour ; tout au contraire, et il faut le dire à sa louange, elle déboucha doucement en plaine sur le théâtre de la chasse, Diane exercée, prudente, son carquois au dos ; — les accidents vulgaires du terroir elle les dédaignait, l'ambitieuse ! ce qu'il lui fallait c'était un *lancé* impérial, un vrai sanglier à balle franche ; elle n'était pas femme à braconner, croyez-le.

Les femmes de ce genre ont un tact exquis, elles font naître l'occasion.

S. M. l'empereur Nicolas aimait la promenade, Désirée eut soin de se placer sur son passage à Czarscoselo...

Elle le vit enfin !...

Non pas avec les yeux de M. de Custine, mais avec cette fascination résolue qu'elle apportait à cet examen impérial. De même que dans le foyer l'enfant voit des choses superbes, des villes fabuleuses, des jardins et des palais de saphir, elle vit dans Nicolas un soleil de flamme, un satrape, un doge, — ce sont là les propres images de l'une de ses lettres. Un enthousiasme inexprimable (a saisit, elle fut prête à se jeter à genoux. Glaive et tiare, elle admirait tout dans cet empereur réduit aujourd'hui aux proportions de l'histoire ; c'était son héros, son Dieu ! Au théâtre, elle espérait attirer son regard par d'inconcevables toilettes, elle appelait à son secours ses plus exquises séductions.

Vain espoir ! l'autocrate ne la lorgnait même pas, nul courant électrique ne s'établissait entre elle et lui, son silence même protestait.

Aimer un souverain qui décide du sort de tant d'hommes et qui passe à la fois pour le plus bel homme de son royaume, qui peut tout, qui fait tout, qui est à la fois le chef militaire et spirituel de son empire, que tous les yeux cherchent, que tous ses sujets redoutent, un monarque plus monarque encore que Louis XIV et avec une étiquette plus absolue, un espionnage plus terrible, le voir, l'admirer, le suivre dans ces longues cérémonies du rite grec où tout le monde tombe à genoux avant lui, le suivre du regard aux revues où il assiste avec ce masque solennel qui cache son visage, emboîter le pas de cet acteur colossal partout où il va et où l'on peut se glisser, l'étudier chaque jour comme une page nouvelle et chaque jour fermer le livre, en se disant : Me tromperais-je? telle était la vie de cette femme encore jeune d'imagination, phalène imprudente qui allait se brûler à ces flambeaux d'une autre cour, elle assez belle cependant pour être reine en

Géorgie avec ses perles, ses étoffes, ses voiles et ses babouches d'or !

Mais, comme elle l'écrivait à son amie Clara B..., elle était ensorcelée !

De l'impression des sites et des aspects, Désirée ne devait rien retenir, rien de la singulière et magique lueur des nuits polaires, rien des fêtes, des bals, des spectacles inouïs auxquels son étoile la fit d'abord assister ! Toute sa pensée était concentrée dans ce rêve unique : l'Empereur !

On lançait un jour un vaisseau dans la Néva ; tout Pétersbourg était là : habits magnifiques, pierreries ruisselantes de feux, uniformes éblouissants, la cour et la ville enfin. Désirée, de retour chez elle, écrivit la date de ce jour sur son album avec ces mots : *Il n'était pas là !*

Ce qu'elle se prit à haïr tout d'abord et à dénigrer en revanche, ce fut la beauté des dames du grand monde ; elle en parlait même trop librement, pour une aventurière de sa taille. Elle les comparait à des poupées qui dansent sur un parquet chauffé à blanc. L'agitation que se donnent les femmes russes motivait cette dénomination selon elle ; ce sont en effet d'intrépides valseuses que les dames de Péterhoff ou de Moscou : ces willis ont l'air d'obéir à l'archet fatal de la ballade. Mais la vraie raison pour Désirée c'est qu'elles approchaient de si près l'Empereur, et le lui masquaient souvent si bien, qu'elle les donnait au diable.

L'Impératrice avait pour habitude de pousser ses

promenades dans le parc de Péterhoff jusqu'à son cottage où elle s'arrêtait, véritable halte au milieu des
fleurs, — oasis qu'elle s'était créée dans un coin de cette
résidence vaste et somptueuse. — Elle y allait accompagnée de l'une de ses dames d'honneur, la comtesse
M... f. Ce parc de Péterhoff avait paru si grand la veille
à notre Parisienne qu'elle s'y était perdue ; la cascade
impériale reflétait ce soir-là de splendides illumina-
tions ; tout était topaze, émeraude, lapis et saphir dans
ces eaux de feu ainsi métamorphosées. C'était la fête
de l'Impératrice ; les étrangers, les ambassadeurs et leur
suite encombraient les appartements ; on avait logé
jusque dans des loges d'acteurs, dans la salle de théâtre
de Péterhoff. Au détour du cottage, Désirée s'était
rencontrée avec l'Impératrice.

L'étiquette impériale ne permet jamais d'adresser
la parole en premier à la souveraine ; notre héroïne
était si émue qu'elle n'osa pas même l'aborder, ce fut
son épagneul, le joli Fly, qui jappa un compliment
bizarre et guttural, s'il en fut, à la chienne de la comtesse M... f...

C'était un commencement...

Imprudent Fly !

Il ignorait sans doute, ce griffon insoumis à la taxe
actuelle des chiens, (ce griffon qui ne la pressentait
même pas !) de quelles sévères prescriptions le Code
russe de Péterhoff entoure une Majesté qui se promène, une Majesté qui sourit du bout des lèvres aux
mille et mille lampions d'un parc allumés en trente-

cinq minutes par dix-huit cents hommes ! Fly fut mal
reçu de la chienne à pompons bleus de la dame d'honneur ; aussi bien, dans cette nuit de fées qui faisait pàlir
le soleil, comment un simple épagneul anglais avait-
il osé faire quelques politesses à une chienne de la
cour?... L'Impératrice passa sans regarder même Désirée.

L'Impératrice ! Jamais Désirée ne s'était attendue à
la rencontrer en face ; c'était pour elle la grande Catherine, et dans ces salles, ces jardins regorgeant de
monde, dans ce vieux palais devenu en un quart d'heure
une gerbe de feu, c'était bien plutôt le front élevé de
l'Empereur qu'elle cherchait ! c'était ce prestige vivant,
cette taille planant au-dessus des autres tailles, cet
homme adoré, ou plutôt cet acteur grave, inouï à la
parade comme à la guerre, — un homme surpassant
les autres hommes, — un règne, une pensée en uniforme !

Dans cette fête où la voix retentissante de Nicolas dominait toutes les voix, où sa volonté restait la Bible de
son peuple, dans cette fête, vraie bacchanale du pouvoir
absolu, ainsi que l'a dit M. de Custine, où le rencontrer, ce colosse européen, au milieu de ses paysans et
de ses seigneurs vêtus pour le bal, au milieu de six
mille voitures et de trente mille piétons, dans cette
nuit chassée par d'éblouissantes lumières, mais où le
fil d'Ariane n'eût pas été de trop pour guider des pas
douteux ?

A cette fête populaire, Désirée ne cherchait que lui,

et ses regards s'arrêtaient sur l'Impératrice ! Et celle-ci passait, lui rendant à peine son salut !

Le lendemain de cette fête, Désirée se promenait encore dans le parc de Péterhoff ; ce fut là qu'elle se rencontra de nouveau vis-à-vis de l'Impératrice.

Cette fois la personne qui l'accompagnait était cette charmante comtesse B... dont tous nos salons parisiens se souviennent ; Désirée l'avait entrevue à Paris avec le comte A. de Noai... elle s'enhardit au point qu'elle se résolut à l'aborder franchement.

Fly remuait la queue cette fois en signe d'allégresse, il devinait que rien n'allait troubler cette entrevue ; l'endroit était sûr, écarté, nul œil d'espion ne guettait sans doute ; le pauvre animal aboya joyeusement et vint se coucher en travers du chemin de l'Impératrice, lui barrant ainsi le passage.

La comtesse se mit à rire comme une folle en montrant ses belles dents blanches, l'Impératrice sourit. Elle regarda le chien, qui, nous l'avons dit, était d'espèce rare.

Désirée admirait encore la taille élevée et la grâce régulière de la princesse, quand un frémissement léger agita les feuilles voisines : à ce bruit le chien se releva et se mit presque en arrêt.

— Madame la comtesse, hasarda notre héroïne, en s'adressant à la dame d'honneur, veut-elle bien assurer Sa Majesté de mon respect ? je n'ignore pas qu'il est défendu de lui parler, mais comme mon épagneul paraît lui plaire...

Elle s'arrêta. Un sentiment de surprise se peignait sur les traits de l'Impératrice ; elle ne regardait plus Fly, mais Désirée, et son air était sérieux.

Rassemblant alors toutes ses forces, Désirée continua :

— Si Sa Majesté veut bien me permettre de lui offrir ce chien...

L'Impératrice allait répondre sans doute, pressée, subjuguée par le timbre pénétrant de cette voix, lorsqu'un bruit de pas sur les herbes du parc retentit de nouveau, et les branches agitées d'un massif donnèrent passage au grand-duc héritier qui venait rejoindre sa mère.

Il sourit d'un air gracieux à la comtesse et à Désirée, qui, confuse et rouge comme une cerise, rattachait déjà au collier de Fly son ruban moiré de rose pour l'offrir à l'Impératrice, quand celle-ci, d'un geste aussi prompt que la pensée, s'y opposa.

Un souvenir rapide venait peut-être de traverser alors son esprit ; cette figure de femme elle se rappelait l'avoir entrevue aux spectacles de la cour, ou sur le passage de l'Empereur, elle avait peut-être surpris dans les grands yeux noirs de Désirée (deux yeux sortant de l'enfer) une passion folle, ardente pour l'homme de son choix, l'idole de son cœur et de son peuple !

Adressant un sourire contraint à Désirée, elle s'avança rapidement vers le détour d'une autre allée...

. . . .

Le soir, Désirée causait avec son amie mademoiselle C... qui l'avait accompagnée dans ce voyage, de tous les événements qui leur étaient survenus en Russie à toutes deux depuis le jour de leur arrivée, et elles relisaient ensemble quelques pages du fameux album... La bouilloire chantait sa chanson accoutumée, la lampe éclairait les deux femmes d'une lumière douce et calme. L'insuccès de la matinée avait été raconté par Désirée à son amie, que de chagrines réflexions rendaient silencieuse.

— Il nous était si facile de ne pas aller ici! dit-elle enfin à Désirée. Cette fête au palais Michel chez la grande-duchesse Hélène devait te suffire. N'y as-tu pas vu Sa Majesté?

— Au milieu de Russes, d'Allemands, de Polonais... belle rencontre! Encore si ce n'eût été une fête masquée... Et puis d'où ai-je vu le bal?-des fenêtres de l'une des lingères de la cour! J'eusse bien mieux fait d'accepter l'offre de ce jeune capitaine anglais que nous avons rencontré à la promenade des îles...

— Et qui voulait t'emmener en yacht de Pétersbourg à Londres; c'est ainsi qu'il en est venu...

— Tiens, ma chère, veux-tu que je te parle une fois à cœur ouvert? Eh bien, tout ici me déconcerte et me fatigue. J'aimerais autant une prison que cette ville de granit. Mon joli mobilier de Paris, mes amis de là-bas, mes emplettes chez Susse ou à la porte Chinoise, mes dîners à la soupe aux choux et au champagne frappé, avec mes convives préférés, de joyeux garçons! ah! je sens qu'ici tout cela me fait défaut. Ici il faut jouer,

jouer toujours, tellement que les cartes vous usent les doigts. Pour un rien je m'en irais !

— C'est cela, partons ! je m'ennuie autant que toi.

— Mais pas de la même manière... Pense donc que j'ai échoué, moi qui comptais réussir !

— A subjuguer un czar ! oh ! la bonne plaisanterie !

— Pourquoi pas ? Parce que je ne joue pas la comédie comme madame telle ou telle ! ayez donc les dents blanches et des lettres pour Paskiewitch !

— Le fait est qu'on t'avait assez recommandée au maréchal !...

— Si je me faisais actrice ! Il descend sur les planches, il va dans les coulisses, tu le sais. Je ferais toujours une aussi bonne figure que cette minaudière de P.....

— Une consolation, c'est que Fly nous reste ! Pauvre Fly ! un peu plus, et il allait faire partie de la maison de l'Impératrice ! Si nous restons ici, nous l'emmènerons à la foire de Nijni, tiens, cela nous distraira !

— A propos, sais-tu si Taglioni danse ce soir ?

— Attends, je vais le demander à notre hôtesse.

L'amie de Désirée se leva, elle tenait encore le bouton de la porte quand elle se trouva vis-à-vis d'un homme vêtu de noir.

— Mademoiselle Désirée R..., demanda le nouveau venu.

— C'est moi, se hâta de répondre celle-ci en s'avançant.

— Dès lors, veuillez vous asseoir.

3.

Elle le regarda ; c'était un personnage sérieux et guindé, boutonné dans sa tunique comme un agent de police. Il venait, disait-il, de la chancellerie secrète et avait ordre de surveiller tous les préparatifs de départ de mademoiselle Désirée R... jusqu'à l'heure où un vapeur anglais chauffant dans une heure devait partir.

— Le motif de cette arrestation doit demeurer inconnu, ajouta l'homme, il est seulement présumable que mademoiselle ne s'en plaindra pas trop, j'ai l'ordre de payer ses dettes.

Les deux femmes restaient muettes de stupeur, l'amie de Désirée avait envie de pleurer.

Désirée insista pour que l'envoyé de la police entrât dans quelques explications nouvelles. Les cachots sous-marins de Kronstadt lui eussent fait, a-t-elle souvent conté depuis, moins d'impression que cette visite sans nom ; elle se trouvait déchue tout à coup du droit commun, mais elle savait aussi qu'en Russie il n'est pas même permis de se plaindre.

En quelques secondes, elle avait fait ses malles, elle descendait l'escalier de son hôtesse, celle-ci vint l'embrasser en pleurant.

— Rassurez-vous, lui dit Désirée, je ne vais pas en Sibérie...

Sous la garde de cet étrange conducteur auquel elle remit l'état de ce qu'elle devait, elle arriva bientôt jusqu'au vapeur chargé de l'emmener cette nuit-là même. L'homme la recommanda au capitaine ; tout fut dit.

. . . .

. . . .

Arrivée en France, elle eut occasion de s'entretenir souvent avec des Russes de ce départ singulier, n'osant croire encore que son entrevue au parc avec l'Impératrice en fût la cause, et que pour un chien son exil eût été décrété; c'est ce que pourtant lui assura le comte O..... lequel ajouta que ces exemples n'étaient pas rares.

— Il ne faut pas, ajoutait-il, s'éprendre chez nous d'une Majesté, surtout quand à ce dé'' se joint celui de parler à l'Impératrice ! Le but qu'on voulait obtenir, a été atteint, trouvez-vous heureuse de n'avoir pas fait dix-huit cents lieues en téléga comme Kotzebue, pour aller de Pétersbourg à Tobolsk !...

Désirée avait fini par rire d'elle-même et de l'aventure.

— J'étais une folle, me dit-elle un jour, mais ils ont payé mes dettes !

— Moyen tout trouvé pour celles qui en feront là-bas, répliquai-je.

Il serait trop long de suivre cette existence accidentée... Une fois rendue à Paris, elle y passa par tout le torrent des anciennes folies, puis peu à peu cette existence devint embrouillée, pénible; Désirée, en fille d'esprit, s'y débattit d'abord avec courage comme la salamandre au milieu des flammes; vint l'instant critique et alors elle se résolut à aller dans l'Inde, elle partit courageusement pour Carracas où l'attendait, disait-elle, une *affaire* magnifique.

Ses fenêtres restèrent longtemps fermées rue Saint-Lazare ; elle avait fait avant de partir une vente superbe, en porcelaines surtout. Sur la seule annonce de ce miraculeux mobilier livré aux enchères publiques, le ban et l'arrière-ban des Baskirs alors à Paris était venu visiter ces folles richesses. Tout le monde connaît le mot de notre héroïne à une dame de la finance qui passait avec son cavalier l'inspection de ce curieux appartement.

— Qui a donc pu donner tout cela à cette fille ? demandait la visiteuse au dandy qui l'accompagnait. Mais c'est un conte de fées !

— Madame a raison, c'est le conte des Mille et une Nuits ! reprit Désirée en soulevant un rideau de damas sous lequel elle écoutait.

J'ai acheté à cette vente, un petit secrétaire en bois de rose. C'était le meuble où Désirée serrait ses papiers à lettres de toute couleur ; elle poudrait ses lettres avec de la poudre d'argent, regrettant sans doute de ne pouvoir, comme Maurice de Saxe, les couvrir de diamant pulvérisé.

La dernière folie que nous lui vîmes faire, ce fut de prendre un bain de pieds au vin de Champagne...

Elle venait d'avoir une discussion avec son marchand de Moët, et pour lui prouver qu'il la trompait, elle s'en lava les pieds.

LOLLA MONTÈS

Paulò majora canamus.

Que dire de Lolla Montès ? Et surtout que dire qu'on n'en ait imprimé déjà ?

Voici ce qu'au théâtre du Palais-Royal deux auteurs lui faisaient chanter dans *les Femmes saucialistes* [1].

> J'ai vu bien des pays,
> Mais j'aime mieux Paris,
> Paris est la cité
> Du plaisir, de la liberté.
> Oui, de Lansfeld, vous voyez la comtesse ;
> J'arrive à temps pour secourir vos droits ;
> J'ai cravaché, lisez plutôt la *Presse*,
> Hier encor, deux maris bavarois.
> A Berlin, j'ai traité
> Des gens de qualité
> De drôles, de faquins,
> Les officiers sont pour moi des pékins.
> Qu'est-il besoin de porter la moustache,
> Mes sœurs, pour mettre à l'ordre amants, époux ?
> J'ai jusqu'ici régné par la cravache,
> Mais à présent je veux régner par vous.
> Mon hôtel est brûlé,
> Mon palais est pillé,
> J'en ris, et viens sans fard

---

[1] Un acte, en société avec M. Varin, an II de la République.

Polker ici sous l'archet de Musard !
Chaque pays s'est fait démocratique ;
Rester comtesse est par trop rococo,
Quand nous voyons, ma foi, la République
Se faufiler jusques à Monaco.
   On me chasse, morbleu !
   Mais ils verront beau jeu :
   Un jour, tous ces gens-là
Regretteront le règne de Lolla !
On pourra bien ternir un peu ma gloire,
De vils pamphlets on pourra m'abreuver,
On me prendra mes biens, mais mon histoire,
Qui pourrait donc, messieurs, me l'enlever ?
   J'ai vu bien des pays, etc.

Ainsi osait-on faire parler la comtesse de Lansfeld après tous les orages amoncelés récemment autour d'elle alors à Munich. — Lolla ne jouait pas encore la comédie, comme les gazettes de New-York nous l'apprennent, elle n'avait fait que danser !

Bien avant ceci, Lolla voulut, on le sait, publier à Paris même ses *Mémoires :* cette publication interrompue à son début lui avait laissé un grand fonds de tristesse ; elle espérait renaître de ses cendres avec six ou huit volumes ; la police de France coupa les ailes au phénix, et protégea le roi de Bavière contre d'outrageantes révélations. Les Américains moins scrupuleux ont, dit-on, ouvert les portes d'un théâtre quelconque à ce drame étrange de *Lolla Montès en Bavière*, drame où le roi Louis doit se voir, nous le croyons, peu ménagé : ceci ne nous surprend pas. Barnum a tout réduit en Amérique à ce mot : *exhibition*.

C'est égal, les *puffistes* de New-York ont dû bien rire !

Non que Lolla Montès soit incapable de faire sa comédie, son *proverbe* ou ses *confidences*, aussi bien que madame telle ou telle ; son esprit est vif, primesautier, il danse sur la corde roide. Elle vous fera monter en ballon, elle ira au tir ou à la Maison d'or avec vous, elle sera créole, Anglaise, Espagnole, selon son caprice : cette femme est un protée. Elle aura du rouge aux joues, de l'encre aux doigts, un poignard à la jarretière, elle s'enivrera de la pourpre de sang qui sort du flanc des taureaux, ou bien elle mettra des rubans à sa houlette. Sirène, elle chante, *Manola*, elle va vous tuer, écuyère, n'a-t-elle donc pas la cravache ? Le plafond de l'apothéose d'Homère par M. Ingres pâlit devant l'apothéose de Lolla !

Nous esquissons ici un peu à la brosse, mais voici quelques traits capables de l'incruster dans l'esprit de nos lecteurs :

Elle avait épousé un Anglais, M. Heald, en secondes noces. Lolla habitait alors, rue Faubourg-Saint-Honoré, un entre-sol ; je le vois encore : il était situé vis-à-vis de Valentino.

C'était un réduit assez modeste. L'ameublement ne mérite pas ici l'une de ces descriptions méthodiques qui font d'un écrivain un vrai commissaire-priseur.

Dans le fond du lit, il y avait seulement un cadre retourné...

Pourquoi ce supplice infligé à ce pauvre cadre ?

— Bah ! disait Lolla, c'est le portrait de mon *époux*.
Il m'a paru plaisant de le mettre ici en pénitence.

— Pourquoi ?

— De cette façon il ne verra rien de ce que je fais !

Le roi Louis de Bavière aimait les vers français et il
les faisait encore moins bien que Frédéric de Prusse.

— Votre Majesté a tort, lui dit-elle un jour, un sonnet, c'est difficile, et il est si facile de n'en pas faire !

Un simple touriste, son ami à la cour de Munich,
devint marquis par *sa grâce*.

— Je vous présente le marquis de P... dit-elle au roi.

— Marquis ? demanda Louis de Bavière étonné.

— Sans doute, saluez donc Sa Majesté, mon cher
marquis ! L'autre se le tint pour dit.

Elle eut un peu des bonheurs et de la disgrâce de
la princesse des Ursins, seulement elle ne partit pas
sans linge, elle partit comtesse de Lansfeld.

Elle avait pris le roi par ses seules extravagances.

Était-il sombre ? elle dansait ; sérieux ? elle imitait
devant lui son premier ministre.

Neuville n'était rien près d'elle, elle *singeait* les
gens dans la perfection.

Comédienne par essence, elle joua, elle jouera longtemps la comédie... même en amour.

Un tout jeune danseur de l'Opéra, P..... p... l'avait
ensorcelée par ses ronds de jambe, elle le poursuivait
tellement que l'autre s'en lassa.

— Je m'empoisonnerai s'il me trahit !... disait-elle à
tout propos.

Une nuit, elle prend un ami avec elle, l'ami lui fait observer sa pâleur et son désordre. Lolla avait l'air d'un cinquième acte de mélodrame.

Dans sa main convulsive, elle serrait un papier soigneusement cacheté !...

— C'est du poison, ajouta-t-elle, vous verrez si je l'aimais !

On fit le siége de la porte du danseur... Le siége fut long, le disciple de Vestris s'y attendait, il avait formé *ses* barricades.

Quand la porte s'ouvrit, elle n'y tint plus, et courut se jeter dans ses bras...

L'ami ouvrit le papier tombé à terre ; ce poison de Lolla c'était de la cendre de cheminée !

MAHMOUD

HISTOIRE ÉQUESTRE

Rassurez-vous, ce n'est point du sultan dont le nom figure en tête de ce récit que je veux vous entretenir ; il ne s'agit pas d'un pacha à trois queues : mon héros n'en a qu'une, et c'est un cheval du Cirque.

A la vie de ce cheval, à ses tribulations et à ses succès, se rattache la vie d'une charmante écuyère ; Byron en eût fait un poëme comme *Beppo*, je me borne à en faire une simple histoire.

Mahmoud, dont plusieurs villes se disputent la naissance, est ce cheval gris pommelé à tous crins que vous avez pu voir dans l'enceinte triomphale des Champs-Élysées manœuvrer sous la cravache coquette de mademoiselle Caroline Loyo ; il porte la même robe que le cheval pâle de l'Apocalypse ou le coursier du général La Fayette, cet homme qui fut toute sa vie un prétexte à cheval, — mais il n'a jamais fait de révolution comme M. Baucher et se contente de sa gloire.

Et en effet la gloire de Mahmoud n'est-elle pas à lui ?
ne sait-il pas bien aujourd'hui encore qu'il est le plus
joli modèle de cheval qui puisse entrer dans un cirque ?
Sa crinière noire balaye son poitrail argenté, dont
chaque muscle cache un merveilleux ressort de vigueur ;
ses jarrets ressemblent à l'acier ; son galop, retentis-
sant ou cadencé, fougueux ou soumis, fait songer à ces
magnifiques coursiers isabelle que retenait Philippe IV
du bout de sa rêne indolente. Sa prunelle, ses flancs,
ses naseaux, sa queue flottante reviennent de droit au
pinceau d'Horace Vernet ou d'Alfred de Dreux : il y
a des instants où peu à peu le tissu transparent de cette
peau se colore de veines pourprées, admirables, trans-
parentes. Mahmoud est un cheval de reine dans la véritable acception du mot ; on voudrait entendre au
soir son hennissement sortir d'une clairière obscure
de grands sapins noirs, et, sur le dos du noble animal
emporté alors de toute la vitesse de sa course, le regard
s'attendrait à retrouver Diana Vernon, la jolie Rebecca,
ou quelque héroïne aventureuse de George Sand.
Et cependant, à cette heure, *Mahmoud* est vieux, vieux
comme un chanteur ou un auteur de vaudevilles qui
a fait son temps ; il a près de lui *Rutter*, un frère
d'armes et de courses jeune et plein de feu. Mais il se
souvient encore de la faveur et de la fortune, des lits
de feuillage et des prairies qu'il a foulés ; s'il a le
sort des conquérants et des favoris, il en conserve au
moins le noble orgueil. Et d'ailleurs Mahmoud a pour
lui la liberté ! Il est nomade par instinct, il rompt au

besoin son engagement pour courir la plaine, il trépi-
gne, il bondit à l'aspect d'une vallée ; il sait quelles
mains l'ont pansé et le pansent chaque jour encore :
les caresses flatteuses, les jours de triomphe, et le pi-
cotin servi dans l'auge dorée comme au cheval de Caligula, Mahmoud, ce premier consul du Cirque, est
loin de les avoir oubliés ! Mais aussi, comme vous
pourrez le voir par ce récit, il se rappelle le pain noir,
les marches forcées, les fatigues et les rebuts : c'est
un véritable artiste qui n'a pas gagné le prix de
Rome en un jour. Arrivé au soir de la vie, il écoute
les bruits de la terre en philosophe : il sait la puissance
de ce coursier de feu nommé la vapeur, la folie de
cet autre cheval ailé qui doit parcourir les airs monté
par M. Henson. Mahmoud, devant ces choses et
d'autres plus tristes encore, s'est résolu à publier ses
mémoires; ceci n'en est qu'un épisode, un fragment,
mais c'est une des pages les plus curieuses de sa vie ;
il eût pu en enrichir les *Scènes de la vie des animaux*,
mais il n'est point ami du fantastique, il n'invente
pas, il dit sa lutte, ses malheurs, et demande grâce à
ses anciens amis dans cet exorde. Les acteurs de cette
partie de son roman se résument dans quatre héros :
une écuyère, Mahmoud, un marchand de coco et un
griffon. Maintenant, Mahmoud, saluez, faites la courbette à votre auditoire, et placez-vous entre les piliers
pour que chacun vous regarde !

I

LA TIRELIRE

Par une de ces matinées parisiennes, où le mois de mai fait ressentir ses approches au sein même des rues les plus tristes de la capitale, une jeune fille de quinze ans se pencha à la fenêtre d'une maison dont la façade était alors envahie par les lames tranchantes d'un beau soleil, éclairant çà et là une foule de ces mille petits détails qui ne dénotent que trop l'absence du bien-être et de la fortune.

Ici, par exemple, c'était un pot de fleurs ébréché contenant une plante étiolée, maladive, de ces plantes misérables qui résistent obstinément aux larmes fécondantes de l'arrosoir. Plus loin, un linge grossier dansant sur sa corde, et duquel on n'eût su dire si c'était une nappe ou un rideau ; là-bas, une cage recouverte d'une mauvaise toile et renfermant un serin déplumé réchauffant alors son corps frileux au soleil ; des pignons à moitié pourris, mais où les nids d'hirondelles témoignaient déjà du joyeux retour du printemps ; des murs bizarres, crevassés, sur le plâtre desquels la pluie avait déteint en longues rigoles ; des appuis de bois à chaque fenêtre, et deux boutiques borgnes flanquant la porte d'entrée, sous laquelle un savetier avait trouvé moyen de se bâtir une échoppe.

La maison était située au fond du quartier du Temple; elle avait sept étages; mais la rampe de l'escalier finissait au cinquième, ni plus ni moins que l'échafaudage d'un drame classique; pour le reste il y avait une corde et des marches à défier le pied d'un huissier.

Il était sept heures, et la portière, d'après l'usage immémorial de cette classe auguste, écoutait la lecture du seul journal que reçût le seul locataire de la maison qui sût lire; cette lecture lui était faite par son mari, vénérable tailleur en bonnet de soie noire, ayant sur ses genoux les parements d'un habit de garde national à recoudre pour le *monsieur* du premier.

L'air était charmant, agité de ces doux frissons du mois de mai qui font rêver les poëtes et les jeunes filles : celle dont je vous parle conservait cependant alors je ne sais quelle attitude mélancolique; on eût dit vraiment qu'elle disait adieu à la plate-bande encaissée à sa fenêtre, plate-bande modeste de marguerites et de tulipes, que le soleil émaillait alors de tous les feux du prisme, et que la blonde enfant regardait avec de grosses larmes sur les joues.

Rien qu'à la voir ainsi appuyée tristement à l'angle de cette cage aérienne, un peintre de Hollande comme Metzu se fût arrêté ravi; il eût pris vite son crayon, tant il y avait de charme et de douceur dans cette tête, tant ses cheveux retombaient en grappes onduleuses sur ce col souple, élancé; seulement l'artiste eût été en peine de s'expliquer à lui-même le sujet de cette douleur, et se fût demandé, comme vous ou moi, quelle pensée pouvait alors obscurcir ces yeux d'un bleu si limpide.

Évidemment, c'était là une fille de la blonde Allemagne; elle avait la taille mince et svelte des femmes de Nuremberg. — Que pouvait-elle regretter avec ses dix-huit ans et sa fraîche jeunesse? — Elle seule le savait; mais à coup sûr elle n'avait pas d'autre confidente que sa pensée.

Elle disparut bientôt de la fenêtre, non sans avoir jeté un dernier regard aux maisons environnantes, non sans avoir arraché d'un air chagrin quelques fleurs de son jardin suspendu; ces fleurs, la jeune fille les lia d'un petit ruban, et s'en forma complaisamment à elle-même un bouquet qu'elle emporta.

La petite chambre où elle rentrait était un miracle de simplicité et de goût; je ne vous le décrirai pas, attendu que mon ami Eugène Sue vous a donné *Rigolette*, mais je me contenterai de vous faire observer que celle-ci n'avait pour toute psyché qu'un morceau de miroir où notre belle enfant se mit en devoir de commencer alors sa toilette.

Car c'était, voyez-vous, d'une toilette qu'il s'agissait! Ce jour-là, c'était dimanche. Et cependant la jolie locataire de cette mansarde ne s'habillait ni pour une partie d'ânes à Montmorency, ni pour une promenade à l'Ile-d'Amour; son costume seul eût attiré bien vite votre attention.

C'était une amazone des plus modestes, se composant

d'une longue robe d'indienne fond gris, sans corset, d'un grand chapeau de paille et d'un voile vert ; seulement la blancheur des manchettes et du col de chemise réjouissait l'œil rien qu'à les voir : les manchettes étaient fermées par deux simples boutons de nacre, la chemisette par un joli petit foulard rouge. L'écuyère ouvrit le tiroir de sa commode, et en tira deux cravaches...

Ces deux cravaches rappelaient à la jeune fille deux souvenirs bien distincts : l'une était un cadeau, l'autre un hideux instrument de punition...

La première se terminait par une mèche soyeuse et fine, — c'était un prix gagné au manége ; — l'autre s'était usée, éraillée entre les mains du premier maître qu'avait rencontré la pauvre enfant ; cette cravache avait fustigé son cheval, ses bras à elle, ses épaules... Cela ressemblait au fouet d'un gérant d'habitation dans les colonies, et la jeune fille pâlit en la maniant.

—Enfin ! s'écria-t-elle en brisant la cravache sur son genou, enfin ! je serai donc libre !

Et elle jeta alors par la fenêtre les morceaux de la cravache. Dans cet élan mutin de satisfaction, il y avait sur son front tout l'orgueil d'une victoire !

— Je vais donc quitter Paris, reprit-elle, Paris que j'aimais, que je déteste maintenant ! Je vais m'enfuir seule, seule au monde avec Mahmoud ! Londres, m'a-t-on dit, possède un cirque d'été comme il n'en existe pas à Paris ; ce cirque a des sauteurs bariolés, des pièces à décors, et des évolutions militaires comme le nôtre. Mais le nôtre n'existe pas encore l'été ; et d'ailleurs, quand il existerait, on m'y engagerait à grand'peine. Partons donc pour Londres, que je ne connais encore que par les journaux ; partons, je reviendrai riche !

Et l'écuyère frappa joyeusement ses petites mains l'une contre l'autre ; elle détacha du mur sans papier de sa chambrette une lithographie coloriée qui représentait Paul du Cirque Olympique courant la poste royale sur six chevaux.

—Je leur montrerai cela, murmura-t-elle, et ils verront s'il y a des sujets en France !

Un panier auprès d'un parapluie vert, enveloppé de sa serge, figurait dans un coin de la mansarde ; sur la cheminée, il y avait aussi une petite tirelire.

— Ainsi tout est prêt, soupira-t-elle de l'air résolu d'une grisette qui voudrait s'asphyxier avec un réchaud ; tout est prêt, si ce n'est que j'ignore encore avec quel argent je vais faire ma route. C'est que nous sommes deux, Mahmoud et moi, continua-t-elle d'un air abattu ; et, Mahmoud et moi, nous ne mangeons pas à la même table ! N'importe, voyons ce que contient la tirelire... C'est le fruit de mes économies de sept mois !

En ce moment il y eut un bruit de sabots à la porte de la chambre, et une voix tremblante se fit jour par la serrure.

— C'est moi, mam'selle, c'est Nicolas !

— Nicolas ! reprit la jeune fille en laissant tomber

d'étonnement sa tirelire sur le parquet. Et elle courut
ouvrir à un jeune garçon de seize ans, de figure ave-
nante, qui ôta sa casquette devant elle dès qu'il
entra.

II

CE QUE C'EST QUE LA VOCATION

La tirelire avait reçu un tel choc qu'elle se brisa en
mille morceaux ; la monnaie en courut sur le parquet
lustré de la chambrette...

— Quoi! c'est vous, Nicolas ! Vous avez donc découvert le lieu de ma nouvelle retraite ? demanda la jeune
fille avec le sentiment d'une joie mal déguisée.

— Ma fine ! mam'selle, ce n'est pas sans peine, répondit Nicolas après avoir aidé l'écuyère à ramasser
les pièces échappées de la tirelire. Mais voilà le fait :
mon père m'a donné hier *ma danse*, et je ne me sens
plus le moindre goût pour le *coco !*

— Comment cela ?

— C'est une boisson trop difficile à placer par le
temps qui court. J'ai beau m'exténuer à passer ma
fontaine au blanc et à la rendre aussi luisante qu'un
soleil ; j'ai beau me placer aux environs du pont
Neuf dès que la chaleur commence, ah ! bien oui !
il y a maintenant des cabarets et des tavernes à si
bon compte que nous ne pouvons plus piper per-

sonne,..... Et puis nous sortons d'un hiver, oh ! mais d'un hiver comme jamais je n'en ai vu !...

— Cependant, l'an dernier, tu faisais quelques profits ?

— L'an dernier, c'est vrai ; mais je n'étais pas, mam'selle, dans le quartier du Cirque Olympique ; c'est le Cirque et vous qui m'avez perdu, voilà !

— Que veux-tu dire ?

— Qu'avant de vous avoir vue monter à cheval, je vendais mon coco comme feu mon oncle le père Flippardin, dont tous ses rivaux enviaient le robinet ; mais depuis que le malheur m'a conduit sous votre diable de cirque en toiles[1], et que vous m'avez admis à l'honneur insigne de cirer vos brodequins... tout a été dit pour moi ; j'ai abjuré mon état, je me suis senti au cœur un je ne sais quoi qui me dit que j'irai loin...

— Tu ne veux plus être marchand de coco, mon pauvre Nicolas ?

— Ne m'en parlez pas, mam'selle, j'ai le coco en horreur ! A telles enseignes, tenez, que j'ai commis, je le sens, une action dont vous m'allez peut-être blâmer, mais dont vous ne me battrez pas, vous du moins, comme l'a fait mon père. J'ai quitté, l'autre soir, ma fontaine auprès du théâtre, et l'ai confiée à cette vieille pleureuse de mère Guichardin, la marchande de croquets, pour vous aller voir sauter la barrière... Jugez de ma douleur ! à mon retour il n'y avait plus de mère

[1] Le Cirque n'était pas alors au boulevard du Temple.

Guichardin ni de fontaine de coco ! Alors... que voulez-vous? la tête m'a parti, je me suis promené toute la nuit, au risque de me faire ramasser par la patrouille, mais j'avais trop peur de mon père, et je n'osais retourner à la maison...

— Et le lendemain ?

— Eh bien! le lendemain, j'ai su de la marchande de croquets qu'un grand gaillard en blouse, se disant mon oncle, et que je ne connais ni d'Ève ni d'Adam, avait lestement chargé ma fontaine sur son dos en disant : Je vais rejoindre Nicolas ! Ah bien oui ! il sera allé rejoindre à la banlieue quelque bonne mouche de sa connaissance!

— Pauvre Nicolas !

— Oui, pauvre Nicolas, mam'selle ; car, voyez-vous, mon père ne m'a pas épargné... Encore s'il m'eût frappé avec la jolie petite cravache que vous tenez là ! Mais c'est avec un énorme bâton qu'il appelle *Marie-Jeanne*... Il ma fermé sa porte au nez après cette correction, et me voilà sur le pavé avec vingt-cinq sous.

— Et que vas-tu faire ? reprit la jeune fille.

— Vous me le demandez, mam'selle, c'est bien, c'est très-bien, ce que vous venez de faire là ; ça me met du baume aux lèvres et au cœur. Eh bien, mam'selle, je viens m'engager...

— Tu veux être soldat ?

— C'est-à-dire, mam'selle, je veux être écuyer, votre écuyer, à vous... reprit Nicolas avec effort, et comme si cet aveu lui eût coûté. D'abord je vais vous

dire... il faut que vous sachiez... mam'selle ! votre Nicolas panse les chevaux depuis un mois...

— Tu sais panser un cheval ?

— Certainement, je me suis fait apprendre ce mé-
tier-là... mais bien en cachette... C'était le cocher de
lord S... qui m'a appris ! Dame ! les premiers jours ça
m'a coûté bien des verres de coco, et mieux que cela,
des petits verres de cassis ; mais je cirais vos brodequins, et l'argent que vous me donniez a passé là...

— Ainsi te voilà garçon d'écurie !

— Palefrenier... mam'selle... reprit Nicolas en se
redressant ; et, tenez, ajouta-t-il en ouvrant une petite
boîte de cuir suspendue en forme de baudrier à sa
blouse par une ficelle, j'ai là mes brosses et mes fla-
nelles, jugez !

Et le nouvel adepte fit voir à l'écuyère son bagage
de groom ; il n'en avait pas pourtant la tenue, car il ne
possédait en tout qu'un vieux pantalon jadis vert, une
blouse de toile de lin jaune écru, et une casquette
sous laquelle tombaient deux mèches de cheveux en
tire-bouchons.

Elle le contempla quelques secondes comme un
maître contemple son disciple ; puis lui frappant gaie-
ment sur l'épaule :

— Tu savais donc que je voulais partir ? lui de-
manda-t-elle.

— Est-ce que nous ne savons pas tout, nous qui ven-
dons parfois du cirage en contrebande aux palefre-
niers du Cirque ? Dès que j'ai appris que vous vouliez

faire un coup de tête, mam'selle, je me suis dit : Nicolas, voilà ton quart d'heure ! Et me voilà prêt à bros-
ser, étriller, et nourrir Mahmoud ! Quand je dis nourrir,
c'est vous que cela va regarder, car avec mes vingt-cinq
sous...

— Nous avons quatre-vingts francs ! reprit l'écuyère
en sautant de joie, quatre-vingt-un francs cinq sous !
Faisons bourse commune et partons pour l'Angleterre !

— Pour l'Angleterre, mam'selle ! l'Angleterre, le
pays des grooms, l'Angleterre, où il y a de si beaux
chevaux ?

— Oui, pour l'Angleterre, Nicolas ; c'est fini, le sort
en est jeté, tu es mon page ! Va seller Mahmoud, et laver les pattes de Lili !

— A vos ordres, mam'selle, reprit Nicolas en descendant quatre à quatre les escaliers. Trois quarts
d'heure après, ils étaient sur le chemin de Boulogne-
sur-Mer.

III

LA CARAVANE

Nos quatre voyageurs, Caroline, Nicolas, Mahmoud
et Lili partaient tous quatre sans regrets ; le ciel était
pur, la brise agitait le voile vert de la jeune fille.

C'est une belle chose d'avoir quinze ans ; mais c'est
aussi un charmant spectacle que des champs dorés
par le soleil et des nuages d'un éclat joyeux, surtout

quand on a vécu de la vie resserrée d'un théâtre, et
que l'on connaît à peine les douceurs printanières d'une
belle journée de mai.

Aussi l'écuyère, qui n'avait jamais monté Mahmoud
que dans la rotonde du Cirque, commença-t-elle à res-
pirer plus librement devant ce large espace ; on eût dit
une biche légère de Windsor essayant pour la première fois son joli pied sur les pelouses. Elle était heureuse, et, comme le bonheur se traduit par le chant
chez certaines natures, elle se mit bien vite à fredonner
un air de romance, que Nicolas écoutait comme un
dilettante eût écouté la Sontag.

Ceux qui croient que, pour être heureux, il faut
rêver, auraient compris seuls le bonheur de la jeune
artiste : la veille encore, elle avait fait pleurer Gatayes
en lui racontant ses châteaux en Espagne, le cirque
d'Astley, dirigé alors par Ducrow, les prodiges qu'elle
comptait faire exécuter à Mahmoud, les costumes ruis-
selants de paillettes et d'or qui ne pouvaient pas manquer à sa gloire future ; car avec quatre-vingts francs
devant soi, un artiste se croit le maître de la création !
Les moindres excursions à l'étranger ont d'ailleurs un
grand attrait ; il semble que chaque émigrant doive revenir avec les tonnes d'or enfouies par Toussaint
Louverture au Morne-Rouge. La jeune élève de Baucher se voyait déjà l'objet de l'admiration de John
Bull ; elle s'attendait à trouver dans le cirque de Ducrow quelque chose de supérieur à Franconi. Pour Nicolas, il rêvait déjà la livrée de groom, et plus tard

l'uniforme de général que portent (on n'a jamais su pourquoi) presque tous les écuyers du Cirque. L'Angleterre lui semblait avec raison le pays des lords, des cochers et des nègres de bonne maison. Les hommes et les bêtes se font valoir réciproquement chez nos voisins d'Albion, pensait Nicolas, et j'y ferai mon chemin !

En attendant, l'ex-petit marchand de coco arpentait à pied le chemin de Boulogne. L'écuyère et lui ne mangeaient durant la route qu'après Mahmoud ; il était aussi bien servi que le consul à quatre pattes de Caligula. La moitié de la journée, Caroline montait Mahmoud ; le reste du temps, elle cheminait à pied, le conduisant par la bride. Son bagage, vous le savez, se composait d'un panier et d'un parapluie ; elle faisait dix lieues par jour. Aux approches d'une ville, l'écuyère remontait en selle pour y faire son entrée ; le matin elle lavait les pieds de Mahmoud et lui frottait les jarrets avec l'eau-de-vie du cabaretier. La route était longue, et, bien que Mahmoud fût jeune, il n'était pas à l'abri d'un caillou dans son sabot. Un jour qu'ils avaient marché par des chemins remplis d'aspérités et de sable, l'écuyère aperçut à ce sabot une légère fissure. Elle qui pansait Mahmoud trois fois par jour, elle s'alarma et demanda à Nicolas s'il n'y avait pas de bouse de vache. L'aubergiste répondit qu'il allait en aller querir à un quart de lieue de l'endroit. Comme il hésitait, Caroline détacha une petite chaîne d'or qu'elle portait au cou et la lui mit dans la main.

— Courez donc ! courez, lui dit-elle impatiemment, et comme une sœur eût pu faire pour son frère blessé.

Le chien Lili était l'ami intime de Mahmoud; mais par suite de cette amitié, le chien Lili n'avait que trois pattes, la quatrième ayant été écrasée la nuit dans l'écurie même de Mahmoud.

La jeune fille voyageait sans passe-port. Je ne sais quel maire pensa devoir l'arrêter : Nicolas et elle lui faisaient l'effet de bohémiens. Il se trouva dans la ville un indigène qui avait vu Franconi; il parla au maire et ne se vit pas heureusement forcé de donner caution.

Comme on peut le penser, les repas étaient d'une frugalité exemplaire, le panier rempli de provisions ne tarda pas à s'épuiser. Quelques lieues avant Boulogne, la nuit et l'orage surprirent la caravane. Nicolas, qu était posté à l'avant-garde de Mahmoud, vint prévenir sa maîtresse qu'il avait vu des voleurs. L'écuyère, se fiant à sa seule force, enleva Nicolas et le mit en travers sur son cheval. Lili sommeillait dans le panier, et, de cette façon, toutes les précautions se trouvaient prises pour sauver l'armée. Heureusement Nicolas se convainquit bientôt de son erreur : c'étaient des bra-conniers couchés à l'affût près d'une remise qui avaient causé cette panique.

Arrivés à Boulogne après une marche de six jours, Nicolas et l'écuyère firent leurs comptes : il ne restait plus que les vingt-cinq sols de Nicolas.

— Voilà ce que c'est que la prodigalité, mam'selle, murmura l'enfant de Paris, vous avez voulu me faire

dîner aussi bien que vous! Ces chiens d'aubergistes
nous ont-ils écorchés, bon Dieu! Les uns pensaient
que vous étiez une demoiselle déguisée ; d'autres, que
vous étiez une diseuse de bonne aventure. Et maintenant nous voilà tous quatre en plan! Si vous me ven-
diez, mam'selle, avec Lili! c'est une idée !

La jeune fille sourit; il lui restait une bague qu'elle
monnaya de son mieux, mais il fallait payer le trans-
port des voyageurs sur le paquebot qui faisait la traversée.

Le cœur de Nicolas était large, si sa bourse était petite. Il s'aboucha avec quelques grooms et domestiques
de bonne maison, et leur emprunta quelques écus.
Tout compte fait, deux places se trouvaient payées avec
ces frêles ressources, celles de Nicolas et de l'écuyère ;
mais pour enlever Mahmoud avec des cordes, pour le
mettre dans un *box*, le soigner et le transporter à
Londres avec tous les égards dus à son rang, on demandait un double *paound*. Nicolas fut effrayé. Sur ces entrefaites il rencontra à la promenade une vieille dame
anglaise. La dame prenait le frais auprès du Salon des
bains ; mais dès qu'elle aperçut Lili à la suite de Nicolas, elle s'attendrit comme le sauvage à la vue de l'arbre
d'Otaïti.

— C'est lui!... c'est-à-dire... ce serait lui, dit l'Anglaise en poussant un long soupir.

— Qui ? demanda Nicolas.

— Saturne, mon chien, Saturne, mon bibi... il aurait cet âge et cette tournure, si le britzka de cet affreux lord V... ne l'avait pas écrasé inhumainement !

Et la dame considérait Lili avec un regard d'envie..... Nicolas était seul alors avec l'innocent animal ; il venait de lui faire prendre un bain de mer.

— Pauvre ami... continua la vieille dame; je crois, Dieu me pardonne, qu'il est courtisan, et qu'il boite pour ressembler davantage à mon Saturne! Saturne, en effet, boitait depuis un accident survenu à Portman-Square à ma voiture... Mon mari s'était assis sur lui en voulant céder sa place à M. Cobbett, mon cousin.

Nicolas, de son côté, examinait la vieille lady avec des yeux qui semblaient lui dire : — Madame, tirez deux paound de votre bourse, et Lili vous appartient.

La dame comprit le désir de Nicolas, elle l'interrogea; le petit homme avoua tout.

— Si je me détache de Lili, reprit-il avec une larme, c'est que ses affaires ne l'appellent point à Londres, tandis que Mahmoud... Et cependant, madame, c'est une chose bien cruelle, allez, ces deux êtres-là ne faisaient qu'un avec moi !

— Je vous le garderai, dit la vieille lady, vous pouvez vous fier à ma parole.

Nicolas n'hésita plus : il vendit Lili, et, le marché conclu, il courut, les deux pièces d'or en main, porter cette bonne aubaine à sa maîtresse.

— Mahmoud peut partir, voici de quoi payer son passage, dit-il en entrant dans la petite chambre que l'écuyère occupait dans les combles d'une maison sur le port. Caroline pensa un instant que Nicolas s'était engagé au service de quelque lord ; mais quand elle demanda Lili, le groom futur baissa tristement les yeux.

Le récit de Nicolas pouvait seul adoucir cette grande douleur ; tous deux espéraient d'ailleurs revenir bientôt et le chien se verrait enfin rendu à sa chère maîtresse ! qui sait ? peut-être lui reviendrait-elle millionnaire ? ou bien mariée ! Il y eut bien quelques pleurs et une oraison funèbre sur Lili ; mais le paquebot commençait déjà son sifflement de cyclope, Mahmoud y fut installé et on lui banda les yeux...

C'est là un cruel instant pour un aussi noble animal que celui de cette poulie qui grince, de cette trappe qui s'ouvre, de ce bandeau qui lui cache la vue... Mahmoud, peu habitué à ces apprêts océaniques, fit d'abord le révolté ; mais l'écuyère obtint de lui qu'il serait sage. Le voilà embarqué, le voilà séparé, comme sa maîtresse et Nicolas, de l'abîme des mers par quelques planches ! Le vent était bon, et bientôt la Tour de Londres se dessina aux regards de la fugitive. Nicolas croyait rêver, il ne savait pas un mot d'anglais, il fut bien étonné à la vue de ces pavillons de toutes couleurs. Le ciel était d'un bleu pâle, le soleil semblait devenir plus rare ; un matelot lui avait fait boire du vin d'Oporto, d'un gros rouge, et le vin lui semblait un vrai nectar. La bière de table (*table-beer*) lui avait plu par son pétillement britannique ; la Tamise lui sembla plus belle que la Seine ; mais en apercevant ces maisons d'un gris de fer noirâtre, il regretta celles de Paris.

Les douaniers de Londres lui parurent du reste aussi mal appris que ceux de France, et les habitants lui firent l'effet d'être enfumés comme leurs murs. Pour les tartelettes, il les trouva si bonnes, et le verre de petit-lait qui les accompagne lui plut tant que ce fut là tout son dîner avec Caroline ; Mahmoud en eut sa part, et le tout coûta huit deniers sterling.

L'admiration de notre Parisien fut surtout pour les chevaux de trait : il en vit d'attelés aux charrettes des brasseurs et aux voitures à charbon qui valaient en grosseur l'éléphant du Cirque. Si Nicolas regardait tout cela, en revanche on le regardait aussi. Caroline marchait à pied, Nicolas tenait Mahmoud par la bride. Ainsi jadis Aman dut conduire le cheval de Mardochée...

L'écuyère devait se rendre au cirque de Ducrow ; non qu'elle y fût attendue le moins du monde, mais seule et sans un denier sur le pavé de cette nouvelle capitale, elle croyait pouvoir demander l'hospitalilé à l'un de ses princes équestres. Plusieurs *gentlemen* la regardaient déjà avec surprise ; il était neuf heures du soir. Les boutiques illuminées, les caricatures hardies, les piles de raisins et de fruits divers, la musique militaire des régiments revenant d'Hyde-Park, les lanternes de gaz, les voitures aux yeux flamboyants, la fumée du charbon retombant en neige noire sur son voile, tout paraissait à la jeune fille d'une étrange nouveauté ; les théâtres et leurs abords, les rues et les monuments, les cochers et leur importance princière,

tout séduisait la transfuge. La toilette des dames an-
glaises, la façon bizarre de frapper aux portes en an-
nonçant, suivant le nombre de coups de marteau, la
qualité des visiteurs, cette effervescence de bruit, d'action et de commerce, tout donnait le vertige à la pauvre
enfant ; elle demanda plus d'une fois en route le chemin du Cirque ; mais un Anglais ne se dérange point
comme un Italien, il se contente d'indiquer. De méprises en méprises, de contre-marches en contre-marches, Caroline et Nicolas se trouvèrent bientôt perdus
dans Londres avec Mahmoud ; la nuit était venue, et
les rayons du gaz éclairaient faiblement la marche du
cheval sous une pluie battante qui commençait à
tomber. Un rire goguenard accueillait Nicolas avec sa
blouse, Caroline avec son parapluie et son panier... Ce
fut en ce moment que Mahmoud désespéré, Mahmoud
haletant eut une idée sublime... une idée digne d'un
comédien de génie..... Il dansa le pas de basque !...

IV

ENTRE QUATRE CHANDELLES

Le pas de basque pour Mahmoud, c'était sa ressource
unique et dernière, sa pensée traduite, son instinct
naïf, éloquent ; cela voulait dire : Regardez-moi, je
suis un cheval de manége, un cheval érudit ; secou-
rez-moi !

Un nègre qui sortait de je ne sais quelle taverne vit Mahmoud ; ce nègre avait moins d'esprit que le cheval ; il en eut assez pourtant pour penser que c'était là peut-être un cheval de Ducrow qui ne trouvait plus sa route. La Parisienne en voile vert et son étrange *clown* le frappèrent d'ailleurs, et il alla vers elle avec un sourire de compassion.

— Mademoiselle et monsieur, fit-il en s'adressant à Caroline et à Nicolas, vous cherchez le cirque de Ducrow ?

Caroline arrêta Mahmoud ; le nègre n'entama pas de longs pourparlers, il montra à l'écuyère le cirque d'Astley, dirigé alors par Ducrow...

Sur cette porte, distante d'une soixantaine de pas de l'endroit où ils se trouvaient, nos deux personnages aperçurent deux chevaux en plâtre peint : ce fut pour Mahmoud l'arche de Noé.

Il y avait bien sept heures que Mahmoud avait faim, sept heures qu'il avait soif, sept heures qu'il était perdu dans Londres !

Caroline conservait toujours son même costume : une robe de serge, dite *amazone*, des brodequins et un large chapeau de paille. Ce fut ainsi que Ducrow l'aperçut ; Ducrow, directeur intelligent, qui faisait alors d'assez belles recettes à Londres. Son manége avait aussi un double avantage : les jeunes gentlemen, lions et fashionables de Londres, y couraient parfois les bagues, et le soir Ducrow luttait dans ce cirque illuminé avec la réputation écrasante du Cirque-Franconi

Mais ce soir-là — je ne sais en vérité à quel propos — il y avait relâche ; ce soir-là, nul cheval n'avait soulevé la poudre de l'arène : nul clown ne s'était rompu le cou aux applaudissements de John Bull; ce soir-là enfin, Ducrow soupait conjugalement avec sa femme, lorsque Caroline se présenta...

Caroline ne ressemblait pas mal alors à ces demoiselles équestres qui courent la province avec un cheval boiteux; la pluie avait ruisselé sur son habit et sur son voile; elle entrait chez Ducrow avec un parapluie au lieu d'une cravache ; si elle eût vécu du temps de Scarron, il l'eût prise pour mademoiselle de L'Estoile.

L'étonnement de Ducrow faillit lui causer une indigestion. Toutefois le misérable équipage dans lequel l'écuyère se présentait à lui ravit son orgueil national ; il avait l'air de se dire : En Angleterre on ne mettrait pas ainsi une jolie fille à la porte, on ne la forcerait pas d'aller à pied jusqu'à Boulogne ; il n'y a qu'un peuple de France et des écuyers de France pour ces choses-là !

Quant à madame Ducrow, elle considérait Caroline avec un ébahissement supérieur encore à celui de son mari ; les femmes ont l'instinct de certains courages virils, et cette jeune fille arrivée ainsi au cœur de Londres lui causait un sentiment profond d'admiration.

Pendant ce temps, Mahmoud, par les soins du nègre, venait de se voir restauré à l'écurie... Caroline avait fait elle-même le **premier pansement**, la première toilette; puis, comme une prêtresse qui sort du temple, elle abordait Ducrow, son Joad et son pontife.

Après mille questions préalables dont je ferai grâce à mes lecteurs — questions aussi persistantes, aussi inflexibles que celles d'un procureur du roi qui interroge un coupable — Caroline se vit sommée par Ducrow, séance tenante, de monter Mahmoud dans son manége, c'est-à-dire de faire exécuter à un cheval malade, éreinté, presque fourbu du voyage, toutes les manœuvres du Cirque.

L'écuyère obéit; mais ce qu'il y a de plus singulier, c'est que Mahmoud obéit aussi. Mahmoud fut introduit dans ce Cirque anglais entre quatre chandelles, et il se livra alors entre Caroline et lui une lutte hoffmannique, un combat étrange et ténébreux; cela tenait du roman. Le nègre était là, les bras croisés, immobile; il n'inclina la tête qu'au morceau final, c'est-à-dire à: *Mahmoud en liberté*. Ce que Caroline demanda et obtint de Mahmoud, son élève, en cette séance, fut inouï; elle avait l'air d'avoir galvanisé un cadavre. En sautant à bas du cheval, elle avait la fièvre et elle tomba sans connaissance près de la barrière...

La séance fut décisive, l'essai triomphant; Ducrow l'engagea le soir même à deux mille francs d'appointements. Ce chiffre fut bien vite dépassé; quelques jours après, Caroline était en droit d'exiger plus. Les applaudissements de nos voisins d'outre-Manche lui révélaient assez son avenir et sa puissance.

Mahmoud fut traité, nourri, sellé et pansé comme

jamais chien de chanoinesse ne le fut : il le méritait, il avait supporté les mauvais jours.

Le lendemain matin, Ducrow avait fait placarder dans Londres une affiche pyramidale, et le soir on se pressait à Astley comme si Liston eût joué sur le théâtre voisin.

Nicolas, pendant toutes ces ovations, ne cessait de se demander à lui-même si véritablement il n'était pas alors le jouet d'un rêve ; il traita bientôt de pair avec les grooms ; il but de l'*ale* et joua au *cricket*, de façon à gagner les faveurs de ces petits pages d'Albion nommés *tigres*. La soirée de Nicolas appartenait tout entière au Cirque de Ducrow ; c'était lui qui mettait le blanc sous le pied de Caroline, lui encore qui lui présentait le mouchoir, l'étrier ou la cravache. Mais, pendant le jour, que d'excursions nombreuses, que de parties à Richmond ou à Windsor ! Nicolas se fit remarquer par sa bonne mine ; il attrapa quelques mots d'anglais, boxa deux ou trois fois avec honneur, se fit casser une dent, mais rendit un coup de poing sur l'œil qu'Adams eût certainement envié. A quoi tient la gloire ! Le marchand de coco eut le bonheur de relever un soir sur le pavé un dandy qui était ivre ; il le ramena chez lui comme eût fait un watchman, et le lendemain il entrait au service du digne jeune homme, ami des chevaux, des paris et de la taverne.

Pour Caroline après avoir passé six mois à Londres, au milieu des applaudissements, des feuilletons, des journaux et des guinées, elle eut le courage de repousser les soupirs-sterling d'un lord et de reprendre la route de Boulogne. Il lui tardait de revoir la France et le Cirque de Franconi.

A Boulogne et sur la jetée même, Caroline entendit un jappement ; elle se retourna : c'était Lili.

Mais Lili énorme, engraissé, méconnaissable. Il avait le col apoplectique, et la dame anglaise qui le tenait par un beau ruban orange fut piquée de son retour de tendresse envers Caroline. En effet, Lili reconnaissait l'écuyère, Lili se plaignait, Lili pleurait, Lili demandait son affranchissement comme un nègre de la Pointe-à-Pitre. L'Anglaise l'emporta dans sa voiture ; mais Lili cassa sa corde la nuit même ; Lili trahit Albion et retourna bien vite à Caroline. Mahmoud et Lili recommencèrent leur route ; mais cette fois Mahmoud était riche, Lili fut nourri et blanchi royalement. Mahmoud arriva à Paris, et ce fut à qui l'irait voir. On se disait : Voilà un vrai cheval touriste ; il a vu Londres, il a approché Ducrow et Wellington ! Quand Mahmoud fit sa rentrée au Cirque, il manqua d'étouffer sous une pluie de bouquets.

Et maintenant, Mahmoud est morose, Mahmoud est un acteur vieilli dans les jeux du Cirque ; mais il reprendra bien vite sa part de gloire dès que son écuyère le voudra. Mahmoud est en effet victime comme Caroline de l'ingratitude et de l'oubli ; les envieux lui opposent *Rutler*. Caroline n'est plus attachée au Cirque ; Caroline est à Albion ; elle lui appartient pieds et poings liés. Caroline n'a point cette fausse modestie

qui est le dernier raffinement de la vanité ; elle s'é-
tonne d'avoir vu le Cirque si peu jaloux de la conserver, et elle se contente de monter Mahmoud ou
Rutler au bois de Boulogne. Quand elle passe échevelée, haletante, par l'une de ces allées, elle croit voir
dans l'ombre rapide de ces branchages toutes les figures qui lui souriaient, toutes les mains qui battaient
des bravos pour elle dans cette arène... Les rêves
remplacent la gloire ; mais que Caroline se rassure :
on ira la chercher bientôt elle et Mahmoud; le héros
et l'héroïne ne sauraient appartenir à l'étranger.

ISABEAU

La *belle Isabeau* était une mulâtresse du Cap, qui faisait alors grand bruit à Paris ; à Versailles elle attira un dimanche l'attention des courtisans et de la famille royale, au point que la reine s'en approcha et lui parla avec bonté dans la galerie. Cette fille n'était pourtant pas belle, mais elle avait pour elle l'étrangeté ; une taille assez mince et des ajustements de petite maîtresse parisienne, qui ne laissaient pas de relever le piquant de son ensemble. Elle était libre au Cap, étant née d'une blanche et d'un nègre, elle y avait beaucoup gagné à plusieurs métiers et arrivait ici chargée des dépouilles coloniales de ses galants. On n'avait pas tardé à la nommer la *Duthé* de Saint-Domingue. Comme il y avait chance pour elle d'obtenir quelque emploi à la cour (on sait que le dix-huitième siècle raffola de tout ce qui était étrange), la voilà qui s'imagine de demander la protection de M. de Louvois, et de se présenter sur le passage de la reine. Bien que sa Majesté fût habituée à voir des nègres et négresses et que plusieurs dames de la cour en eussent à leurs ordres, l'aspect de celle-ci lui déplut d'abord, au point qu'elle ne put s'empêcher de s'écrier dans un mouvement de répugnance involontaire : *Fi ! que c'est laid !* Puis se reprenant par suite de sa bonté naturelle elle s'en fut à la mulâtresse, qu'entouraient les curieux et les seigneurs. Après quelques paroles obligeantes, la reine passa outre ; il n'en fallut pas plus pour mettre à la mode la mulâtresse Isabeau. Elle continua bientôt à faire sensation, et obtint même quelques aventures brillantes. Madame Du Barry l'ayant invitée à venir à Luciennes, la mulâtresse tout aussi curieuse de connaître une beauté qui avait fait tant de bruit, ne manqua pas de se rendre à son invitation. On la reçut fort bien, on lui offrit la collation aux flambeaux, il était sept heures quand elle arriva. La nuit enveloppait déjà de son réseau le joli pavillon de Luciennes, et les parties de jeu venaient de finir dans les salons que la mulâtresse se promenait encore dans les jardins avec madame Du Barry, et quelques nobles voisines de campagne. On parlait de Saint-Domingue, des nègres et de leur superstition habituelle, lorsqu'Isabeau s'approchant d'un massif épais de chèvrefeuille poussa un cri... On lui en demanda la raison, elle répondit qu'elle venait de voir le diable... Chacun battit l'endroit et ne vit rien, on fit en vain des perquisitions, et il fallut bien croire que le diable s'en était allé, car on n'en trouva vestige. Cette frayeur de la mulâtresse fit beaucoup rire, on ne manqua pas de l'attribuer aux sottes inventions des vaudoux, et autres jongleurs du Cap, qui prétendent avoir une correspondance habituelle avec le diable. Madame Du Barry, émerveillée des réponses d'Isabeau, la garda encore quelque temps, on prit les sorbets sous un quinconce, on fit de la musique, et il ne fut plus question de *diable*. Les étonnements naïfs d'Isabeau sur cette grande ville nommée Paris, amusèrent tout le monde, et cependant la mulâtresse finit par accuser la police qui, selon elle, ne se donnait de garde d'empêcher les vols, car, la veille encore, elle avait perdu une bague à laquelle Isabeau attachait un grand prix, elle lui avait été donnée par madame de Clugny, intendante de Saint-Domingue. La mulâtresse en ôtant sa mitaine à ruches au Colysée, l'avait fait glisser à terre, un filou l'avait sans doute ramassée. Convaincue que ce n'était qu'une ruse adroite pour obtenir d'elle quelque petit souvenir, madame Du Barry, en camarade généreuse, tira de son doigt un saphir qu'elle passa au doigt de la mulâtresse... Mais celle-ci s'en défendait, ajoutant que madame de Clugny lui avait donné cet anneau à son lit de mort, en lui prédisant que si jamais elle le quittait, le donnait ou le vendait, ce serait le diable qui se chargerait de sa vengeance. Parlant de la sorte, Isabeau se prit à pleurer, faisant observer à madame Du Barry, que la vengeance de madame l'intendante commençait, et que le diable entrevu par elle l'instant d'avant n'était pas une chimère. On eut toutes les peines du monde à lui faire comprendre qu'il n'y avait de diable qu'à Saint-Domingue; deux ou trois philosophes soutinrent que c'était même en ce seul pays qu'on pouvait l'aller trouver. On se sépara, madame Du Barry fit reconduire Isabeau jusqu'à sa chambre peu distante de la sienne. La comtesse n'était pas au lit depuis trois minutes, qu'elle fut réveillée par d'horribles cris, il fallait que l'on égorgeât Isabeau à côté d'elle, car les cris de la malheureuse étaient horribles... Passant sa *baigneuse* à la hâte, la comtesse se dirigea vers l'appartement d'Isabeau qu'elle trouva aux prises avec un monstre noir de la tête aux pieds devant lequel madame Du Barry eut grand' peine à tenir son sérieux ; c'était l'un des ramoneurs des maisons royales, le jeune Sorgeot, l'un de ces enfants de Savoie, que Voltaire lui-même a bien voulu se charger de décrire,

> Et dont la main légèrement essuie
> Ces longs canaux engorgés par la suie.

Armée du seul projectile qui fût dans la chambre, (un pot à l'eau en porcelaine de Saxe), la robuste mulâtresse allait sévir sans doute contre le malin esprit, quand la comtesse arriva. Elle interrogea le ramoneur qui avoua naïvement sa curiosité ! C'était bien lui qu'Isabeau avait aperçu dans les massifs du jardin, et qu'elle avait pris pour le démon, sans doute à cause de son masque de suie; mais s'il avait envie d'approcher la mulâtresse, c'est qu'il devait aussi lui remettre certaine bague trouvée par lui à la promenade du Colysée. Le pauvre jeune homme curieux de voir la *belle Isabeau*, de plus près qu'aucun de ses seigneurs, et

peut-être, aussi de ne pas faire mentir le proverbe :
Le bien vient en dormant, s'était laissé dévaler par la
cheminée jusqu'à l'héroïne du Cap, tenant dans sa
main la bague perdue qui était si chère à Isabeau. A
sa vue, la malheureuse s'était rappelé les paroles de
madame l'intendante, le ramoneur Sorgeot lui avait
fait l'effet de Satan, venant lui présenter lui-même
l'anneau de madame de Clugny. Madame Du Barry,
trouvant la mulâtresse, son pot à l'eau à la main, l'engagea à en faire un meilleur usage, et à débarbouiller
elle-même le pauvre Sorgeot, pour récompense de sa
belle trouvaille. Ainsi lavé, Sorgeot parut un tout autre
homme à la mulâtresse ; c'était du reste un garçon
honnête, puisqu'il n'avait pas gardé l'anneau pour lui.
La comtesse Du Barry trouva plaisant d'en parler au
roi, qui le fit recevoir pour la seule beauté du trait
valet de limier, à la capitainerie de Chambord. Il y
figure sur l'État de France, aux appointements de
quatre cents livres. Entre frères noirs on doit s'aider,
et la belle Isabeau devait bien cela au pauvre Sorgeot,
pour le récompenser seulement d'avoir pris quelque
temps sa couleur marocaine. Ce fut le seul diable qui
apparut au pavillon de Luciennes, où Cagliostro eût
gagné certainement de l'or à en montrer.

LE PAVILLON DE HANOVRE

LA DERVIEUX

Lorsque la soif du plaisir poussait nos pères en d'inconcevables folies, lorsqu'un siècle d'oubli se ruait, après le 9 thermidor, dans les soirées de l'hôtel Thélusson, dans les bals de Frascati et de Richelieu, il se voyait aux vitres de ce même pavillon de Hanovre, non-seulement mille gerbes étincelantes de lumière, mille femmes voluptueusement penchées, mille petits maîtres en cheveux *à la victime* ; mais il s'y rencontrait en outre une foule de gens masqués dont personne ne savait les noms, sorte de francs-maçons se tenant aux écoutes dans ces grandes saturnales, sombres dominos qu'on n'osait interroger, tant ils avaient l'air d'inquisiteurs arrivés de la noire Venise, tant leur domino était sombre, leur parler bref et leur organe rauque, hideuses chauves-souris que les femmes surtout et les courtisanes d'alors se seraient gardées elles-mêmes d'interroger, dès l'instant où ils se mêlaient à ce bal de fête remplaçant ces jours inouïs de deuil !

Ces masques circulaient pourtant comme tous les autres, ils ne touchaient peut-être pas aux glaces et aux plateaux de fruits, ils ne se penchaient pas galamment à l'oreille de ces femmes qui se distinguaient par la bizarrerie vaniteuse de leur parure, mais ils avaient incontestablement le dessus en fait d'élégance et de manières sur ces danseurs inouïs, nommés *incroyables* avec tant de justice et de raison. Les masques silencieux les toisaient en passant d'un air de mépris; ils riaient entre eux de leurs cadenettes poudrées, de leur frac en queue de morue, et de leurs culottes serrées au bas du genou par une véritable mercerie de rubans tricolores. A la manière seule dont tous ces masques se saluaient et prenaient place dans les petits appartements du pavillon Richelieu, qu'ils se gardaient bien de nommer une seule fois le pavillon de Hanovre, on voyait que c'étaient des gens de qualité. Deux valets de pied, habillés de noir, portaient les bougies devant eux. Cependant on n'avait fait jusque-là aucune attention à ces singuliers visiteurs; le bal était en effet trop préoccupé de lui pour songer aux autres. La belle madame Tallien, étincelante de pierreries, sortait d'une fête à l'hôtel Thélusson et venait achever sa nuit au pavillon de Hanovre ; elle donnait le bras au banquier Ouvrard pour passer dans la salle du souper, quand il lui fit observer qu'elle venait de perdre un de ses pendants. Le pendant valait cent mille francs. Tous les danseurs se baissèrent, on chercha partout, on ne trouva pas. L'honneur de la trouvaille était sans doute réservé à l'un des masques; ce fut en effet des mains d'un de ces fantômes noirs que madame Tallien reçut son pendant de rubis.

Une rumeur sourde commença alors à circuler dans le bal : on en vint à se dire à l'oreille que ces inconnus masqués pourraient bien n'être, après tout, que des voleurs. Un *incroyable* s'avança, et comme la fumée du vin lui donnait de l'audace, il coudoya le premier masque qu'il rencontra. Celui-ci riposta par un vigoureux soufflet.

Le désordre fut au comble. On entoura les inconnus, on les somma de répondre. Le jour, déjà bleu, glissait à travers les vitres, les sophas, les glaces recevaient des teintes pâles et blafardes à la suite de cette brusque invasion du jour, les bougies se mouraient aux branches des candélabres. Les masques entr'ouvrirent alors leur dalmatique noire, et tous mirent la main sur la garde de leur épée. Ainsi posés, ils étaient devenus vraiment les rois de cette foule, ils la contenaient par leur seul maintien d'assurance et de fierté.

— Vos noms ! vos noms ! répondez.

Ils n'étaient que cinq ; mais chacun dit le sien avec lenteur et courage: le premier se nommait Grammont, le second Coigny, le troisième Choiseul, le quatrième de Beauveau, le cinquième et le dernier de tous Richelieu !

— Oui, Richelieu, Richelieu lui-même, continuat-il, Richelieu qui bâtit ce pavillon. Ses ennemis seuls ont pu le nommer le pavillon de Hanovre et lui faire un crime de sa victoire en l'accusant d'avoir dilapidé les fonds de cette guerre, et en baptisant du nom moqueur de Hanovre la fantaisie d'un Richelieu. Mais ce ne serait pas au vainqueur de Mahon que vous adresseriez vous-mêmes maintenant de pareils reproches. On ne volait pas de mon temps, messieurs; quand on était maréchal de France, on volait si peu que l'on soutenait une guerre de ses deniers. De retour après la guerre, on confiait aux artistes l'exécution de son hôtel, on s'adressait aux peintres et aux sculpteurs pour le décorer. Comme on se souvenait fort bien d'avoir été trois fois à la Bastille, on y regardait à deux fois avant que de paraître en public chargé des dépouilles de la Saxe et du Hanovre. Croyez-moi, messieurs, celui qui a obtenu des statues à Gênes, celui qui a conquis l'île de Minorque n'était pas fait pour voler le Hanovre comme un fournisseur de chez vous. Ce pavillon de Hanovre, sur lequel on a tant jasé, est bien loin d'avoir coûté ce que le public a cru ou a feint de croire. Cent mille écus que Carpentier m'y a dépensés étaient-ils si fort au-dessus de ma fortune qu'on ait dû en tenir de mauvais propos? Je n'eus pas, certainement, la fortune de mes pères; j'ai pu manger ici réellement des fonds, mais on ne scrutait pas de si près le maréchal de Villars. Mais vous, mes hôtes, qui êtes-vous, et qui vous a donné le droit de pénétrer dans ce lieu? Mon ombre l'habite seule avec ces illustres ombres; je n'y souffre ni insolence ni orgie. Arrière, messieurs, et à moi Coigny, Grammont, Choiseul et Beauveau !

Ils avaient mis tous quatre l'épée à la main ; tous quatre ils avaient ôté leurs masques devant ces gens qu'enivrait l'odeur prolongée des mets et des vins, le jour était venu, et sous leurs masques on vit bientôt des figures hâves et creuses ; ils avaient l'air d'avoir échangé leur premier masque contre un second. Décharnés comme de vrais squeléttes, ils rappelaient les fantômes de la chevalerie, et bientôt ce monde de danseuses et de jeunes hommes fatigués d'excès s'enfuit devant eux. Le pavillon fut discrédité ; on en vint à dire qu'il s'y faisait un vacarme à minuit dans le salon du milieu, et que Richelieu y faisait des apparitions.

Cependant, ces fantômes n'étaient autres, que des gens de la bande noire ; ils avaient acheté le pavillon de Hanovre pour le démolir successivement. Tour à tour loué à un papetier et à un marchand de nouveautés qui se sont enrichis à ce coin du boulevard et de la rue Louis-le-Grand, il est aujourd'hui le temple de Ruolz, le Dieu de l'*argenture*. Pauvre vainqueur de Mahon !

C'est là pourtant dans un de ces bals du directoire que la Dervieux manqua de se voir empoisonnée dans une orange. La riche courtisane avait pour rivale une Italienne aussi célèbre que Locuste ou la Brinvilliers, par bonheur elle eut une distraction et donna la glace à son nègre.

Le poison était si violent que le malheureux tomba foudroyé ; il avait trempé seulement sa cuillère de vermeil dans la glace offerte à la Dervieux.

OLIVETTE

Sur cet emplacement flanqué de baraques mar-
chandes, où nos merveilleuses vont acheter quelques
vieux morceaux de damas rouge, bleu ou orange pour
en recouvrir leurs meubles de boudoir ou de salon à la
Louis XV, s'élevait jadis un édifice de couleur sombre
dont chaque tour (et il y en avait cinq) projetait à la
lune sa silhouette noirâtre sur le pavé. La Tour du
Temple où l'on renferma Louis XVI et la famille
royale fut démolie par ordre de Bonaparte. Était-ce
une réaction contre la dynastie des Bourbons, ou bien
une inutilité que Bonaparte sapait par sa base? Nous
inclinerions très-naturellement vers ce dernier avis.

Quoi qu'il en soit, le *palais* du Temple une fois
restauré, fut adjugé à M. de Fontanes. Nous ignorons
quel est le statuaire assez abandonné du ciel et des
hommes pour avoir pétri les deux statues qui servent
de fontaines aux angles de l'édifice. Ces statues ont la
raideur sculpturale de toutes les statues de l'empire;
le bas de leurs robes est doublé de plomb.

La restauration a concédé à son tour ce palais du
Temple, ancienne demeure de M. de Fontanes, à ma-

dame la princesse Louise de Bourbon-Condé pour y établir un monastère de l'Adoration perpétuelle du Saint-Sacrement. C'est encore à l'heure qu'il est un des pensionnats les plus renommés de la capitale. On le met d'ordinaire sur la même ligne que le Sacré-Cœur.

L'ancien Palais des Templiers, qui occupait la place dite aujourd'hui Place du Temple, avait été donné, après leur condamnation, à l'ordre de Malte. Il était le siége et la résidence du Grand-Prieur de France. Une chose remarquable, c'est que l'enclos du Temple garda longtemps le privilége de franchise ou plutôt d'*asile*. Tous les banqueroutiers s'y réfugiaient.

L'histoire du mime Candia, qui fit beaucoup de dupes et d'argent sous Louis XIV, mérite bien de trouver ici sa place. Candia était un fort agréable Sicilien qui avait plu à M. de Louvois pour certains tours. En 1315, on l'eût pendu comme sorcier à Montfaucon ; mais sous M. de Louvois il amusait, et s'amusait lui-même si bien, qu'à force de maîtresses, de parties fines et de vin muscat, le pauvre Candia en fut réduit à s'en aller loger au Temple, cet autre White-Friars des débiteurs. Candia fit connaissance en ce lieu d'un vieil avare, peintre de son métier, qui pour avoir sans doute des modèles à meilleur marché s'était logé au Temple.

Il avait une nièce charmante à laquelle Candia faisait les yeux doux ; elle se nommait Olivette. Le vieil avare avait bien soin d'enfermer sa nièce, comme Bartholo, à triple renfort de clefs, et de façon que personne

ne la vît, pas plus que ses écus. Candia, bon compagnon, avait pourtant accès chez le peintre, lequel ignorait seulement qu'il était de plus un excellent mime.
Un billet, jeté par la fenêtre d'Olivette, avertit Candia
du projet atroce qu'a formé son oncle de la marier à
un fripier encore plus âgé que le peintre ; ce fripier
est un Auvergnat assez riche qui vient d'aller au pays
pour en ramener sa tante, dont la signature manque
seule au contrat, et qui s'en formaliserait au point de
le déshériter du coup. Tout aussitôt que Candia a lu ce
billet, il va chercher un habit de vieille plaideuse dans
le genre de celui de madame Pimbêche de Racine, chez
un marchand de la vieille rue du Temple, à l'enseigne
du *Grand César*, et frappe ainsi vêtu à la porte du
vieil avare. L'Apelle du quartier peignait une Vénus
destinée sans doute à orner le cabinet de son futur
gendre, quand tout à coup voici que Candia se jette
sur lui, le mange, l'étouffe de caresses. — Me pardon-
nerez-vous, monsieur, de vous serrer de la sorte entre
mes bras ? je suis la tante de cet excellent Porcher, sa
tante de Clermont, sa vraie, son unique tante ! Il m'a
dit que vous faisiez une Vénus, et comme j'ai encore
de beaux détails, je viens vous donner séance... pour
la figure s'entend. Là-dessus la prétendue tante tire
sa boîte à mouches, en met une ici, une là, en un mot
s'attiffe et se tortille comme une belle bourgeoise de
Regnard. Ces mouches assassines une fois posées, la
voilà qui s'évente, et pendant ce temps le bonhomme
saisit de son mieux quelques unes de ses œillades pour

mettre un peu de feu dans la prunelle de sa Vénus. Olivette descend sur ces entrefaites, car, pour la première fois peut-être, le peintre n'est plus méfiant ; il est enchanté, ravi des pâtes d'abricot que la tante lui a apportées de Clermont (et que l'abominable Candia vient d'acheter au coin de la paroisse Sainte-Élisabeth). Olivette est jolie comme un cœur, elle a un petit bouquet de fleurs au corset, une belle guimpe blanche avec une rose toute rouge, des mules de trois pouces et quelques perles dans les cheveux. C'est un dimanche, Olivette, ainsi parée, va tout droit à sa paroisse.

La tante se récrie sur la poussière de son costume, elle descend du coche, elle a été, comme Mascarille, froissée par la *brutalité de la saison*. Olivette propose de réparer ce désordre ; il y a un fripier à deux pas de là ; vite, avant que le peintre ait serré ses brosses, la nièce y mène sa tante, et voici tout d'un coup le damné Candia métamorphosé en fort bel homme, donnant le bras à Olivette et lui faisant franchir la porte du Temple aux grandes lamentations de l'oncle, qui se désespère, mais qui arrive trop tard.

Que devint Olivette ? Elle aima d'abord avec passion l'homme qui lui avait ouvert les portes de sa cage, puis elle tomba bientôt dans toutes les excentricités à la mode d'alors, elle fut tour à tour la maîtresse d'un Noailles et d'un traitant ; bref, elle désespéra si bien le pauvre Candia qu'on le trouva un beau jour pendu en sa chambre à la suite d'une querelle de ménage. Olivette devenue libre se dédommagea de quinze mois d'esclavage par une foule de folies. Elle acheta à Saint-Cloud une petite maison où elle recevait la cour et la ville, où les comédiens et les marquis tenaient table ; à la suite de ses prodigalités, les mémoires du temps nous apprennent que repentante et ruinée la courtisane s'achemina un soir vers le Temple où elle retrouva son oncle le vieux peintre en train de mourir devant une Vénus commencée... Olivette se jeta à ses genoux en implorant son pardon...

— Malheureuse ! s'écria le vieil Harpagon, tu m'as tué ! Il n'y avait que toi qui pusses me faire prendre goût au travail ; depuis ton départ précipité j'ai eu recours à la bouteille pour m'étourdir, vois où cela m'a conduit ! Ah! Candia, ajouta-t-il dans une sorte de délire, ah ! traître de Candia !

Il mourut en maudissant Olivette et en lui laissant pour toute succession une macédoine de toiles, de bouteilles, de papiers timbrés et de bosses d'après l'antique. Olivette vendit tout cela à un marchand du Temple pour s'en faire une robe, avec cette robe elle eut encore le bonheur de plaire au prince d'Elbeuf qui passait alors pour un magnifique seigneur.

Olivette avec lui reprit sa vie folle, sa vie de courtisane qui ne devait pas être bien longue. Elle mourut d'une indigestion à trente ans.

Avant Louis XIV, le Temple avait vu déjà de belles fêtes. Le grand-prieur de Rabutin, oncle de madame de Sévigné, y donnait des soirées magnifiques sous le règne de Louis XIII; un historien rapporte que l'é-

cusson de ses armes, qui était lourdement sculpté sur
la Porte-Majeure du palais du Temple, du côté de laquelle on entre aujourd'hui dans le couvent, n'en
tomba pas moins avec un fracas horrible le jour de sa
mort, *cette pierre s'étant détachée du milieu de la porte
presque en même temps qu'il passait.*

Sous Louis XV, vous avez le prince de Conti (le
même qui depuis son veuvage était devenu Grand-
Prieur de France) qui faisait loger en ce lieu la comtesse de Boufflers, que madame de Créquy avait si
bien surnommée *l'idole du Temple.*

A l'heure qu'il est, on vend au Temple des culottes
de marquis et des livrées de laquais; vous y trouvez
à la fois des défroques d'acteurs et des uniformes de
la garde nationale. Les boutiques les plus achalandées
sont au nombre de deux ; on y trouve quelques tapis
de Turquie et du damas rouge mangé des vers.

La première fois que vous irez au Temple, ne
manquez pas d'examiner les enseignes. Il y en a une
qui pourra dans mille ans témoigner du goût des décorateurs en 1837; elle représente une redingote grise
dans les nuages, avec ce seul mot : *Napoléon empereur.* C'est un fripier qui occupe cette boutique ; puissent au moins ses redingotes faire le tour du monde
comme celle de son patron !

L'HOTEL DE LA GUIMARD

Mademoiselle Guimard, dont la *Biographie univer-selle* de M. Michaud l'académicien ne parle pas, mais dont en revanche Bachaumont et Grimm parlent assez, possédait en 1779 un fort bel hôtel, rue de l'Arcade, que le prince de Soubise lui fit bâtir. M. de L., le seul homme à Paris qui ait conservé la poudre et les culottes, même en l'an de grâce 1856, en est actuellement propriétaire : mais les boudoirs de mademoiselle Guimard, ses petits salons à bergères et sa salle de spectacle, tout cela a tellement changé de destination que l'on n'en voit guère vestige. L'ambassade d'Espagne y était logée au temps fastueux de M. d'Ofalia, qui y fit peindre la grande galerie par Cicéri pour un bal d'apparat.

Les cérémonieux apprêts de ce bal firent époque dans l'histoire des bals parisiens ; à l'heure qu'il est, nous sommes loin de les avoir oubliés. En entrant dans cette grande galerie, on était frappé d'abord de l'éclat des girandoles et des lumières, des négrillons peints sur la muraille et si habilement figurés qu'ils semblaient courir avec leurs plateaux de fruits et leurs singes ; puis en s'avançant l'illusion était au comble,

6

on touchait des fleurs, des oranges, des camélias en
guirlandes naturelles, des ananas sur des couches de
feuilles fraîches, que sais-je, moi? toutes les plantes et
tous les produits d'une serre magnifique, et au milieu
de ces merveilles, de ces danses, de ces femmes, une
file de jets d'eau murmurant en chœur avec l'orchestre
de Tolbecque, et les plus jolis quadrilles tournant en
spirale dans ce jardin parfumé.

Car ce bal n'était pas autre chose qu'un vaste jardin.
La Guimard aurait souri à cette belle fête donnée par
un grand d'Espagne, par un ambassadeur homme de
goût, de délicatesse et d'esprit. Peut-être qu'elle aurait regretté sa chère salle de spectacle où elle jouait
elle-même la comédie devant les premiers seigneurs
de la cour. Elle aurait trouvé que la danse a bien perdu ;
nos femmes dansent peu le menuet, le règne des pa-
niers et de Baptiste le violon est passé. Tout au plus se
serait-elle reconnue, la pauvre fille, dans quelques-unes
de ces jeunes marquises ardentes au galop et au co-
tillon, deux danses qu'elle eût sans doute méprisées.
Son jardin, qui existe encore et où l'on faisait de si jolies
collations à la lune ; son jardin, où elle se promenait
avec M. de Sartines le fils du ministre et un des plus
riches financiers de ce temps-là, lui aurait paru maus-
sadement bouleversé, sans charmilles discrètes, sans
tonnelles et sans ombrages. Qu'est-il besoin d'un jardin
pour une ambassade ? Un salon cela se conçoit, mais
un jardin! Les Tuileries, Saint-Cloud et Versailles,
c'est là le jardin d'un ambassadeur !

La Guimard jouait la comédie pour son plaisir en cet hôtel. Les femmes de la cour, désireuses d'entendre cette fille qu'elles n'avaient vue que danser, affluaient en cet endroit ; mais elles n'y venaient qu'avec leur loup sur le visage et en se cachant. Il y en eut une un jour qui s'écria : « Si j'étais Soubise, j'arracherais la langue à Guimard. » Guimard jouait, en effet la comédie assez mal, et son jeu ne valait pas sa danse ; mais c'était chez elle une rage, une passion. Non contente de jouer, elle faisait endosser la cuirasse d'Abner à Gardel, et elle parodiait ainsi *Athalie* devant le prince de Guémenée, le prince de Soubise son amant, le marquis de Villette, d'autres fois même devant le duc de Chartres et le comte d'Artois. La salle de spectacle où elle jouait, métamorphosée maintenant en galerie, est la plus triste chose du monde en comparaison de ce qu'elle était jadis. Sur la toile, qui n'était pas une des moindres bizarreries de la Guimard, elle avait fait peindre en médaillon toutes les rivales dont elle avait triomphé, le tout sous des emblèmes et devises allégoriques. Mademoiselle Renard, actrice à laquelle elle avait enlevé son amant, le comte de Sannoy, y était représentée de la manière suivante : Sur un écusson plus apparent que tous les autres, la Guimard avait fait peindre un renard éventré surmonté d'un bel œil noir couronné. Elle n'admettait dans ce temple que ses *fidèles*, ses bonnes amies, presque toutes danseuses de l'Opéra, et qu'elle réunit un beau jour sur son théâtre pour leur dire :

« Mes petites colombes, nous avons peut-être bien mal joué ce soir, mais la faillite du prince de Guémenée me poursuit. Cotisons-nous toutes dans l'intérêt des pauvres malheureux que ruine cette faillite et écrivons une lettre collective à M. de Soubise pour qu'il applique six mois durant le revenu de nos pensions au soulagement des réclamants. »

Ces belles paroles de la Guimard trouvèrent de l'écho chez ces demoiselles. En 1782, une actrice de l'Opéra touchait beaucoup moins qu'aujourd'hui ; mais aussi elles obtenaient une foule de pensions particulières de la munificence de leurs protecteurs. Le prince de Soubise, outre la garde-robe et les pierreries, donnait quatre cent mille livres par an à la Guimard. Il est vrai que la faillite du prince de Guémenée dans laquelle il se trouva fortement lésé, mettait un frein à ces libéralités ; mais la Guimard ne prouva pas moins qu'elle était digne de ces avances magnifiques. Ainsi que nous l'avons dit plus haut, elle abandonna son traitement et força le prince à appliquer cette somme et celle qu'elle obtint de ses camarades au soulagement d'une foule de militaires souffrants, de gens de lettres et de malheureux domestiques que le prince de Guémenée, par sa banqueroute, entraînait dans l'abîme avec lui.

Vestris en ayant paru surpris, elle lui répondit en plein foyer : « Un Vestris n'a de cœur qu'au talon. » Vestris répliqua : « C'est possible ; mais, en attendant, j'ai eu du jarret hier, car me trouvant sur l'escalier de l'Opéra vers midi, j'ai donné un coup de pied à mon fils qui fait le glorieux et a des dettes. *Je ne veux pas de Guémenée dans ma famille!* »

L'hôtel de la Guimard peut passer d'autant mieux à cette heure pour un monument démoli, que nous l'avons dit, il ne reste aucun vestige de la danseuse. Une seule célébrité dramatique a passé par là, c'est le noble impresario de la rue du Faubourg-Saint-Honoré, le comte de Castellane, qui, avant d'ouvrir son théâtre au beau monde et aux gens de lettres, avait demeuré quelque temps dans cet hôtel de la Guimard.

Un garçon paumier nommé Chardet qui tenait souvent la raquette au comte d'Artois, se brûla la cervelle par amour pour la Guimard, le 10 janvier 1784, sous les fenêtres de cette intéressante bayadère. Le duc d'Orléans y fit servir un soir un grand souper. On cite pour trait de magnificence principale de ce banquet l'apparition de huit cent cinquante livres de fraises. La demoiselle Aurore, de l'Académie royale de Musique, âgée de dix-sept ans, fut servie à ce souper dans un gâteau de dessert. C'était plus qu'il n'en fallait pour que ses nouveaux propriétaires lui conservassent sa vieille allure de prodigalité, de folie et d'opulence. Ils n'en ont rien fait, ils ont vendu ses panneaux, pièce à pièce, aux commisseurs-priseurs!

———————

CLOTILDE LA DANSEUSE

Il y a de ces revirements dont il faut remercier le goût du siècle ou plutôt sa fantaisie ; ainsi, on est revenu depuis quelques années de la Suisse, on ne va plus guère voir souper les tigres à Exeter-Change, la belle Venise devient fade, les Pyrénées n'ont plus que des visiteurs cacochymes, Baden-Baden regorge de princes détrônés ! Les bords de la Seine sont le Long-champ du jour, il faut bien le reconnaître ; les ba-teaux à vapeur secouent dix fois par jour leur panache de fumée sur ses belles rives, et pourtant ces rives sont toujours vertes et fraîches, les Naïades et les on-dines s'y jouent entre les roseaux ; elles ressemblent à ces timides nymphes de Lovône dont parle madame de Simiane, on les agace trop pour qu'elles ne devien-nent pas bientôt des filles perdues. Tantôt ce sera quelque pêcheur émérite du vieux Marais qui leur jettera l'hameçon du bord de Petit-Bourg ou de Ville-neuve-Saint-Georges, tantôt quelque dramaturge leur dira des vers, assis à la proue du bateau à vapeur, comme on représente Amphion avec sa lyre, sur l'échine de son dauphin merveilleux. Les nymphes de

la Seine sont très-évidemment perverties ; on leur
jette du pain, des journaux, du madère sec et des
drames. On les rendra gloutonnes et littéraires à la
fois, elles avaleront Chevet et Dumas d'un seul
coup.

Voilà donc la Seine remise à la mode pour cet été,
la mer de Dieppe n'arrive qu'en second ; c'est toujours
la même vague et le même galet insupportable, Dieppe
c'est le Frascati véritable des vieux baigneurs ; ils vont
y chercher des émotions pour leurs vieilles fibres, y
jouer à la rouge ou à la noire, suivant le soleil ou l'o-
rage ; mais Dieppe, sans la mer, n'est rien, tandis que
les villages délicieux qui bordent la Seine seraient déjà
une charmante chose sans son ruban aquatique. Vous
avez d'abord Montereau, sur lequel Dumas a écrit d'excellentes pages, le village d'Avon et les pressoirs du
Roi, l'abbaye de Barbeau, Moret, Nemours, et enfin
ce magnifique Fontainebleau, dont le seul frère en ces
beaux lieux est, à coup sûr, le château de Fouquet,
non loin de Melun. Toute cette rive se trouve ainsi
fécondée par des souvenirs intéressants. L'église de
Moret, qui date de Louis VII, et devant laquelle passa
Napoléon à son retour de l'île d'Elbe ; l'entrevue fameuse entre le dauphin Charles et le duc Jean à Montereau ; les *Jacques* réunis à Meaux et combattus par
Gaston de Foix et Jean de Grailly ; puis, comme appendice naturel à ces souvenirs, l'histoire de France
tout entière au palais de Fontainebleau, ne voilà-t-il
pas de quoi arracher le flâneur parisien à son apathie,

le notaire à son étude, l'auteur à ses livres, et le dandy lui-même au balcon de l'Opéra ?

Aussi chaque jour, sur cette même Seine, apparaissent-ils chargés comme des bricks de guerre, ces salons flottants nommés bateaux à vapeur. Gracieusement couchée au milieu de ses villas, de ses bourgs et de ses campagnes, la Seine repose constamment vos yeux dans ce fantastique voyage. Vous passez devant Petit-Bourg, l'un de nos plus remarquables châteaux historiques, dont M. Aguado fut le châtelain comme M. Laffitte le fut de Maison, comme M. Sellière du château de Mello ; c'est aux banquiers que fut, un temps, dévolu le domaine de l'histoire. Puissent-ils en garder les souvenirs comme une protection et une excuse ! ce sera toujours leur meilleur calcul, selon nous.

A deux cents pas environ de Petit-Bourg, et près d'un joli domaine appartenant a M. Dupin (qui n'est ni M. Dupin l'auteur, ni M. Dupin le député), se dessine gracieusement à l'œil une petite façade blanche, joli pavillon dont la Seine est le miroir. Cette propriété a nom : la *Folie-Barbeau*.

Ce nom n'a rien de commun, je pense, avec la célèbre abbaye de Barbeau, que l'on trouve non loin de là sur la rive droite, et qui reçut son nom suivant la légende d'un pêcheur de Samois, qui prit un beau jour dans ses filets un barbeau d'une taille gigantesque. Ce poisson, pareil au turbot de Domitien, fut acquis bien vite par les moines d'un couvent voisin et livré au *frère servant* de la cuisine, pour paraître ensuite

sur la table de l'abbé au réfectoire. Mais en le dépouil-
lant de ses écailles et l'ouvrant, le frère servant trouva
dans l'estomac du monstre un diamant d'une rare
beauté. Avec la seule vente de cette pierre précieuse,
on construisit l'abbaye de Barbeau, à l'endroit même
où le miraculeux poisson avait été tiré de la Seine.
Chaque couvent et chaque abbaye avait alors, comme
on sait, ses armoiries. Barbeau prit les siennes : c'était
de toute justice ! Il les composa de deux poissons res-
semblant à celui que le hasard, ou plutôt la Providence, avait fait pêcher ; on y ajouta trois fleurs de lis,
sans doute à cause de la charte de consécration. Ces
armes furent posées sur le front de l'abbaye, dans laquelle venaient s'engloutir chaque année soixante
mille livres de rente ; cette abbaye devint depuis le refuge d'un certain nombre d'orphelines de membres de
la Légion d'honneur.

Encore une fois, la *Folie-Barbeau* n'a d'autre rapport avec cette riche et gothique abbaye que certain
son argentin qui perce la paix de ses ombrages ;
c'est le bruit des cloches du vieux couvent, battants
pieux, qui donnent maintenant le signal de bien des
plaisirs et de bien des indigestions profanes.

Le propriétaire de la *Folie-Barbeau*, M. Pasturin,
avoué, a bien voulu nous montrer le cahier des titres de
son domaine ; on y voit que M. Barbeau, intendant de
madame la duchesse de Bourbon-Conti, ancienne châ-
telaine de Petit-Bourg, a fait bâtir cette maison de la
Folie-Barbeau, sur la rive droite de la Seine. Le cahier

des titres porte, en outre, que Joseph Vernet y fut enterré ou du moins y eut un tombeau, car nous croyons
nous rappeler que Joseph Vernet mourut au Louvre,
où il avait obtenu un logement en récompense de ses
ports de France.

Ce qu'il y a de certain, c'est que la célèbre Clotilde,
danseuse de l'Opéra, habita cette charmante retraite.
Si Berchoux, dans son poème de *la Danse*, n'a cru devoir consacrer que trois vers à cette sylphide divine,
dont les Chevigny, les Chameroi, les Miller suivaient
modestement la trace, cet oubli injurieux ne méritait-
il pas de se voir réparé ? En nous rendant coupable
de la chanson suivante dans un souper de littérateurs
et de gens du monde donné à la *Folie-Barbeau*, nous
n'avons eu qu'un but, celui de venger les mânes de la
danseuse.

Cette chanson avait un grand défaut, celui de ne
pas louer assez le nouveau propriétaire de ce beau
domaine. L'hospitalité que Clotilde accordait à Boïel-
dieu sous ces ombrages et dans ces jardins anglais si
bien dessinés, M. Pasturin l'accorde aux gens d'esprit,
aux joyeux chansonniers et aux gais convives. N'est-ce
pas étendre le privilége de la tradition ?

LA FOLIE-BARBEAU.

I

On m'a conté, messieurs, qu'une sylphide
Posséda ce château jadis ;

La belle s'appelait Clotilde,
    Clotilde! ce nom les lundis
Montait poussé jusques au Paradis.
Voilà qu'un soir, ma riante amoureuse
Périt, hélas! d'un vieux ballet romain...
Allons, amis, faute de la danseuse,
De l'avoué faisons danser le vin!

II

Depuis ce jour, on prétend qu'au village
Elle revient danser par les gazons,
Tenant encor son bouquet au corsage,
Et des bergers écoutant les chansons. (bis,
Le vieux Vestris, de sa main jaune et creuse,
L'entraîne encor au fond de ce ravin...
Allons, amis, faute de la danseuse
De l'avoué faisons danser le vin!

III

Mais du village, hélas! c'est une fable;
Clotilde est morte, elle avait bien vécu!
Elle eut toujours bons amis, bonne table,
Et se moqua, ma foi, de la vertu,
Comme d'un rond ou d'un jeté battu,
De ses amants, la liste fut nombreuse,
Ils l'avaient tous charmé de leur destin...
Faute à présent de pareille danseuse,
De l'avoué faisons danser le vin!

IV

Mais jurons tous de boire au moins un verre
A la pauvrette, à qui ces verts bosquets
Versaient jadis leur ombre hospitalière;

Sur elle encore effeuillant les bouquets,
Allons baiser au sol ses pas coquets ;
Et ne pouvant tenir sur la causeuse
Cette Laïs à l'œil vif et lutin,
Jusques au jour, faute de la danseuse,
De l'avoué faisons danser le vin!

HISTOIRE DE LA MODE [1]

DE L'ART DANS LA MODE

Les caprices et les révolutions de la mode ont trouvé de tout temps des historiens; le privilége de la vieillesse, menant à la lisière l'âge nouveau, n'est-il pas toujours de lui raconter les magnificences éteintes, les modes éclipsées, les coutumes abolies? Devenus ainsi la tradition vivante de leur époque, les vieillards vous en font le portrait avec les couleurs de leur temps; ils ne fardent rien de ses exagérations et de ses travers, le domaine de la mode est remué par eux dans tous les sens. Pourquoi ne se feraient-ils pas, en effet, les historiens de leur siècle, ces oracles du goût dont la cohue odoriférante embaumait jadis Coblentz, ces hommes de spirituelles futilités qui ont pu donner le ton jadis au

[1] Bien que ne tenant pas précisément au titre de ce livre, ces divers articles de M. Roger de Beauvoir nous ont paru son véritable corollaire. Ils touchent d'un côté aux élégances de la vie parisienne, et de l'autre ils nous reportent vers un temps peu éloigné, mais curieux de forme et de recherches. (*Les éditeurs.*)

7

jeu de la reine, à Versailles, ou jouer les proverbes de
Carmontelle et de madame de Genlis à Trianon ?

N'était-ce pas, dites-moi, une vie fort ordinaire de
ce temps encore voisin du nôtre, que celle de se lever
à midi, d'écrire indolemment ses mémoires au jour
le jour, comme Grimm ou Bachaumont, d'observer
et d'être philosophe à son insu, de hanter les petits
soupers et les grands hommes, de se récrier, avant ou
près tout le monde, contre tel vice ou telle vertu que
la mode avait fait éclore la veille, et à la faveur de tous
ces petits scandales inscrits en ordre, de ces anecdotes
recueillies, avec des indigestions, aux tables des ducs ou
des fermiers généraux, de léguer au moins quelque chose
à ses neveux ou à ses petits-fils ? Certes, ce n'est pas moi
qui blâmerai le dix-huitième siècle d'avoir été souvent si
prolixe et si fou dans ses confidences. Je n'ai jamais vu
qu'une étourderie d'enfant gâté dans son babil, et une
fatuité de petit-maître dans ses livres. Si le baron de
Fœneste, dans les pages curieuses d'Agrippa d'Aubigné, nous raconte *ses roses descendant jusqu'au talon*,
ses duels du Marché-Neuf, ses sonnets, ses bonnes
fortunes, pourquoi en voudrais-je au chevalier de la
marquise de Sarmé, dans le *Colporteur*, de me raconter
son teint *lumineux*, sa petite maison, ses mouches et
ses équipages ? Si la *Délectable Folie*, traduite en vers
français par Louys Garon, n'est à mes yeux qu'une ca-
pricieuse boutade contre les modes d'Henri IV et de
Louis XIII, pourquoi ne pas admettre que les tabari-
nades du Théâtre-Italien, dues, après tout, à nos meil-

leurs comiques, Regnard en tête, n'aient pas exercé sur la mode une réelle influence ? Il ne faut dédaigner aucun monument de cette histoire, qui souvent n'est qu'une satire. Constatons les luttes et les assauts livrés à la mode, récapitulons dans notre esprit ses turbulentes destinées n'oublions pas surtout que si ses exagérations sont coupables, c'est à l'art seul qu'il faut en revenir en fait de prompte et salutaire justice.

L'art, c'est le tuteur et le protecteur inné de la mode. Sans lui, nous retombons sous le régime brutal des tailleurs.

Mais où poursuivre cette histoire en apparence frivole de *l'art dans la mode*, ces inquisitions élégantes, ces œuvres patientes et laborieuses du génie se vouant au culte de l'inconstante déesse ? Nierons-nous d'abord que ce mouvement de l'art dans la mode ait préoccupé bien souvent les esprits graves, que les historiens et les lettrés soient entrés avec amour dans ce travail ? Les analogies et les contrastes que présentent les siècles divers, ne les payaient-ils pas de leurs recherches, et le costume n'est-il pas, après tout, l'armure qui cache le cœur ? Étonnez-vous donc que la chronologie de la mode, en divers temps et en divers règnes, ait enflammé d'un beau feu la science et l'analyse ! Étonnez-vous que l'excellent John Stowe, tailleur d'origine, ait quitté l'aiguille pour la plume sous le règne élégant d'Élisabeth, pour se faire le chroniqueur sérieux des choses frivoles ! La généalogie des chiffons perses, des taffetas et des collerettes, l'invasion des bou-

cles de souliers, et la défaite générale des rosettes sur
le cou-de-pied, exercèrent longtemps l'imagination de
John Stowe, sur lequel nous reviendrons. Le spirituel
Addison consacra, bien après John Stowe, de longues
pages aux vertugadins des dames. Je ne veux point me
donner le plaisir d'énumérer après lui le nombre de
volumes qui furent faits sur la chevelure et sur la barbe.
Il est évident que sans la Satire Ménippée on n'eût
peut-être jamais ri des modes burlesques de la Ligue
énumérées dans le *Catholicon* d'Espagne. J'ai cité d'Aubigné sous Henri IV, parce que je le crois le meilleur
historien de ces frivolités précieuses. Les hommes de
cour devenaient alors presque tous des chroniqueurs;
d'Aubigné, Brantôme, et Tallemant des Réaux, font
souche, en effet, d'écrivains anecdotiques ; ils nous amè-
nent, en fait de courtisans, Bussy de Rabutin et Saint-
Simon.

Il faudrait recourir à l'aride nomenclature des noms
propres pour exposer ici les conservateurs des impé-
rissables annales de la mode. Les peintres et les romanciers méritent d'arriver en première ligne comme traditions monumentales. Sans Van Dyck, dites-nous qui
saurait Buckingham et Charles I$_{er}$? Sans Velasquez et
Titien, Charles-Quint et Philippe II ? Et l'inimitable
roman de la *Table ronde?* et celui de la *Rose?* et Samuel Jebbs, tant de fois consulté par Walter Scott ?
Je n'ose ajouter ici les sculptures élégantes de Cellini
comme appendice, et les précieuses figurines des
Maximilien sur toutes les poteries d'Allemagne. Rien

n'est mesquin dans l'art, il élève, il grandit tout. Par lui, le plus simple paysan de la Frise devient un riche pharisien sous le pinceau de Rembrandt ; par lui, la difformité du nain de Venise tourne au profit de l'élégance chez Véronèse. Sans le souffle vivifiant de l'artiste, tout dans la mode n'est qu'indécision, misère, vanité. Non-seulement l'art imprime à la mode une ère de vie, mais il la consacre, il la baptise ; témoin la studieuse galerie d'arabesques déroulée par Raphaël au Vatican ; cette galerie, qui n'a rien d'étroit, et qui fait concevoir qu'un grand génie se soit prêté à ce travail d'ornemaniste. Nous parlions tout à l'heure des luttes de la mode, des périls qu'elle eut souvent à traverser ; ces luttes, ces périls ont existé dans tous les temps. De nos jours, l'art se débat encore avec la mode. Lawrence, à Londres, triomphe du plus ingrat des costumes, il l'assujettit, le roule dans la pâte de sa prestigieuse couleur, lui donnant ce flotté et cette ampleur qui s'éteint harmonieusement dans les teintes sombres. L'école vénitienne, dans un siècle de catholicisme, nous avait déjà donné l'exemple d'une école qui se sépare du dogme pour les intérêts de la mode ; elle habillait ses saints et ses martyrs avec des robes et des casques d'amiraux. Les persécutions endurées en Angleterre par l'auteur féminin de la découverte de l'amidon, méritent bien les honneurs de l'épisode.

L'héroïne venue de Flandre, avec cette belle découverte dans son sac, se nommait mistriss Dinghen. John Stowe, le tailleur-écrivain, qui a bien voulu nous con-

server son nom immortel, ne dissimule rien de ses
tristesses studieuses. Cette fille rêvait l'amidon comme
Pygmalion rêva sa Vénus. Vers la quinzième année du
règne d'Elisabeth la Galante, une pauvre Flamande,
venue de Malines, demanda asile à John Stowe. Stowe
n'était plus tailleur, mais écrivain, ce qui lui donnait
de fort grands airs aristocratiques. Ce règne d'Élisabeth
était bien, en effet, un règne à monter au cerveau, tant
il était fat ; un règne exquis pour un homme qui voulait écrire l'histoire de la mode ; c'était le digne pendant du règne de Henri III, le règne des parfumeurs,
des mignons et des fraises exagérées. Au moment où
la pauvre Flamande arriva, il n'était question à la cour
d'Élisabeth que des gants et des sacs à odeur [1] apportés
récemment par Édouard de Vere, marquis d'Oxford,
qui arrivait d'Italie. Il avait encore, dit son historien,
une culotte (*breech*) en daim parfumé. On racontait
qu'il avait donné à la reine une paire de gants ambrés,
ornés de quatre rosettes de soie colorée. Ce cadeau
faisait l'admiration de toute la cour. La reine Élisabeth
fut tellement joyeuse de ses gants, qu'elle se fit peindre
avec ces deux mains *gantées*. Le parfum des gants
fut depuis nommé : parfum du marquis d'Oxford.

La pauvre fille de Malines, mistriss Dinghen Van
den Plasse, ne fut cependant pas éblouie de tout cela.
Elle était née à Steen, en Flandre, et bien née ; car
elle était la fille d'un chevalier de cette province. Jamais il n'y avait eu, dans toute la chrétienté flamande,

---

[1] Sweet bagges.

de plus jolie fille que mistriss Dinghen. La Flandre était alors bien supérieure à l'Angleterre d'Élisabeth, en ce sens que la Flandre avait découvert l'amidon. Ces collerettes énormes de profondeur, dont vous suivez avec effroi les plis roides dans les grands portraits d'Élisabeth, ne tenaient en Angleterre qu'à l'aide des fils d'archal ou de laiton, auxquels les grandes dames avaient recours. Il faut voir comment Puttenham se moque de ces dames treillissées de fer comme des palissades. Toute cette cour était si martyrisée par la mode, que le galant sir Walter Raleigh [1] entreprenant un soir le siége d'une de ces galantes forteresses, fut cité le lendemain, dans le bulletin de la reine, comme un des plus grands dérangeurs d'épingles de son temps. Un coup de main repoussé rendait la toilette d'une dame fort compromise. Ce Puttenham, courtisan recherché, beau *fantastique*, qui avait beaucoup vu et voyagé, est précieux pour ces détails d'écorniflure [2].

Mistriss Dinghen, sûre de son secret, avait donc foi dans son œuvre ; elle marchait la tête haute, comme Judith avant le meurtre d'Holopherne. Elle se disait que la pénurie de ses ressources cesserait, et elle regardait dédaigneusement les magnificences du jour. Vainement les petits yeux gris de John Stowe s'allumaient chaque fois comme ceux d'un chat en racontant à sa jeune et pauvre locataire les merveilleuses allures

[1] Le même qui étend son manteau sous les pieds d'Élisabeth. Voir le *Château de Kenilworth*, par Walter Scott.
[2] Voir son traité *Art of Poetry*.

des *beaux*, qu'il avait vus le matin à la cour, par ce
temps de *cosmétics*; vainement s'extasiait-il sur l'u-
sage abominable qu'ils avaient tous de se peindre la
figure, usage auquel toutes les vieilles comédies an-
glaises font allusion, mistriss Dinghen se moquait de
l'huile, des teintures et des pommades de tous ces *beaux*.
John Stowe, plus versé qu'elle en cette matière, dé-
pensait fort inutilement son temps à lui apprendre la
manière de faire bouillir son vin [1] et de se l'appliquer
sur le visage, afin que les joues devinssent d'un beau
rouge; les joues de mistriss Dinghen raillaient la science
et les procédés factices de John Stowe, comme aussi
la blancheur et la fermeté de ses collerettes faisaient
récrier chaque fois d'admiration et d'envie les com-
mères de son quartier de Temple-Bar. A cette époque
et bien avant Richard Baxter, ministre protestant, qui
écrivait contre les modes de son siècle une préface
pour un livre intitulé : *A just and seasonable repre-
hension of naked breast and shoulders (Réprimande contre
les poitrines nues)*, un auteur nommé Edge écrivait
dans un grenier des satires contre les modes et mourait de faim dans le voisinage de Temple-Bar. Mistriss
Dinghen le vit, et il lui plut. Edge était beau, jeune et
pâle comme le fut plus tard Gilbert. Malheureusement
ils n'avaient tous les deux aucune ressource; mais mis-

---

[1] Dans les *Illustrations of British history*, le marquis de
Shrewsbury, qui gardait l'infortunée reine Marie Stuart, affecte
de se plaindre des dépenses qu'elle faisait pour ses bains de
vin (*bathing in wine*), et il demande une plus forte somme pour
ces dépenses.

triss Dinghen n'était-elle pas riche de son secret? Un soir qu'il y avait bal à la cour d'Elisabeth, Edge, protégé par le maître d'hôtel du palais, loua un pourpoint orange et une cape à l'espagnole pour y conduire dignement mistriss Dinghen. Il était difficile d'être plus emprunté que le pauvre Edge dans cette cape et ce pourpoint. Il accrochait avec sa plume les jolies danseuses, il éraillait avec l'ergot de ses éperons les robes en velours des marquises. Edge observait au reste tout ce monde d'un œil satirique ; il y avait un peu de Mercutio dans son affaire. « O ! mes fantastiques coquins ! mes introducteurs de paroles nouvelles et de prononciations inconnues, » dit quelque part Mercutio. « O les ennuyeux moucherons de cour ! » avait l'air de dire le pauvre Edge, retiré dans un coin, pendant que mistriss Dinghen dansait au milieu d'un flot de masques ; car elle dansait, la blonde Flamande, et avec un masque aussi élégant que tous les autres. Edge, abîmé de fatigue, ennuyé de tous ces seigneurs qui lui avaient marché sur les pieds, et à qui leurs braguettes françaises, mode nouvelle alors, donnaient tout au plus la valeur d'une bête curieuse, Edge, perdu au milieu de tout ce monde, regagna pensif Temple-Bar. Il vit, contre l'habitude de la maison, la petite salle basse très-éclairée. Le personnage qui avait suivi mistriss Dinghen venait de jeter son masque. Edge ne reconnut cependant pas John Stowe le tailleur, parce que celui-ci marchait à reculons en souhaitant le bonsoir à mistriss Dinghen.

7.

Tourmenté d'un accès violent de jalousie, amoureux et sombre comme le sont tous les poëtes malheureux, Edge colla son œil contre une des fentes de la fenêtre que mistriss Dinghen venait de fermer, et alors il la vit extraire de sa robe à grands cerceaux, un étui de fer-blanc aux armes de la reine Elisabeth, étui dont elle ne tarde pas à tirer la plus roide des collerettes. Mistriss Dinghen la prit, en ôta les fils de fer et *l'amidonna* de son mieux. Pendant cette opération, elle chantait à voix basse une ronde de son pays ; puis, comme une bonne catholique de Flandre qu'elle était, elle fit un grand signe de croix sur l'ouvrage et alla se coucher. John Stowe, qui avait un paquet d'étoffes à porter à la reine ce matin-là, jour de Saint-Luc, patron des tailleurs, ne tarda pas à revenir, mais, comme mistriss Dinghen l'avait malignement prévu, il se trompa et prit le paquet entièrement semblable à sa boîte ordinaire, et enveloppé du même linge. Les copieuses libations auxquelles John Stowe s'était livré le matin avec quelques confrères, érudits comme lui en aiguilles, mais moins forts en littérature, donnaient à sa démarche quelque chose de si grotesque, qu'Elisabeth le remarqua de sa fenêtre quand il traversa les cours, et le fit mander. L'habit et les étoffes que Stowe comptait apporter étaient pour lord Leicester. Au lieu de manchettes et de nœuds de pourpoint, le malheureux Stowe pâlit quand il ne tira de ses enveloppes et de ses serviettes qu'un étui en fer-blanc aux armes de la reine. Elisabeth lui demanda d'où il tenait cet étui à collerettes, et comment il se faisait que milord portât de si singuliers atours. Leicester en rit plus que tout autre, tant l'air de ce pauvre John Stowe était digne de compassion. Examen fait de la boîte, les femmes de la reine parvinrent à en extraire délicatement la plus admirable des collerettes *amidonnées*, tellement que toutes se récrièrent sur ce beau mode de gauffrures. John Stowe devina bien vite mistriss Dinghen, il n'y avait qu'une main de Flamande pour conserver au linge cet éclat éblouissant. Il se rappela les collerettes que portait d'habitude mistriss Dinghen, il raconta le tout à la reine, et s'en fut la chercher avec une grande promptitude et une grande joie. John Stowe pensait en marchant aux nobles d'or qui allaient pleuvoir chez lui par le contre-coup naturel de cette prospère mésaventure. Mais, en arrivant, il ne fut pas peu surpris d'apprendre que mistriss Dinghen avait disparu. Comme on ne retrouva pas l'amoureux Edge, on conjectura qu'ils avaient dû partir ensemble. En effet, peu de temps après ceci, il ne fut plus question dans Cambridge que d'un nouveau professeur, lequel n'était pas, croyez bien, un professeur d'université, mais un *professeur d'amidon*. Ce professeur en robe était mistriss Dinghen. L'art d'employer l'amidon (*starching*) une fois connu, elle gagna de belles sommes. Mistriss Dinghen, pour apprendre à *starcher* aux petites filles qu'on lui envoyait, prenait d'ordinaire 4 ou 5 livres sterling [1], et en surplus 20 schellings pour leur ap-

_____
[1] 100 à 120 livres de France.

prendre à préparer l'amidon. La nation hollandaise, qui s'est montrée de tout temps jalouse de la blancheur de ses dentelles et de ses collerettes, envoya tout exprès un délégué des États pour faire à mistriss Dinghen de fort vives remontrances. La pauvre fille n'avait pas vendu pourtant le secret de l'état, elle n'avait songé qu'à une chose au milieu de cette belle veine de fortune, à épouser le poëte Edge. J'aime à croire que l'épithalame de ce beau mariage fut fait par Edge, et qu'il y fut fortement question des *bonnes qualités de l'amidon.* Elisabeth couvrit le couple amoureux de sa protection royale, et les prétentions de la Hollande furent repoussées.

Il deviendrait aussi utile qu'intéressant de soulever ainsi le voile qui cache au monde les artistes obscurs et les inventeurs de modes oubliées. Mistriss Dinghen, par sa persévérance d'ouvrière, plus encore que par sa découverte, fut à coup sûr une artiste. Son amidon aida beaucoup au raffinement italien des toilettes de Charles II, que le puritanisme anglais accusa avec tant de véhémence. Nous répéterons encore une fois que rien n'est mesquin dans l'art. Ce qui le prouve mieux que tous les raisonnements du monde, c'est que l'art s'attache et s'incruste souvent avec amour dans les petites choses. Ainsi avons-nous vu, dans un voyage fait à Gand, une chambre entière remplie d'éventails dont la collection seule pourrait devenir le document le plus certain et le plus authentique de l'histoire de France. Les portraits de Henri III et de Catherine de Médicis

sont gravés sur ces frêles baguettes de nacre que fai
saient jouer les dames; viennent ensuite les batailles
de Louis XIV à la gouache, et les éventails de la régence, puis ceux de l'empire, et les derniers éventails
tricolores mis au monde dans les affreuses chaleurs du
mois de juillet 1830. L'homme patient qui a ainsi résumé toute une histoire sur des feuilles de taffetas mérite autant des artistes que le plus habile chroniqueur.
Nous ne citerons pas vingt faits semblables à l'honneur des antiquaires et des collecteurs de curiosités;
mais nous en pourrons citer quelques-uns.

C'est ce qui nous fait prendre ici l'engagement de
révéler au public studieux et éclairé quelques-unes de
ces retraites où *l'art dans la mode* est surtout le but
principal. Les journaux de modes oublient bien à tort
cette spécialité importante. Il nous a paru utile de
faire précéder de quelques considérations préliminaires cette série de curiosités dont nous nous faisons
un plaisir d'être l'introducteur et le cicerone près du
public. Plus que jamais, au temps où nous vivons, les
particuliers ont tendu la main à l'art. L'art, ce grand
seigneur déchu que le pouvoir alimente si mal, s'est
réfugié chez les opulents instruits. Ceci est une question que nous nous réservons de constater ; au reste,
l'art, sous la tutelle des particuliers, prospère cent fois
plus que sous celle des gouvernants.

Nous nous promettons donc d'examiner les cabinets
d'amateurs les plus curieux et d'initier nos lecteurs à
leurs merveilles. C'est ainsi que les noms de MM. Dusom-

merard, Sauvageot, d'Ivry, de Bruge-Dumesnil, marquis de Soicourt, duc d'Istrie et autres, auront des droits à l'estime de ceux qui ne voient pas dans la mode une vaine futilité, mais un goût ardent de renaissance.

I

L'HOTEL DE CLUNY ET LA COLLECTION DE M. DUSOMMERARD

Nous nous sommes borné à signaler aux esprits curieux des différentes phases et des règnes successifs de la mode, la réaction présente qui entraîne chez nous la mode vers l'art. Peut-être ne serait-il pas inutile maintenant d'analyser laborieusement ce grand caprice du jour. Avant d'assigner des causes probables à ce retour ardent vers le gothique ou la renaissance, à ces efforts patients et studieux des ouvriers dans les ameublements et les parures, il était urgent de constater d'abord le dégoût des formes communes, la satiété des meubles d'hier, qui gagne de plus en plus les hautes classes. Depuis six ans, en effet, il faut bien reconnaître que le vent est au *gothique*, et cela au grand déplaisir des tapissiers qui pleurent le calicot jaune, et à la grande joie des brocanteurs de la rue de Seine qui vendent des chaises moisies. Si l'on nous contestait ce fait, nous répondrions par une nomenclature de noms et par les registres mêmes des marchands du quai Voltaire, ces archivistes éternels des fantaisies de la mode.

Ce revirement sensible vers l'art , cet instinct de labeur et de curiosité dans un siècle aussi positif que le nôtre, a le droit de surprendre au premier coup d'œil. Par quelle soudaineté de caprice un siècle préoccupé d'intérêts matériels, bourgeois à l'extrême dans ses goûts et ses allures, saturé de théâtres et de cafés, de journaux, de clubs, de cours d'assises et d'exécutions, allant à la Bourse la meilleure partie de sa journée, et consacrant l'autre à des flâneries sans but sur ses boulevards, en est-il venu graduellement à s'éprendre des délicatesses merveilleuses des siècles passés, des travaux d'art et des décorations architecturales des autres temps? Comment, depuis l'homme riche, chez qui ce goût a été fervent dès le jeune âge, jusqu'à l'ouvrier, qui n'en fut jamais imbu, cette résurrection a-t-elle passionné les intelligences? Ceci est à coup sûr une question éminemment intéressante, mais qui nous entraînerait trop loin. Toutefois, nous ne saurions la passer entièrement sous silence. Formulons d'abord un fait : le règne actuel a donné, malgré lui, l'essor à ce retour vers les modes du passé.

En voulant tout niveler, la révolution de 1830 a rallumé les vieilles prétentions nobiliaires et déchaîné l'orgueil des parvenus ; et ainsi telle famille, dont le blason se cachait inaperçu sous l'autre règne, a déroulé victorieusement ses chiffres et ses couleurs sous celui-ci ; les nobles hôtels, où l'herbe poussait dans les

cours, ont tenu à *protester* contre la monarchie présente, en roulant leurs portes avec fracas, en faisant
revenir leurs portraits d'ancêtres; en un mot, en se re-
mettant à neuf ou en étalant leur caducité glorieuse.
A côté de ces illustrations réelles sont venues se placer,
comme il arrive toujours, les illustrations de contrebande, les gens d'hier, qui ont voulu se donner aussi
leur canton et leurs cimiers d'armoiries. Plus cette société se sentait neuve et mal apprise à marcher sur
les tapis du Louvre, empêtrée qu'elle était de ses croix
et de ses cordons, plus, à son retour chez elle et dans
son intérieur agrandi, elle essayait la morgue des grands
airs et des fatuités aristocratiques. Nous connaissons
d'excellents pères de famille, tous honnêtes marchands ;
chez eux la manie d'un nom et d'une généalogie amenait vingt ouvriers, les uns, peintres experts en blason,
arrivaient armés du *Mercure armorial* pour peindre
sans façon sur une porte de chambre à coucher gothique un écu d'azur *à trois faces ondées d'or.* D'autres,
brodeuses en mouchoirs, avaient ordre d'entremêler
la soie en damiers or et bleu, de manière à former
le canton d'or à *cinq poincs équipolez à quatre
d'azur.* La rue Saint-Denis et la rue du Mont-Blanc
se donnèrent souvent la main pour ces bourgeoises
mascarades. Les réclamations ne pouvaient guère atteindre ces fraudes d'un genre nouveau ; et puis les
généalogistes sont rares, il n'existe plus que des carros-
siers. La nouvelle noblesse dédaigna d'acheter les généalogistes qui auraient pu se moquer d'elle, et elle

donna champ libre aux vernisseurs pour les armes de
ses panneaux. De la sorte, il se rencontra donc tout
d'abord une coalition fort naturelle d'intérêts entre
ces deux classes, la noblesse du faubourg Saint-Germain et la noblesse d'hier. La première revint à son
passé comme à une défense ; elle s'y réfugia comme
dans une imprenable forteresse ; l'autre voulut s'en im-
proviser un. La richesse dans les ameublements, l'or
à profusion dans les toilettes, le bal à la cour, le haut
patronage et les honneurs du château ne suffisant
plus à la bourgeoisie de juillet, elle s'ingénia pour rassembler, à défaut de titres, une illustration de monuments ou de caprices presque féodaux autour d'elle ;
elle s'acheta des lits gothiques et des pentes de tapis-
series du temps du roi François II ; les femmes de banquiers allèrent à Saint-Roch avec des livres d'heures
à lettres d'or sur parchemin vierge ; M. Thiers, je le sais
de bonne part, remua tout Anvers pour un bahut et
un prie-Dieu gothiques.

A l'égard de la classe intermédiaire, celle des artistes, elle reçut l'impulsion d'une autre manière : d'un
côté par le roman, de l'autre par le théâtre. Le roman,
par ses investigations nouvelles dans les couches diverses du moyen âge, et le théâtre par ses décors
exacts et intelligents, vinrent en aide à cette renaissance ; les livres alimentaient le matin les inspirations
de l'artiste ; le théâtre en précisait peut-être encore
mieux la forme. Les bals *historiques* du pavillon Marsan
en furent la preuve. C'est à ces bals peut-être que

nous devons l'Opéra tel que nous l'a fait M. Duponchel.

Dans ces quadrilles brillants, chaque mode devait être laborieusement reproduite ; les visites aux bibliothèques et au costumier de l'Opéra se succédaient avec une incroyable rapidité. De belles et grandes dames descendaient quelquefois de leur calèche rue Richelieu, pour aller consulter la collection des costumes qu'elles sollicitaient comme de timides écolières des mains savantes de l'honnête M. Van Praet. Chaque couturière parlait *vertugadin*, chaque femme de chambre *reliquaire*, chaque costumier *fraise, haume* et *pourpoint*. Il y eut un jour une altercation fort grave entre des gentilshommes ordinaires de la chambre qui se trouvaient chez Babin, au sujet du mot de *bigotelle*. Le premier prétendait que cette *bigotelle* (espèce de bourse faite exprès pour enfermer les barbes à l'éventail, qu'on accommodait et qu'on renfermait dans un étui le soir avant de se coucher) n'allait pas avec un costume à la Louis XIII ; l'autre (et ce dernier avait raison) soutenait que la barbe à l'éventail datait de Henri IV. Je vois encore le digne M. Babin, les bras croisés, écoutant avec le sang-froid d'un alderman ces dissertations savantes. La discussion allait s'échauffer, quand un groom entra, apportant une lettre à l'un des interlocuteurs. Dans cette lettre se trouvait par bonheur un dessin d'Eugène Lami : la barbe à l'éventail, indice du règne tout espagnol de Henri IV, n'y pouvait manquer. La querelle cessa, et les deux champions de la *bigotelle* essayèrent en paix leurs costumes.

Puisque nous arrivons aux antiquaires et aux collecteurs de curiosités, disons bien vite qu'il y a des gens qui trouvent le métier d'antiquaire la chose du monde la plus facile. Ainsi non-seulement vous serez antiquaire à leurs yeux en ayant un plat d'étain, un pot d'Herculanum, un marbre grec ou un poignard turc, en un mot, avec l'assemblage ridicule et indigeste des époques les plus disparates ; mais encore ils vous prouveront que l'antiquaire n'est autre qu'un marchand, et sa collection une denrée. Ces gens-là ne font aucune différence entre le savoir qui distingue, et la stupidité qui engloutit. Ce n'est pas ainsi que se présente à nos yeux la mission de l'antiquaire. Le trait dominant de ce caractère, à la fois si bien décrit et si finement raillé dans Walter Scott, c'est, à notre avis, un sentiment profond et délicat de la forme dans la nature comme dans l'art, un tact sûr, infaillible. Cette qualité était surtout celle d'Horace Walpole. Walpole, l'ingénieux et élégant propriétaire du musée Strawberry-Hil, musée ou plutôt villa dont il se fit lui-même l'architecte, Walpole fut tourmenté de bonne heure de cet amour que Rabelais appelle quelque part *l'amour pour l'antiquaille*. Les galeries et les trophées d'Houghton développèrent chez lui ce goût précoce pour les arts. Encore enfant, Walpole composait une préface pour ses *Ædes Walpolianæ*. L'Angleterre, où les antiquités romaines sont mauvaises et en petit nombre, offrait peu d'aliments à la passion dominante d'Horace Walpole. L'Angleterre abondait, au contraire,

en reliques du temps des Chaucer, des Spencer, des
Sydney et des Shakspeare, reliques négligées jusqu'a-
lors et qui n'étaient appréciées de personne. L'ameublement des châteaux de l'aristocratie était alors moitié
allemand, moitié français, massif sans être vénérable,
ayant tous les inconvénients de l'antique sans en avoir
l'élégance et le pittoresque de formes. .

Le style de Louis XV dominait, les fauteuils rem-
bourrés à oreillères, les magots et les montres en porcelaine de Chine remplissaient, à l'exclusion de tous
autres meubles, les appartements construits jadis pour
les grands personnages de la cour d'Elisabeth. Lady
Morgan, qui a consacré quelques souvenirs intéressants
à la mémoire d'Horace Walpole (chose étrange chez une
lady bas-bleu aussi préoccupée d'elle et de ses livres !),
déplore avec amertume l'abandon de magnifiques portraits d'Holbein relégués à cette époque dans les gre-
niers des domaines royaux. « Dans ces résidences
seigneuriales on laissait moisir des lits brodés par la
reine d'Ecosse et des sachets travaillés par ses femmes,
tandis qu'une *bergère à dos roide*, d'un marchand de
la rue du Bac, ou un candélabre de porcelaine de
Sèvres étaient prisés au-dessus de toute valeur. » Ces
trésors d'un autre siècle, ces cadres et ces meubles en-
fouis, il était réservé au plus ardent des antiquaires et
des faiseurs de collections de les découvrir ; et c'est ce
qu'entreprit le génie studieux d'Horace Walpole dans
ses divers pèlerinages aux terres saintes de châteaux et
abbayes gothiques ; aux domaines des Byron, des

Howard, des Seymour, des Russel, des Cavendish et des Rutland. Les chambres basses et les cabinets sans nombre de Monceux, de Haddon, d'Hatfield, de New-steard et de Chateworh, visitées, fouillées par Walpole, le payaient bien, il est vrai, de ses peines et des per-sécutions que l'envie ne cessait de lui attirer, mais il éprouvait le désir d'en finir avec cette vie de voyage et d'investigations pénibles, il lui fallait un site pour y transporter ce château aérien qu'il bâtissait depuis longtemps dans ses rêves. Remplie des proportions admirables de Winchester, émue encore au souvenir des plafonds sculptés de Netley, l'imagination d'Ho-race Walpole éprouvait le besoin de fonder et de créer une école réelle d'antiquités. La petite demeure qu'il se choisit sur les bords de la Tamise, et dont Richmond-Hill et Ham bornaient la perspective, est décrite avec tant d'enjouement par le propriétaire de Strawberry-Hill, que je ne puis résister au désir de la citer.

« C'est un petit joujou de maison que j'ai acheté dans la boutique de M. Stress-Chenevix, et c'est le plus joli bijou qu'on puisse voir ! La Tamise est entre moi et la duchesse de Queensberry. Des douairières habi-tent tout à l'entour, et il y en a autant que de merlans ; *l'esprit* de Pope s'y promène en ce moment même sous ma fenêtre par un clair de lune magnifique. Les Che-nevix avaient arrangé pour eux cette habitation. Au second étage se trouve ce qu'on appelle la bibliothèque de M. Chenevix, garnie de trois cartes, d'une planche,

d'un buste de sir Isaac Newton, et d'un télescope in-
valide qui n'a pas de verre, etc., etc. »

L'inventaire que fait Walpole de Strawberry-Hill, à
la suite de cette lettre, prouve assez combien les ressources qu'offrait l'acquisition étaient exiguës. Cependant le génie de l'antiquaire se fit bientôt jour au milieu de ces obstacles; les ombrages de Strawberry ne
tardèrent pas à s'étendre au delà des cinq acres de
terre dont le manoir se composait dans l'origine. La
petite maison carrée se rapprocha bien vite des dimensions gothiques du château des anciens jours; des cabinets furent pratiqués dans les angles, des tours s'ar-
rondirent et des créneaux s'élevèrent. La bibliothèque
et le réfectoire furent construits postérieurement à ces
premiers travaux; les cargaisons d'antiquités arrivaient par eau jusqu'à la petite anse du manoir d'Horace
Walpole. Peu à peu Strawberry-Hill s'enrichit de la
plus admirable collection d'émaux et de miniatures de
l'Angleterre de ceux de Boit, de Groth, d'Isaac et de
Pater-Oliver. Les plus considérables bas-bleus de Londres, ces *doctes lumières*, comme les appelle quelque
part Walpole, vinrent visiter les belles galeries de
Strawberry-Hill. Devenu ainsi la retraite, le bijou, le
jouet et l'auteur du *Château d'Otrante*, comment
Strawberry-Hill, malgré son origine moderne et sa
date récente encore, n'eût-il pas été visité?

Si je me suis étendu sur Strawberry-Hill et sur Horace Walpole, c'est qu'il y a en France (et peu de personnes le savent) une obstination d'antiquaire pareille

à celle de Walpole, obstination courageuse dont beaucoup d'oisifs se demandaient vainement le but, et qui a
obtenu en France un résultat cent fois plus heureux
que la tentative de Strawberry-Hill. Parce que dès sa
jeunesse l'homme estimable, le gras et digne antiquaire
qui habite à cette heure l'hôtel de Cluny, rassemblait
patiemment les reliques des temps anciens, parce qu'il
était tourmenté de cet *amour pour l'antiquaille* comme
le fut Horace Walpole, il n'y eut pas d'abord assez
d'anathèmes à lancer contre lui; on s'étonnait surtout
qu'un membre de la cour des comptes trouvât le temps
d'acheter des crédences et des fourchettes du temps
de Louis XIII, au lieu de songer au fisc. Comment
s'expliquer cette passion d'un de leurs collègues pour
le siècle de Rabelais, quand il était évident pour eux
que le malicieux curé de Meudon avait injurié longue-
ment et à plusieurs reprises leur corps illustre ?
M. Dusommerard courut grand risque de voir quelque
jour sa belle collection livrée à de nouveaux icono-
clastes, dans la personne de messieurs ses collègues de
la chambre des comptes. Heureusement pour lui qu'il
ne comblait pas la somme de ses torts en écrivant par-
dessus le marché des lettres satiriques et des essais
mordants comme ceux d'Horace Walpole, qui ne se
gênait guère pour ébranler le piédestal des fausses divinités de son temps. La carrière paisible et laborieuse
de M. Dusommerard le mit à l'abri de ces grands coups
d'ongle de l'envie. Il amassa, compulsa, et inventoria
toujours ; peu à peu ses antiquités le mettant, comme

Walpole, à la porte de chez lui, force fut à l'antiquaire de se bâtir un autre nid et de se mettre en
quête d'un asile. Dès 1832, l'auteur de cet article, curieux de voir par lui-même et de rassembler quelques
notices pour son premier livre [1], était loin de se douter,
en passant le seuil de l'hôtel de Cluny, qu'il dût un jour
y retrouver la collection de M. Dusommerard. Le premier, il avait eu l'insigne bonheur d'appliquer le roman à ces vestiges curieux ; il avait frappé avec son
enthousiasme de jeune homme à cette vieille porte du
vieil hôtel, et redescendait l'escalier vis-à-vis la délicieuse petite chapelle qui était encore à cette époque
une imprimerie. Tout l'avait saisi dans cette première
visite à l'hôtel oublié : la désolation du lieu, le commerce bourgeois et le trafic qui le profanaient, l'admirable conservation de certaines sculptures, la détério-
ration complète de bien d'autres. Il se rappelait avec
tristesse, en regardant encore une fois la vieille demeure, ses phases successives d'occupation, depuis
Jacques d'Amboise, abbé de Cluny, le cardinal de
Lorraine, Angélique d'Arnauld, Lalande et Messier,
jusqu'à M. Leprieur, dernier acquéreur de l'hôtel,
vendu en l'an VIII (1800) à titre de propriété nationale.
Le premier aussi, dès les premières pages de son livre, il émit le vœu de voir le gouvernement s'occuper
sérieusement de cet hôtel, l'engageant à proposer
toutes les indemnités imaginables à ses locataires pour
s'en constituer l'acquéreur.

[1] *L'Écolier de Cluny.*

Ce que le gouvernement, la direction des beaux-arts, la ville et le ministère de l'intérieur n'ont point voulu se mettre en peine d'obtenir par la plus simple des coalitions, M. Dusommerard l'a fait. Cet hôtel, qui depuis le décès de Messier, se trouvait livré à des relations purement commerciales, la seule fantaisie d'un amateur l'a métamorphosé en un clin d'œil. Il était déjà monumental à l'extérieur par son ensemble; maintenant il occupe l'imagination de l'artiste par les détails curieux de son intérieur, participant, à l'heure qu'il est, de tous les styles. Frappé, comme nous, de l'idée que la réunion de l'ancien palais des Thermes avec l'hôtel de Cluny offrait un local parfaitement approprié à la destination d'un *Musée des monuments français*, au moyen de ce que la chronologie complète de l'art, jusques et compris le seizième siècle, se trouvait comprise dans ces deux édifices contigus, M. Dusommerard s'occupa d'abord de relever avec soin, de concert avec M. Albert Lenoir, architecte, le plan exact des diverses constructions romaines ajoutées ou incorporées dans l'hôtel de Cluny, et, par un beau travail exposé au Louvre en 1833 et couronné par l'Institut, il signala le moyen très-simple [1] de *ressouder* ensemble les deux édifices, tout en conservant à chaque partie son caractère actuel. Dans ce plan, M. Albert Lenoir faisait avec raison, de la façade encore in-

---

[1] Il faudrait ajouter *économique*, car le devis de l'architecte, pour l'ensemble du Musée projeté, ne s'élève pas à plus de 750,000 fr.

tacte des Thermes de Julien, l'entrée principale de
son musée. Il suffisait de la démolition de quelques
masures menaçant ruine au coin des rues des Ma-
thurins et de l'École-de-Médecine, pour mettre cette
entrée en bon rapport avec cette dernière rue, et
incessamment avec l'édifice de l'Odéon, au moyen
de la démolition prochaine de l'église Saint-Côme, à
l'angle des rues de la Harpe et de l'École-de-Médecine et du prolongement de la rue Racine qui s'en-
suivra.

Certes, si notre jeune sang d'antiquaire bouillonne
encore au souvenir de la transformation bien inutilement scandaleuse de l'ancienne église Saint-Benoît en
théâtre du Panthéon, si le marteau employé à démolir
l'église de Cluny (l'ancien atelier de David) retentit encore à nos oreilles, ce n'est pas nous qui détournerions
le pouvoir d'un pareil projet. Pour la construction
comme pour la garniture des cloîtres et galeries pro-
jetés par M. Lenoir, les matériaux, au train dont l'on
va, afflueraient de toutes parts, et les admirables fragments des églises citées plus haut, que nous avons vus
proposés dans le temps *au prix de la pierre*, se trou-
veraient bien dignement replacés. Malheureusement
l'incurie et la somnolence de messieurs des beaux-arts,
leur inaptitude aux moindres détails et leurs discussions
interminables rendent le fait impossible. MM. Thiers et
Vitet ont eu de tout temps bien autre chose à faire que
de songer aux Thermes et aux décorations d'architecture gothique; peu leur importe que le jet des eaux

de Rungis vivifie bientôt par sa marche inverse, mais naturelle [1] d'après les localités, les ombrages du charmant hôtel de Cluny. Force a donc été à M. Dusommerard d'en empêcher la destruction immédiate, en assurant pour un assez long terme, subordonné toutefois à celui de son existence, la conservation de la partie qu'il occupe. Cette partie comprend la chapelle haute et basse. Cette dernière n'a pas encore reçu sa destination. Le propriétaire se propose d'en faire une crypte d'un aspect plus mystérieux que celui des autres salles. Dès l'année 1832, j'avais fait observer la corrélation de style de la chapelle haute avec les charmants fuseaux de la chapelle d'Amboise, dite de Charles VIII, au château du même nom. Les ornements m'en avaient semblé pareils : mêmes acanthes, mêmes piliers et mêmes caprices. La plus criarde des imprimeries *mettait en page* sous cette voûte élégante : les pressiers, les protes et les correcteurs d'épreuves y faisaient, il m'en souvient, un vacarme à faire fuir. Aujourd'hui, l'élégante chapelle a repris sa robe monacale, grâce aux chasubles à figures brodées argent et or jetées sur le dos de quelques pieux mannequins par ordre de M. Dusommerard, des encensoirs et des lutrins des quinzième et seizième siècles, des crosses d'ivoire et des ostensoirs en cuivre doré à la date de 1304, une belle croix portative à deux faces, et bon nombre de reliquaires grands et moyens lui rendent son premier

---

[1] Voir l'excellente notice *sur l'Hôtel de Cluny et le Palais des Thermes;* imprimerie de Firmin Didot.

aspect. Le grand et beau *retable* [1] qui occupe le centre
de la paroi latérale à gauche du sanctuaire, provient
directement de l'abbaye d'Everborn, près de Liége.
Presque tous les meubles de cette chapelle, tels que
*chapiers, crédences, lutrins, prie-Dieu, corps de stalles,
chaires à dorserets,* balustrades, flambeau pascal, etc.,
appartiennent à des époques contemporaines ou voisines de celles de la chapelle (1490 à 1510). Le caractère des ornements architecturaux, celui des dessins,
des figures, les costumes et la forme des armures,
rappellent les travaux du milieu du quinzième siècle
exécutés sous les derniers ducs de Bourgogne. Des tableaux à volets ou isolés de divers maîtres, depuis les
peintures grecques à l'encaustique, jusqu'aux produc-
tions de Lucas Cranach, d'Hemmeling, d'Holbein, etc.;
une suite des premières heures, imprimées sur vélin,
reliures du temps, enrichies par entourage, et par division d'une multitude de sujets gravés qui permettent
de suivre le développement successif des arts du dessin et de la gravure, de 1488 à 1520; et enfin plusieurs
manuscrits religieux, avec grand nombre de vignettes
et de listels rehaussés d'or, des quatorzième, quinzième
et même seizième siècles; un petit livre manuscrit à
l'usage de Henri III, comme l'indique sa reliure, tels
sont, en abrégé, les principaux détails de cette chapelle, dont les fresques gothiques, découvertes récem
ment à l'autel par M. Dusommerard, augmentent sin
gulièrement l'intérêt.

[1] Panneau placé derrière la table de l'autel.

La salle que M. Dusommerard désigne sous le nom
de *chambre de Philippe Ier* occupe ensuite l'attention
des visiteurs. C'est une sorte de *petit Dunkerque* gothique, de nature à captiver à la fois l'antiquaire et
l'amateur. Cette chambre est remplie d'objets usuels
et curieux datant presque tous du règne de François Ier
et de ceux de cinq de ses successeurs immédiats. La ca-
pitulation que François Ier dicta dans cette chambre, d'a-
près M. Dusommerard, qui cite les preuves à l'appui,
est un souvenir précieux pour l'historien ; mais les
gens avides des meubles et des curiosités du treizième
siècle se pressent autour de l'échiquier *dressé* en cristal de roche hyalin et coloré, avec figures en bois
simulant un tournoi dans les parties latérales. Cet
échiquier est fort curieux. Deux chevaliers armés avec
le haubert en maille, l'écu pointu et le pot en tête,
engagent la partie sur cet échiquier en cristal. Ces
deux terribles jouteurs si attentifs à leur partie, ne sont
pourtant que deux innocentes carcasses de bois revêtues
de l'armure des paladins.

Les autres objets mobiliers et ustensiles divers de la
pièce appartiennent en général au seizième siècle.
Nous ne pouvons accorder une grande attention au
lit à cariatides et balustres soutenant un dais à corni-
ches, le tout sculpté dans le goût de la renaissance,
depuis que ces lits sont devenus pour ainsi dire le fond
de curiosité obligé des grands prévôts de la marchan-
dise au quai Voltaire et ailleurs. Nous préférons à ce
lit d'un évêque savoyard, les deux belles armures com-

plètes qui reposent sur ses coussins. Le portrait de
Charles-Quint armé de toutes pièces nous a semblé
aussi d'un ton quelque peu blafard. S'il nous fallait
choisir entre ce portrait et les admirables étriers et
éperons que portait le vainqueur de Pavie, et qui se
voient aujourd'hui dans cette chambre de M. Dusommerard, nous n'hésiterions pas à nous prononcer en faveur
de ces restes précieux. Les étriers en cuivre doré présentent sur la face des lettres, F. REX, et sur les tranches des salamandres debout appuyées sur leurs queues
tressées en *cordelière*, et surmontées de la couronne de
France avec cette devise au bas : *Nutrisco et estinguo.*
Les estocades à deux mains, le bouclier *repoussé*, le
casque, les capelines, les bourdignotes, les fauchards,
les masses d'armes et les boîtes à mèche pour les ar-
quebuses, qui figurent dans les trophées voisins, con-
tiennent des détails aussi curieux sous le rapport du
ciseau que sous celui des rapprochements historiques.
Une épée de cour, prodige de travail florentin sans nul
doute, attire par les merveilleux caprices de sa ciselure. Sur la lame sont gravés les douze apôtres. M. Dusommerard fait à cette épée les honneurs du nom de
Benvenuto Cellini, et en vérité elle mérite bien de sortir
des ateliers de ce maître. Les mirouers, escarcelles,
bourses et aumônières, objets du seizième siècle, va-
riés et intéressants, qui se trouvent disséminés au
milieu de cette salle de François Ier, complètent fort
dignement son ensemble.

Nous nous étendrons peu sur la *galerie* et l'*arrière-*

galerie, sortes de vestibules remplis aussi en grande partie de curiosités appartenant à l'époque de la renaissance. La notice curieuse sur l'hôtel de Cluny, notice que M. Dusommerard a eu grand tort de ne pas signer, contient d'excellentes dissertations sur ce mobilier pittoresque. Un ciel gris et terne, à peine tranché de temps à autre par quelques rafales de soleil, glisse dès le matin sur ces buffets, ces bahuts, ces groupes de statuettes et ces aiguières. La petite *pièce des Thermes*, qui fait suite à cette galerie et qui, par un arrière-cabinet, communique directement avec la grande salle du palais des Thermes, mérite bien aussi une légère station. Nous recommandons surtout aux artistes sa porte provenant de Poitiers, et ses *enlèvements en marbre*, travail du quinzième siècle, qu'avaient peut-être entrevu les sculpteurs Flamand ou Renaudin, autour des *grands enlèvements* du dix-septième siècle, retirés de Versailles en 1715 pour être placés aux Tuileries.

Quant au *salon*, sorte d'assemblage de tableaux modernes et de meubles curieux de la renaissance, nous nous abstiendrons d'en parler, attendu que nous serions peut-être sévère sur l'absence complète de classification qui en tourmente l'aspect. Un meuble florentin, couvert de mosaïques en pierre dure, oiseaux, fruits, etc., etc., meuble dans lequel la succession des propriétaires et des acquéreurs a malheureusement introduit une foule de décorations dissemblables, offre seul les plus curieuses dispositions de richesses et de détails.

Mais c'est à sa *salle à manger* que M. Dusommerard

doit convier, il faut bien le dire, ses collègues les antiquaires. Cet *art de la gueule*, professé en des temps si
reculés par Rabelais et Lucullus, a trouvé dans le pinceau
de MM. Séchan et Feuchères, décorateurs ordinaires
de l'Opéra, un spirituel et caustique interprète. Le nouveau plafond *rabelaisien* confié par M. Dusommerard au
talent de ces jeunes artistes, couronne dignement tout
le luxe gothique des Bernard Palissy, des faenza et des
aiguières, retrouvé par M. Dusommerard. Les diverses
légendes de l'*art de la gueule* serpentent au plafond
dans des voussures et des rinceaux élégants. Ce joli
plafond pétille d'esprit, comme l'Arbois de gaieté! La
charge en plâtre que notre fécond Dantan a faite de
M. Dusommerard, reposant sur un fauteuil à clous
dorés, compléterait l'illusion de ce silencieux banquet,
auquel il ne manque que le cri du *maître queux*.

A part tous ses mérites d'érudition patiente et de
résultats heureux, la localité seule obtenue par M. Dusommerard à l'hôtel de Cluny, son aspect monumental
et son projet de musée offert si inutilement à la direction actuelle des beaux-arts, exigeaient que nous le
missions au premier rang. Nous ajouterons que pour
l'artiste il ne pouvait exister dans les collections parisiennes un lieu plus poétique d'aspect, plus gothique,
plus inspirateur. Bien des gens, nous n'en doutons pas,
feront des reproches à cette poussière, à cet amas
indigeste de science et de planches pourries : nous les
renvoyons aux intérieurs d'alchimiste des seizième
et dix-septième siècles, à Brakemburg et à Rembrandt.

II

CABINETS DE MM. LE BARON D'IVRY, LE DUC D'ISTRIE, D'HEBRAY, ETC.

Une marche battue par certains critiques de nos jours, jaloux des prérogatives qu'eux seuls se reconnaissent en fait de doctrine, ce fut d'égarer en ces derniers temps l'opinion au sujet des intelligences d'élite, qui ne les coudoyaient que pour les laisser bien loin après elles dans la carrière. Ces messieurs ne pouvaient admettre que l'on fût à la fois élégant et érudit, homme de bonnes manières et artiste, habitué du balcon de l'Opéra et antiquaire. Ils se refusaient à ces anomalies continuelles de fantaisies et de position ; et, parce qu'ils dînaient mal sans doute, ils taxaient de stupidité ou d'ignorance dans la matière les gens qui savaient dîner. Pour eux, le critique demeurait encore l'invariable auteur en guenilles du dix-huitième siècle, le pédant obscur ou le cuistre sans bas dont l'Encyclopédie se moque tant au mot *Critique* ; ces gens ne voyaient dans la critique qu'une *profession*.

Parce que le critique du dix-huitième siècle avait jappé et mordu aux jambes les nobles écrivains, depuis M. le *président* de Montesquieu, jusqu'à M. *le comte* de Mirabeau, certains membres de la critique contemporaine trouvèrent plaisant d'admettre un beau jour cet axiome, que l'on ne saurait parler de la vie de l'artiste,

de ses dures inquisitions et de ses labeurs, en menant
la vie du riche; et que la première condition pour
faire de la critique en fait d'art était de ne jamais *dîner*
à Tortoni.

Remarquez d'abord, en passant, que l'on ne *dîne* jamais à Tortoni ; mais dût venir la mode d'y dîner un
jour, dussent tous les critiques y dîner, ce que nous
souhaitons encore, nous ne voyons pas, en vérité,
pourquoi la réprobation et le blâme atteindraient le
critique assez malheureux pour ne point aller chercher ses inspirations et ses idées aux vapeurs économi-
ques de la cuisine de Pestel et de Follet. Aujourd'hui,
surtout, l'on comprend que cette marche de la critique à pied contre la critique qui possède, est absurde
autant qu'égoïste. Nous ne demandons pas que la critique nourrisse huit chevaux dans ses écuries, qu'elle
aille éclaboussant le modeste antiquaire ou le pauvre
auteur qui la fait vivre; mais nous demandons, une
fois pour toutes, que l'on cesse de jeter à la face de la
critique ses livrées et ses grooms, ses dîners et ses
loges d'Opéra. Libre à qui voudra de se tailler une
barbe en éventail aussi jaune et aussi dure qu'une
brosse de chiendent, de couper ses cheveux à la Pous-
sin ou de porter un frac à la Robespierre ; ce n'est pas
nous, ami du franc rire et de la joyeuseté du divin
maître Rabelais, qui blâmerons ces bouffonnes excentricités. Seulement, nous ne sommes pas encore convaincu qu'elles constituent le génie et la science. Il est
courageux, sans doute, de s'astreindre à un costume

pareil et de braver les rires du stupide vulgaire ; mais
à quoi bon l'enseigne, si l'on ne veut pas faire montre
et étalage de son vin ? Soyez sûrs qu'au temps où nous
vivons, l'apparence est surtout menteuse pour tout le
monde. Là où vous croyez rencontrer la science,
vous ne trouvez souvent que la nullité et l'orgueil. Si
les révolutions nous ont amené quelques immunités et
priviléges, c'est ici que nous les réclamerions contre
les critiques dont les prétentions lourdes à la science
sont un fléau. Nous les engageons de toute notre âme
à pardonner à tel auteur ses chevaux en faveur de
ses romans, et à tel autre ses romans en faveur de ses
chevaux. Mais nous serions justes, encore une fois, et
amis de l'égalité en cette matière. Il nous a toujours
semblé malséant que Voltaire fût injurié dans son
style, parce qu'il avait tenu à être chambellan du roi
de Prusse : ce qui, après tout, ne l'eût pas encore em-
pêché d'être Voltaire. Nous n'argumenterons jamais de
position à position, nous ne dirons pas aux critiques
envieux : Nous avons mille bonnes raisons de savoir
plus que vous, nous avons frappé à des sources que les
voyages seuls nous ont déroulées ; ces sources jaillis-
santes, comme celles de Moïse, ne pouvaient être connues de vous, qui ne sortez pas d'un cercle étroit,
d'un assemblage bourgeois et restreint de banalités.
De grâce, messieurs, qui savez parce que vous vous
déclarez bien haut professeurs de science à tant le cachet, parce que vous coupez vos ongles en ogive et
que vous réclamez pour vous seuls le nom d'artistes,

permettez un peu à M. de Châteaubriand de nous parler de Jérusalem, que vous n'avez vu, hélas! qu'au Panorama du boulevard, et à M. de Lamartine de vous raconter le pèlerinage d'Orient, que vous n'avez fait que sur les chameaux lithographiques de Decamps, votre maître.

Permettez que Byron (bien qu'il soit lord!) vous parle de Foscari et de Venise, de Margarita Cogni et de ses impressions de poëte à Ravenne, à vous qui écrivez sur l'Italie, parce qu'il est question de l'Italie, qui se représente tant de fois dans votre critique! Encore une fois, pardonnez à ces hommes, qui ne sont pas des *critiques de profession*, d'avoir écrit innocemment, et à leur insu sans doute, les plus admirables pages qui soient au monde comme sentiment et comme poésie! Pensez-vous que le président Desbrosses, dont chacun s'arrache aujourd'hui les piquantes révélations sur l'Italie, que d'Aubigné, Brantôme et Tallemant des Réaux, trois écrivains, hommes de cour et de beau monde, que nous choisissons exprès comme nous ayant donné les pages les plus incisives de critique que l'on puisse lire, aient songé le moins du monde à s'intituler critiques? Et depuis quand, dites-nous, la critique en fait d'art serait-elle le fait d'une profession? Le critique doit-il être rangé en corporation comme le tailleur ou le perruquier, soumis à une charte et resserré dans des limites? Certes, au siècle où nous sommes, la critique déborde de toutes parts : son privilège est fini. Des esprits jeunes et distingués la popularisent le matin dans un feuilleton, l'artiste la professe devant sa toile, le peuple l'exerce souverainement au Musée, devant la Madeleine, à l'Arc de triomphe, partout. Pourquoi cela, messieurs de la critique pédante? C'est qu'autrefois la critique, telle que nous l'avaient faite MM. Dubos, d'Olivet et autres abbés de l'Académie, était uniquement la critique de science! Aujourd'hui, c'est la critique de sentiment.

La critique de sentiment, loin d'être périlleuse, est, selon nous, le seul et vrai guide. Qu'importent à la pensée de l'artiste, ou plutôt à son caprice, les volumes de dissertations écrits pour prouver le *beau*, là où le *beau* n'existe pas à son œil; les livres d'art formulés par des abbés très-forts sur Horace, mais qui ne furent jamais des artistes? Pensez-vous que les excursions lointaines, les fouilles studieuses, les analogies et les contrastes n'aident pas au succès de l'art et à la véritable stabilité des principes, plus que les dissertations et les thèses de rhéteurs? Les pages de Goethe contre la chapelle Sixtine, vaudront-elles jamais la vue de cette fresque dénudée et appauvrie, de ce groupe d'*anges à la trompette*, brutalement percé de deux grands crampons en fer par l'ordre de M. le gouverneur de Rome? Vous avez beau faire, les discussions scientifiques, les petites guerres et les escarmouches d'opinion seront toujours au-dessous du sentiment dans les arts; l'art n'est point un poison qu'on analyse, c'est un miel qu'on goutte : la sensation arrive à l'œil avant la défiance. Vous vous proclamez les dispensateurs de la science et des doctrines, sans procéder jamais autrement que par les livres, comme s'il n'y avait que les livres en fait de dates et de monuments ! Ne voyez-vous pas que c'est une cause perdue que celle que le vrai public des artistes, quoi que vous en puissiez dire, a pris le soin de juger avant vous ? Ce mouvement et cette tendance nouvelle des esprits à en revenir au sentiment, plutôt qu'aux abstractions de la science, a porté les plus heureux fruits. Ce succès était facile à prévoir, après les interminables opuscules du dernier siècle : il en devait être la réaction. Un autre monde que celui des analystes est donc entré subitement au cœur de l'art ; il en a agi avec lui comme avec un malade traité jusqu'alors par le mauvais médecins qui n'auraient rien connu à sa maladie. Au lieu de s'échauffer péniblement à l'aide des livres, livres décolorés et appauvris, tous insuffisants même en fait de science pour la plupart, les intelligences de ce siècle se sont entourées de tout ce que le vieux siècle avait de curieux ; leur confiance dans le choix des matériaux répondait assez du succès. Il y avait d'ailleurs un orgueil fort concevable dans cette tentative utile. Ces gens qui remuaient ainsi laborieusement le passé chez les marchands savaient que les Médicis ne furent grands que pour avoir vendu eux-mêmes leur blé, à leur peuple, sur la place publique ; à peine eurent-ils meublé leurs doctes galeries qu'ils les ouvrirent, bien différents en cela de l'aristocratie avare de Londres, qui permet à grand'peine à l'artiste de s'inspirer devant les toiles de Rembrandt ou de Reynolds, qu'elle a eu soin de confisquer à son profit, les riches propriétaires ne furent point égoïstes : ils firent comme les premiers papes d'Italie, ils se montrèrent à la fois avides d'ouvriers et de visiteurs.

Aussi en fut-il de même pour eux que pour les papes. Dès le premier bruit de leurs collections nouvelles, quelques amis les louèrent tout bas d'avoir entrepris ces sortes de musées ; et, en effet, tous ces antiquaires, travaillant sans se connaître, imprimaient à leur époque le même type de finesse que les papes avaient donné au quatorzième siècle. Ceux·là remuaient de simples bahuts, d'autres des armures damasquinées, étincelantes dépouilles. M. le duc d'Istrie et M. le baron d'Ivry se distinguèrent particulièrement tous les deux dans ces recherches d'élégance. Alors le casque *carton-pierre* et le bouclier *à la mine de plomb* n'étaient point encore inventés ; Cruchet, le fourbisseur de toutes les armures de la *Juive*, n'avait pas armé de pied en cap le prince de Grenade dans *Robert*. Deux fabricants, comme Juste et Lesueur, se partageaient seuls le domaine des dagues à coquilles ou autres épées plus modernes du temps de Louis XIV et de Louis XV. Le théâtre de M. Harel n'en était pas encore au drame historique, aux bonnes espades de Tolède et aux colichemardes du temps des états de Blois. Un très-petit nombre d'amateurs se permettait ces achats coûteux. Les bals des Tuileries et du pavillon Marsan devaient seuls remettre en honneur les longues rapières. M. le baron d'Ivry n'en augmentait pas moins avec amour et

lenteur une galerie d'armures déjà précieuse. Par un
contraste tout à fait bizarre, une fantaisie à coup sûr
fort disparate, il réunissait aussi dans une des salles de
son hôtel un merveilleux assortiment de porcelaines.
Les vases-Céladon de M d'Ivry faisaient le désespoir de bien des collecteurs d'antiquités ; ses armures
préoccupaient le sommeil de l'artiste. Aujourd'hui,
cette collection, classée avec soin, offre un coup d'œil
des plus intéressants. Si vous désirez un abri frais,
même au milieu du luxe et du bruit de la grande ville,
une chambre studieuse où, comme Charles-Quint, vous
puissiez penser à votre horlòge de la journée, levez le
marteau de cet hôtel rue Basse-du-Rempart, traversez
ces salons blanc et or dans le goût de Louis XV, salons
encombrés de marbres, de bronzes et d'antiquités : le
propriétaire de ce gothique *retrait* vous fera monter
avec lui les marches d'un escalier qui n'est point *à vis*,
mais par lequel vous arriverez jusqu'à une porte
sculptée à jour dans le goût du treizième siècle.
L'antichambre est basse de plafond comme les deux
autres salles ; elle est boisée, et inspire le recueillement.
La pièce qui la suit n'est guère lumineuse qu'à midi ;
alors seulement ses rosaces et ses figures de saints étin-
cellent à la double vitrine. Un chevalier *armé de toutes
pièces* repose sur le lit ; les prie-Dieu, les tables, les
casques et les missels se croisent et s'entre-heurtent
à l'entour de lui dans cette chambre. De fort beaux
masques en marbre de plusieurs reines de France
égayent le cuir cordouan de cette chambre, suivie d'une

autre, dans laquelle figure un magnifique cadre d'émaux. Des triptyques, des cadres divers, des armures, occupent les yeux du visiteur ébloui de ce riche désordre. Il est impossible de ne pas prolonger sa station dans ce lieu. Un élégant comme sir Harry Wildair, « *la joie du théâtre et la vie du parc,* » que l'on conduirait, les yeux bandés, dans cette chambre, éprouverait une peur mortelle à la vue de tous ces reliquaires et de ce jour de prison qui tombe sur les missels aux riches agrafes, les têtes de mort et les tableaux de sainteté !

M. le baron d'Ivry, qui cultive lui-même avantageusement les arts, possède en outre deux précieuses statuettes en or de Louis XI et de saint Louis, à cheval. Ces deux morceaux, charmants de fini et de costume, complètent dignement sa galerie ornée de modèles grecs et d'armures du moyen âge.

Par un beau froid du mois de janvier, il n'est pas rare de voir les girandoles de cet hôtel illuminées ; les équipages les plus élégants se succèdent à son péristyle. C'est une réverbération de jolies femmes sur chaque glace et sur chaque cuirasse de chevalier pendue aux parois ; les plumes des belles valseuses frémissent au-dessous des rapières à l'espagnole et des pistolets d'arçon damasquinés or. Ce que la Chaussée d'Antin et le faubourg Saint-Germain ont de plus brillant remplit ces salons à la Louis XV. Sans doute c'est une disparate au premier coup d'œil que celle de ce moyen âge dans les meubles et de l'âge présent dans le bal ; mais qui aurait le courage de blâmer l'Amphitryon? Pour notre compte, nous aimons à voir cette relique d'autrefois et cette jeunesse d'aujourd'hui, ces femmes jeunes et faibles près de ces massives armures, les turbans de mademoiselle Beaudrant près des hauberts à la Charles VI, les fleurs de Nattier près des formidables estocades.

La collection de M. le duc d'Istrie, collection consacrée également aux armures, offre surtout une série complète de *casques* depuis le quatorzième jusqu'au seizième siècle. Coquette dans son ensemble, pleine de recherche et de goût, la galerie de M. d'Istrie a, selon nous, un plus grand mérite : celui d'un respect filial jusque dans le choix et l'arrangement de ses trophées. Les drapeaux du père protègent partout les armes du fils; le tombeau représentant le duc d'Istrie, et le pavois allemand, dont le bois est recouvert de cuir, offrent le plus grand intérêt.

Afin de terminer dignement cette série des *armures*, nous devons noter le nom de M. le docteur Hébray. Le cabinet de M. Hébray est spécial; c'est la meilleure école que puisse suivre l'amateur. Non-seulement M. le docteur Hébray a toujours poursuivi avec ardeur ses recherches patientes sur les armures, non-seulement il s'est occupé de classer péniblement différents trophées depuis le quatorzième siècle jusqu'au dix-septième, mais encore il a renoncé à une magnifique collection égyptienne qu'il avait formée, pour ne s'occuper que de celle-ci. Le *cavalier* armé de toutes pièces qui y figure est une pièce du plus beau travail de ciselure qui existe.

A l'exception de Juste, qui possède de fort belles choses, et de Lesueur, dont les ateliers s'augmentent tous les jours, cette partie des *armures* ne remplissait guère que certains magasins de marchands, parmi lesquels nous citerons Lepage. Maintenant, grâce au goût dominant du siècle, certains cabinets d'amateurs peuvent lutter avec les boutiques d'armuriers les mieux garnies. Nous citerons, entre autres morceaux que possèdent les antiquaires, une magnifique rapière émaillée à M. de Bruge-Dumesnil; quelques épées castillannes à M. de Saint-Remy, rapportées par lui de son dernier voyage, etc., etc.

Il nous faut parcourir deux galeries éminemment intéressantes : celles de M. de Bruge-Dumesnil, et de M. Sauvageot.

III

COLLECTIONS DE MM. DE BRUGE-DUMESNIL ET SAUVAGEOT

La collection de M. de Bruge-Dumesnil est à elle seule dans son genre un caprice d'antiquaire fort curieux. Elle consiste à la fois en bijoux, diamants, curiosités d'orfévrerie, porcelaines de Saxe et meubles de la renaissance.

Si l'on vous conduisait jusqu'à l'angle de la rue Grange-Batelière, et que, laissant à gauche, sous cette

immense porte du n° 2, l'escalier qui conduit aux magasins de Lesage, on vous fît gravir les cinq marches
d'un petit perron au fond de la cour, vous seriez très-
certainement étonnés.

Non que le cabinet qui renferme tant de choses
précieuses s'ouvre devant vous à votre seul appel,
comme la caverne des *Mille et une Nuits*, non que des
heiduques à barbe blanche ou de petits nègres em-
pressés vous en soulèvent eux-mêmes les portières :
mon Dieu ! non, et je n'ai pas souvenance du moindre
charlatanisme de propriétaire dans l'exposition de ces
trésors. Les trois pièces de M. de Bruge, au contraire,
sont des pièces fort exiguës, si petites, que tout s'y
trouve entassé et enfoui. Au premier abord, vous diriez de l'intérieur d'un marchand du quai Voltaire,
n'était l'admirable conservation de certains vitraux
d'Allemagne qui jettent leur teinte harmonieuse au
parquet. Un autre que M. de Bruge, en se voyant
comme lui propriétaire de ce bel hôtel de la rue
Grange-Batelière, dont une partie était adjugée l'autre
hiver encore aux magasins Lesage, un autre se serait
peut-être gardé de réserver à ses goûts d'artiste et à sa
magnifique collection de curiosités une place si appauvrie. Il lui eût semblé naturel d'occuper la meilleure
partie de sa maison, de jeter l'or à profusion sur chaque voussure, de s'organiser de belles et vastes salles
pour ses meubles, ses richesses et ses bijoux ; d'accu-
muler enfin autour de lui les étagères et les montres,
les dressoirs, les buffets, les tables, afin de se rendre

ainsi le premier justice à lui-même dans son logement, au lieu de monter quatre étages de son propre hôtel pour y aller cacher ses plus chers trésors.

C'est là cependant ce que M. de Bruge a fait. Modestement perchée au sommet d'un bel hôtel, sa précieuse collection, voilée à tout œil profane, reçoit les premiers rayons du soleil sur de belles vitrines d'un petit modèle, il est vrai, mais éblouissantes de teintes diaprées. A part ces vitraux, presque tous à la date de 1579, votre œil ne rencontre, dans la première pièce, que de grandes armoires vitrées, dont le bois est d'un gris commun et uniforme; c'est là, sous cette enveloppe, que dorment à l'abri des indiscrets les richesses les plus belles de M. de Bruge. Là, par exemple, vous remarquerez tout d'un coup, entre mille autres pièces intéressantes, deux superbes burettes en cristal de roche, et toutes ruisselantes de diamants; elles furent données par Anne d'Autriche à l'aumônier du Val-de-Grâce. Les topazes, les calcédoines et les rubis confondent partout leurs brillantes aigrettes de feu dans ce large écrin de M. de Bruge; en vérité, l'on se croirait alors près des joyaux de la couronne, à la Tour de Londres. Le premier mérite de ce cabinet, c'est la valeur; le second, cent fois plus précieux pour l'artiste, c'est l'élégance dans la forme. Les plus merveilleux ouvrages d'orfévrerie gothique y disputent la place aux émeraudes; ici, ce sont des vidercomes flamands à double verre, de ces vidercomes à balançoire où l'ingénieuse ivresse de nos pères se réservait une seconde

9.

ampée ; plus loin, un éléphant de perle, riche hochet couvert de pierres précieuses, et que M. de Bruge dit avoir appartenu à Tippoo-Saëb. Jamais un espace aussi restreint ne nous révéla tant de riens précieux, tant d'inutilités splendides. En 1832, j'avais vu à Milan la chapelle de Saint-Charles Borromée ; cette chapelle souterraine m'est revenue en mémoire devant les châsses de bijoux, les montres et les dressoirs de M. de Bruge. Océan de nacre, de saphirs et de cristal, la chapelle de Milan contient des ex-voto de princes, des cœurs massifs en argent et en or : c'est un vrai buffet d'orfévre. Les armoires de M. de Bruge ont moins d'éclat, moins de luxe, mais les formes de son orfévrerie sont plus nettes, plus spéciales et plus découpées. L'artiste y retrouvera vingt modèles perdus, depuis les *frontiers* et les *coeffes*, en jai garni de perles, jusqu'aux *aiguières* et *goubelets* de cristal. Au quatorzième siècle, l'inventaire des joyaux du roi Charles-Quint, dont parle Monteil, contenait, entre autres objets merveilleux :

La grande nef d'argent, qui fut du roy Jehan, à deux chasteaux aux deux bouts et à tournelles tout en tour, pesant soixante-dix marcs.

De plus :

Quarante-trois cuillères et fourchettes d'or, garnies de pierreries.

Deux très grands flacons d'argent dorés, à images enlevées des neuf preux, pesant quatre-vingt-dix-sept marcs.

Item, l'annel des vendredis.

*Item, coupes, pots, pintes, aiguières et goubelets,
joyaux d'argent, chasteaux, seraines et chevaux, etc., etc.*

A part les merveilleuses formes de main-d'œuvre
que remet en mémoire cet inventaire, je ne le cite que
parce qu'à ma connaissance il est le premier où il
soit fait mention de fourchettes. Les personnages des
miniatures portent le morceau à la bouche avec le
couteau jusqu'à cette époque [1]. Les *étales* d'orfévrerie
du dauphin Humbert, au quatorzième siècle, men-
tionnées par Montfaucon, font preuve de l'esprit et de
la diversité des devises que nos pères jugèrent à propos d'employer dans leurs vases de table. Un gobelet
de vermeil, à coupe de jaspe orné de six peintures,
portait cette devise-ci, écrite sur son couvercle : *Decus
aulœ, pignus egenti.* Ces deux derniers mots, *pignus
egenti*, ne faisaient alors qu'exprimer une vérité. Dans ce
temps, les princes eux-mêmes mettaient souvent leurs
joyaux en gage chez les usuriers : les comptes du dauphin Humbert, déjà cités, en font mention à plusieurs
reprises. L'orfévrerie d'alors ne se composait pas de
l'orfévrerie de table, il y avait encore l'orfévrerie de
la cour, l'orfévrerie des livres et l'orfévrerie des habits [2]. Alors et bien avant la fable de Cardillac, des
ouvriers simples et pauvres devenaient si épris de la
pureté et de l'éclat des pièces ciselées, que plus d'un,

---

[1] M. de Bruge possède un fort joli couteau postérieur à cette
époque et qui a appartenu à Diane de Poitiers. Il a été décrit
au long par Villemain.

[2] Voir l'inventaire des livres du duc de Berri, et les *Chroniques de Saint-Denys.*

par un amour de l'art un peu trop enthousiaste, pénétrait jusque dans les églises ou dans les boutiques d'orfévre pour les voler, en remplaçant les pièces véritables par des pièces fausses.

« Il y a quelque temps, raconte le frère Pierre [1], « que je faisais des visites fréquentes chez un orfévre. « Des méchants crurent qu'elles avaient un but moins « innocent que celui de connaître les arts. Ils laissè- « rent percer leurs soupçons. Le frère gardien alla « chez l'orfévre et s'assura qu'il n'avait ni épouse, ni « fille, ni sœur, ni servante. La vérité est, cependant, « que j'allais y voir une femme d'argent, une châsse « de sainte ; et de quelle sainte encore, de sainte Pro- « cule, que mille bœufs ne purent traîner au lieu de « prostitution ! »

Telle était la merveilleuse activité de ces temps-là, que les doreurs entre autres prenaient l'engagement de terminer une église entière avant six jours.

« J'entre dans une église, dit le même novice [2], je vois un autel de planche, une étable de chêne, des colonnes de hêtre, des saints de peuplier ; je reviens six jours après, mon cher frère, et trouve cette église toute brillante d'or ; il a suffi d'une légère couche d'apprêt passée sur ces boiseries, d'un peu de mercure et d'un peu d'or, moindre qu'une petite aveline. Le battage de l'or en feuilles est un miracle des arts ; la dorure est un autre miracle. »

[1] Monteil, Histoire des Français des divers états, tom. II.
[2] Id., ib., loco citato.

L'orfévrerie de ce temps, si belle et si variée qu'elle fût dans sa forme, devait bientôt se voir dépassée par celle de Florence. Il y a loin, n'est-ce pas, de ces étonnements naïfs d'un pauvre novice qui admire une église *dorée* à l'enthousiasme italien produit par la ciselure de Cellini? Benvenuto Cellini le Florentin, à la fois sculpteur, graveur et orfévre, fut autrement accueilli que ces ouvriers primitifs, que ces artistes du quatorzième siècle qui étaient à peine connus. La délicatesse charmante des figures de Benvenuto Cellini ayant captivé jusqu'à François Ier lui-même, ses modèles nombreux se répandirent partout et se soutinrent d'âge en âge à des prix fort chers. Grimm raconte qu'un amateur anglais, voyageant en Italie en 1774, payait 800 louis une tasse d'argent ciselée par cet artiste. L'Espagne eut sa part de ce riche butin, l'Espagne, cet autre écrin si fourni de pierres précieuses, si abondant et si magnifique, que Guatimozin, qui jeta dans un lac de Vera-Cruz tous ses trésors, suffit à peine pour nous en retracer l'image. A l'exemple de Cellini, l'Espagne contourna de fines arabesques sur la coquille de ses rapières, l'Espagne sema d'aigrettes et de pierreries le glaive de ses Philippe II, de ses Juan d'Autriche. L'orfévrerie demeurait cependant en possession du *service de table;* le cabinet des *gemmes* de Florence est là pour en faire foi plus que tout autre; les épées et les fourchettes incrustées de pierreries témoignent du goût de nos aïeux dans ces deux grands exercices, la guerre et la table. Sous Louis XIV, l'orfévrerie se réfugia dans les habits et les chapeaux à plumes ; madame de Sévigné parle de l'épée de M. le Prince en termes fort éblouissants. L'affaire du *collier* sous Louis XVI prouve que la cour était loin d'y avoir renoncé. Pouvait-elle faire autrement, je vous le demande, après Cagliostro et madame d'Urfé, qui avaient fait de l'or ensemble à la fin du règne précédent, après Casanova et le comte de Saint-Germain, dont les pierreries avaient ébloui ses yeux? Les diamants furent donc en honneur dans les temps modernes comme dans les siècles précédents ; seulement ce furent d'autres formes plus vulgaires et moins élégantes.

Chose étrange! Dans un siècle comme celui de Voltaire, siècle tout préoccupé de faire la guerre aux traditions classiques de Rome et d'Athènes, la bijouterie et l'orfévrerie dégénérées se rapprochent pourtant de l'antique ; le siècle de Louis XV, dans la forme de ses camées et de ses onyx, affectionne Ovide et Galba. Avec l'empire revient la fureur de l'or et des pierreries ; les moindres bonnets de Murat en sont couverts, et les généraux en ont au bal comme autrefois les masques à l'Opéra. Les modèles grecs et romains reviennent à la mode sous l'empire, il pleut des bordures grecques en or et des anneaux de chevaliers. Aujourd'hui qu'il n'y a plus guère d'orfévrerie élégante en France, et que l'artiste seul peut en indiquer le modèle à l'ouvrier, plus curieux du goût commun du public que de l'esprit et de la réaction dans l'art, on en est à l'orfévrerie anglaise, on passe le détroit pour s'acheter des nécessaires d'argent et des cuillers de table. Malheureuses et inhabiles corporations que celles des orfévres d'en être venues là, après les dépenses si magnifiques de l'hôtel de Charles VI, les fabriques si royales et si splendides de coutellerie ; en un mot, après tout l'admirable mouvement mécanique des quatorzième et seizième siècles !

Il y a eu pour nous dans ce précis, bien incomplet sans doute, sur l'orfévrerie de France, plutôt un plaisir qu'un travail, nous devons le dire. L'art qui agrandit tout donnait à ces riens si travaillés une valeur de forme incontestée. Aujourd'hui, on fait aussi bien les couteaux et les fourchettes à Lyon qu'à Paris, c'est toujours le même modèle, stupide et banal, dont tout le monde peut entreprendre la fabrication et trouver le moule. La collection de M. de Bruge offrira à l'artiste de nombreux dédommagements de cette incurie. Les bijoux et les pierres dont elle se compose sont d'un intérêt d'autant plus grand, je le répète, que la forme en augmente toujours la valeur. Ce ne sont point là des pièces de bijouterie indifférentes au peintre ; toutes ont une date, un cachet.

Des meubles de la renaissance placés çà et là dans les recoins de l'appartement complètent cette galerie ; il y en a deux en ivoire et d'une assez grande dimension faits par François Flamand sur les dessins de Rubens. La petite église, toute charmante, dessinée par Rubens à Anvers me semble avoir beaucoup d'analogie avec ces volutes et ces colonnes.

Au sein de ces magnificences gothiques en meubles
et en pierres antiques, M. de Bruge, par une grande
indulgence d'antiquaire, a·bien voulu donner place à
la porcelaine de Chine et au vieux Saxe, comme il avait
déjà accueilli la bijouterie du temps de Louis XV. Le
tort de cette fantaisie c'est de venir déranger à l'œil
des choses plus sévères, cela est vrai, mais l'exiguïté
des appartements de M. de Bruge lui faisait sans doute
une loi de cette confusion. Une épée de cour admirablement émaillée, et dont la coquille est contournée à
l'espagnole, est la seule arme qui figure chez M. de
Bruge; elle est d'une forme élégante et d'un beau
travail. Horace Vernet l'acheta à Rome pour cette
belle collection.

M. Sauvageot nous pardonnera si le cadre de ces
lignes nous interdit de parler de son précieux cabinet
avec les développements qu'exigent sa scrupuleuse
exactitude et son goût parfait d'antiquaire. Difficile
dans le plus léger de ses choix, tourmenteur-juré de sa
moindre fantaisie, M. Sauvageot a laborieusement
compulsé et amassé. A l'époque où M. Sauvageot je-
tait ainsi les premières bases de son cabinet, ce que
les marchands appellent *l'antiquité* était alors moins
cher qu'à présent ; les découvertes dans ce domaine
étaient admirables. Alors un marchand ne vous aurait
pas dit : Je vends à M. Rothschild ou à M. Aguado, car
MM. Rothschild et Aguado ne songeaient pas à acheter
et ne faisaient point dorer leurs hôtels. Artiste de
l'Opéra, M. Sauvageot sacrifiait ses modiques appointe-

ments pour acquérir des antiquités. Il vint à bout de se former un cabinet. Aujourd'hui ce cabinet de M. Sauvageot est peut-être le meilleur et le plus précieux cabinet d'artiste qui soit au monde. Là du moins chaque trésor a coûté des sueurs et des privations au propriétaire, là s'est résumée silencieusement dans le bonheur d'une retraite studieuse une vie d'artiste digne du pinceau d'Hoffmann. Visité et consulté par tous les hommes d'art et de goût, le cabinet de M. Sauvageot n'a qu'un tort, celui de ne pas être déjà gravé. Quand M. Dusommerard s'occupe déjà de collationner le sien en gravures, on doit regretter que le gouvernement lui-même n'aille pas généreusement au-devant de M. Sauvageot. C'est que M. Sauvageot, artiste probe avant tout, préfère son cabinet aux antichambres; il ne mendie pas, il amasse pour nos plaisirs [1].

Quand nous avons dit que l'art, dans la main des gouvernants, était un fruit mort, c'est que nous avions foi dans le goût des particuliers. Aujourd'hui que des théâtres de société s'organisent partout, et que les marquis mettent du rouge en commun avec les artistes, pourquoi ne se formerait-il pas une commission spéciale pour examiner les véritables besoins de l'art, en tête desquels il faut bien toujours écrire ce grand mot : *Révélation !* Rien, à l'heure qu'il est, ne doit se cacher à l'ombre, les riches collections doivent être gravées pour qu'elles profitent à tous. Ainsi répandues

---

[1] Aujourd'hui, M. Sauvageot vient d'être logé au Louvre avec sa rare et belle collection.

et signalées aux intelligences studieuses, ces galeries et ces collections intéressantes retraceront celle de notre maître à tous, celle de Rubens à Anvers, dont Pierre Soutman, Corneille Shut, Samuel Hoffmann et Shegers, tous amis ou élèves de ce grand peintre, ont religieusement tracé ou reproduit au burin chaque richesse, à mesure qu'il les amassait!

IV

LA SALLE A MANGER DE M. DUSOMMERARD (HOTEL CLUNY)

Revenons sur la salle à manger de M. Dusomme-rard. Rivarol compare ingénieusement, dans une de ses lettres, la passion des antiquités à celle de l'amour ; elle s'accroît, dit-il, de tous les tourments qu'elle donne. Qui se fera en effet le poëte de cette grande odyssée de l'antiquaire, qui dira ses durs labeurs, ses insomnies, ses tourments naïfs, ses joies d'enfant? L'antiquaire tient à ses richesses en raison de ce qu'elles lui coûtent ; il a chez lui tel onyx qu'il vous cédera pour un autographe ordinaire, tandis que ce bas-re-lief à demi brisé de Jean Goujon, cette boîte à volets peints, ou cette scène de la Passion sur albâtre, toutes choses qu'il n'aura trouvées qu'à grand'peine dans quelque rue oubliée de Rouen ou d'Anvers, seront pour lui des denrées inestimables. Devenu le roi de sa création, à la tête d'une collection réelle, l'antiquaire tourmentera bientôt son domaine comme le vieux Cincinnatus faisait de son champ ; il le retournera, le fera suer, et n'aura ni paix ni trêve jusqu'à ce qu'il se couche un jour à ses limites, enchanté des frais, des fatigues et des embarras sans nombre qui composent la somme de son bonheur !

Il y a dans cette vie de l'homme qui achète d'étranges moments de satiété. D'abord vous n'achetiez que timide et cauteleux, vous n'osiez pas montrer vos précieuses acquisitions à vos amis, vous vous mettiez en garde contre leur critique ; peu à peu la chance vous a favorisé, vous avez un cabinet, une galerie, une collection, un musée même, que sais-je ? Vous voilà gorgé comme l'épais Vitellius. Un beau jour le dégoût vous prend, vous jouez au whist votre cabinet, ou ce qui vaut mieux, vous le vendez. Les juifs de la science, c'est-à-dire les marchands, le déprécient et l'achètent au rabais ; et vous fugitif, vous émigré, vous êtes en chaise de poste à la porte et regardez votre musée fuir en détail dans la rue. Soyez donc antiquaire pour en venir là !

Mais il y a de persévérants antiquaires ; il y a des gens qui se cramponnent aux bahuts et aux meubles de la renaissance dans tous les âges et dans tous les temps avec l'idée de ne jamais les quitter. *Impavidum ferient ruinæ.* Chez eux, le succès n'amène pas le dégoût ; ils vont, ils marchent toujours, et toujours avec la devise de Charles-Quint : *J'ai empris.* Pour ceux-là, il n'y a pas de patache rude, de soleil brûlant, de juifs maussades : ils vont à pied et en voiture, dans le même quart d'heure ; ils achètent partout, ils encombrent leurs vieilles demeures jusqu'à en faire fléchir les solives. Et remarquez bien qu'ils finissent par avoir de la sorte, non-seulement une collection, mais une chaire, non-seulement un musée, mais un véritable professorat.

M. Dusommerard est la preuve de ce que j'avance ; qui ne connaît le musée et les jours de classe de M. Dusommerard ?

Le musée de M. Dusommerard, c'est cet élégant et remarquable hôtel de Cluny, dont moins que tout autre je veux vous entretenir, l'ayant fait déjà maintes fois et depuis son origine ; son jour de classe, c'était, l'hiver dernier, le vendredi. Au jour en question, le vendredi, il n'est sorte de visites qui ne viennent assaillir le paisible et savant propriétaire, le dernier abbé de tous les abbés éteints de Cluny dont les crosses sont ciselées partout, l'excellent et honorable M. Dusommerard. Ce sont à la fois de petits jeunes gens à barbe de bouc, qui se disent artistes, et de belles dames de la rue du Mont-Blanc qui ont le goût des armures antiques. Il y a bien aussi quelques Anglais polyglottes, ou des professeurs de Dresde en redingote marron ; mais à ceux-là M. Dusommerard ouvre de bon cœur ses galeries. L'obséquiosité de certaines gens et les sottes questions de beaucoup d'autres n'altèrent jamais sa sublime patience. Au milieu de ces visiteurs moitié ignorants, moitié instruits, le propriétaire de l'hôtel Cluny continue le cours de ses intéressantes analyses. Il y a un grand mérite dans cette volonté robuste d'antiquaire qui poursuit sa course, et cette bonhomie charmante qui veut bien nous faire participer à ses secrets scientifiques. Il est inutile de dire que ce cours de M. Dusommerard n'est aucunement rétribué; imaginez plutôt un ministre anglais à la fois docte et poli expliquant sa collection aux dames.

A l'heure qu'il est, M. Dusommerard, peu content d'avoir classé de son mieux chaque époque et chaque style dans plusieurs de ses belles salles, vient de terminer d'une manière complète la partie affectée dans ces divers souvenirs du temps passé au *service de table*. Je me trouve heureux d'avoir à signaler le premier à l'attention des artistes le *plafond de salle à manger* dont il a confié l'exécution au talent fraternel de MM. Séchan et Feuchères.

Laissant de côté leurs ressources habituelles, les prestiges de la lumière et du coloris, les illusions d'optique et la magie des effets de perspective, qui nous captivent chaque soir dans leurs merveilleuses toiles d'opéra, ces artistes se sont bornés cette fois à un petit pastiche charmant de grâce et de poésie, véritable débauche de pinceau, dans le genre des bacchanales si chères à Jordaens. Ce plafond, exact jusque dans ses moindres caprices, est une scène complète que tout le monde voudra voir.

Ce n'était pas une petite tâche que celle de couronner l'ensemble déjà si satisfaisant de cette par-

tie de la collection, de lutter de couleur et d'harmonie
avec les valeurs de ton des vieux buffets sculptés et de
l'or basané, d'élégance et de style avec les compositions de ces admirables *Majolica*, sorties des célèbres
ateliers de Faenza, où Raphaël, Jules Romain et tant
d'autres, préludant comme ouvriers à leur grande renommée d'artistes, livrèrent aux chances du four à po-
tier les premiers essais de leur génie [1].

Sous le rapport de l'effet, un autre écueil devait ré-
sulter de l'abondance dans cette pièce même des beaux
produits de l'art aujourd'hui délaissé de Léonard le
Limousin et de ses successeurs, ainsi que des *figulines*,
si diverses et si gracieuses dans leur bizarrerie, de notre Bernard de Palissy, ou plutôt des Tuileries [2], ce

[1] Voir dans la collection, salle dite de François Ier, le médaillon en faenza, scène du massacre des Innocents.

[2] C'est ce dernier nom que portait Bernard, lorsque, sur l'emplacement où s'éleva depuis le palais de nos rois, il travaillait
à l'ornement des châteaux de Madrid, d'Écouen, etc. Cet arpen-
teur de Saintes, devenu l'un de nos plus grands artistes et notre
premier savant par la puissance de son génie et par une téna-
cité qui sut résister à trente-cinq années de cruelles épreuves, en
même temps qu'il dotait sa patrie dans l'art à la fois utile et
brillant de la *céramique*, y fondait d'instinct les premiers en-
seignements publics des vrais principes des sciences naturelles.
Sauvé des prisons par un ordre exprès de Charles IX, obtenu
par l'intervention du connétable Anne de Montmorency, Bernard
Palissy fut logé aux Tuileries, localité qui appartenait à la maison de France depuis que François Ier l'avait acquise du secrétaire des finances de Villeroy, pour servir à la duchesse d'An-
goulême, sa mère. On pense qu'il dut à son séjour dans cet
asile royal, ou mieux encore à une disposition exceptionnelle
de la part de Charles IX, d'être préservé de la tuerie de 1572.

génie *primesaultier*, comme eût dit Montaigne, que Voltaire choisit si injustement pour le point de mire de ses sarcasmes. Tout ce décor de salle à manger, depuis les dressoirs et buffets flamands jusqu'à ces grès de la fin du seizième siècle, où l'art, moins complet, se rachète du moins par des teintes éblouissantes, exigeait des combinaisons variées. Supposez, en effet, que ces *chaieres* et ces *faulx d'estuels* attendent les conviés, que la *cloque* d'appel soit aux mains du page, que le *saulcier* se presse, et que le heurt et l'entre-choc des armures retentissantes annoncent la venue des chevaliers, revenants exacts à l'heure, que je vois tous s'asseoir à minuit rue des Mathurins-Saint-Jacques, à ce couvert gothique de M. Dusommerard! Les yeux de ces conviés devront-ils souffrir d'un plafond moderne devant ces oiseaux farcis *d'ambre et de musc*, ce pain *anisé* et ce vin d'Arbois pétillant dans les hanaps? Non, certes; MM. Séchan et Feuchères, qui s'opposaient à cette disparate autant que M. Dusommerard, ont senti que leur pinceau devait avant tout rappeler les types consacrés, et que les miraculeux chapitres où Rabelais nous parle de la reine Quintessence et de messire Gaster étaient seuls de nature à diriger et à vivifier leurs

Si l'on joint aux divers mérites de Palissy, le courage civil dont il fit preuve notamment à la Bastille dans sa réponse à Henri III, on concevra l'intérêt que nous devons mettre à dégager ce beau nom du caractère d'étrangeté que lui donne le surnom de Palizzi ou Palissy.

(V. LES NOTICES SUR L'HÔTEL CLUNY, etc.)

créations. Autrement, ils retombaient dans l'enseigne du Gourmand dépeçant un chapon entre deux pots de fleurs chez Corcellet.

C'est donc au culte de messire Gaster, *premier maître ès-arts du monde,* suivant le malicieux curé de Meudon, que l'abbé actuel du cloître de Cluny a voulu lui-même rendre hommage.

« Brief, ce messire Gaster est tant énorme qu'il mange tout, bestes et gens, comme fut vu entre les Vascons, lorsque Q. Metellus les assiégeait. On nous offrit chez lui des andouilles caparaçonnées de moutarde fine, des soupes de levrier, des grasses soupes de prime, des colcotons, des fressures, des pastez d'assiette, des hortolans et des hoschepots [1], etc. »

Tels sont les mets qu'offrira sans doute quelque jour à ses doctes conviés le nouveau cénacle de M. Dusommerard. Vous souvient-il de ces aquarelles si fines de Cattermole, aquarelles représentant presque toutes des réfectoires de prieuré ? Le bois en est propre, les tables luisantes ; çà et là quelques brocs au ventre aussi large que celui des moines, un linge de service éblouissant de netteté, quelques plats d'étain et des chenets gigantesques sur lesquels glisse une lumière de bleu de cobalt. Rien qu'à voir cet intérieur de réfectoire monacal, vous vous sentez pris à l'avance d'une soif et d'une faim rabelaisienne ; le jambon est rose et coloré comme les joues du plus jeune des frères, les

---

[1] Rabelais, ch. LIX.

plats et les bassins à images de cuivre vous invitent à y laisser retomber la fourchette et le couteau. Eh bien, pareille impression vous saisit dès que vous entrez dans la salle à manger de M. Dusommerard.

Cependant la salle n'est ni haute ni large, c'est moins un réfectoire, vous le pensez déjà, qu'une salle d'abbé. Les dimensions de cet hôtel de Cluny sont en effet si petites, si adaptées au prieur et au prieuré, qu'il n'en pouvait être autrement. Un roi, qui de son temps valut bien un moine pour l'appétit, François Ier, préside à cette salle. Son médaillon entouré de devises amoureuses et chevaleresques, et sa cuirasse faisant office de *calorifère*, vous étonneront d'abord quelque peu ; la cuirasse de François Ier devenue une bouche à chaleur ! C'est le seul péché de *civilisation* que je reprocherai à M. Dusommerard.

Quant au grand prêtre de la salle, on pense bien qu'il ne pouvait s'en rencontrer un plus digne que l'historien satirico-burlesque de François Ier lui-même ; aussi n'est-il autre que le divin curé de Meudon, l'ami de la *dive bouteille*. Les litanies et les devises de ce plafond sont presque toutes puisées dans ses œuvres. Évidemment l'artiste qui a contourné ces figures bouffonnes avait lu le chapitre : *Comment Gargantua mangea en salade six pèlerins.*

Divisant d'abord l'espace, MM. Séchan et Feuchères, au moyen de poutrelles ornées, soutenues par de jolies consoles formant voussures [1], ont réussi à encadrer

---

[1] Ces figures, si souples dans leurs efforts, sont de M. Klac-

distinctement quatre compositions séparées se ratta-
chant aux points cardinaux et fondamentaux du dogme
gastronomique comme but et comme moyens spéciaux : *La bombance joyeuse, le vin, la chasse, et la
pêche.*

Dans la première composition, couronnée comme
les autres par deux têtes d'animaux symboliques, le
génie de l'art culinaire occupe sur fond doré un centre
autour duquel gravitent, comme autant de planètes
autour de leur soleil, huit figures à mi-corps sortant
des rinceaux et aboutissant à ce centre. Le génie élève
fièrement entre ses bras un paon *dressé,* oiseau très-
recherché au moyen âge, et qui, à la différence du
héron, véritable trouble-fête, n'offrait aux convives que
des idées succulentes. Des figures accessoires animées
par les sons du luth et du rebec complètent l'emblème
de ce service de table dont la devise d'encadrement,
tirée d'Horace, est :

VIVERE SI RECTÈ NESCIS, DECEDE PERITIS.

Vient ensuite, dans la même division centrale et de
l'autre côté d'un lustre qui nous reporte aux dessins
de Gérard Dow, *le triomphe de la dive bouteille* représentée par l'aiguière que tient d'une main un Gany-
mède bourgeois, offrant de l'autre à une des têtes de
bouc du couronnement *de la purée septembrale* dans un

man, jeune sculpteur, parfaitement initié au système de grâce et
de naïveté qui distingue les sculptures de la fin du quinzième
siècle.

de ces verres allongés en honneur même au seizième siècle. L'autre tête mord une grappe qu'on lui présente.

Des faunes, des satyres et des bacchantes célèbrent, le thyrse en main et au son de la flûte de Pan, les charmes du jus divin, à grands renforts de hanaps. La devise est puisée dans l'interpellation de Panurge : *Or advisez quand sera temps de boire?*

La *tierce*, comme a dit maître François, est consacrée à la chasse. C'est encore un génie qui préside à ce jeu dont Virgile a dit :

> Nobilium labor ille virum est, bellique cruenti
> Dulce rudimentum.

L'enfant tient son faucon enchaîné, tandis que de tous côtés les disciples de Phébus, l'auteur du noble *Déduit de la chasse* au quatorzième siècle, s'essayent aux luttes variées de ce noble exercice; aux cris aigus de l'éléphant et aux aboiements des chiens, dont les têtes haletantes sortent de rinceaux secondaires.

Le *levraut* que Rabelais recommande de manger au vinaigre, *sous peine de malheur*, ne pouvait être oublié dans cette représentation graphique ramenée au positif du *cui bono*. Aussi verrez-vous dans le cadre de ce plafond un des chasseurs nanti de cette proie s'épanouir sans doute à l'idée que, suivant la très-ancienne tradition rapportée en *Pantagruel*, il trouverait dans ce mets le moyen de plaire pendant sept jours.

Rabelais et Montaigne ont concouru à former la légende gastronomique qui porte :

> Prenez de perdrix l'aile
> Et cuisse de nonnain [1].
> Corpion d'avicelle
> Seul becque-figue en plein [2].

Il restait à célébrer la *pêche*, que Brillat-Savarin appelle le meilleur *aimant de sensualité*. Tel a été l'objet
de la quatrième composition de MM. Séchan et Feuchères. L'enfant qui préside à ces ébats tranquilles de
bourgeois tient d'une main la ligne avec laquelle :

> Exigui piscis vile trahebat onus.

Et de l'autre sa modeste proie. Quelques pêcheurs,
plus entreprenants que lui dans cet art, harponnent
des dauphins et jettent ou retirent des filets. La légende
toute spéciale offre encore un de ces principes de l'*art
de la gueule* posés ou rappelés par Rabelais :

> De tout poisson, fors que la tenche,
> Penez le dos, laissez la penche (panse).

Nous avons dit que ces médaillons se terminaient en
forme d'écussons; ils ont pour *tenants* de délicieuses
figures de femmes dont la grâce et la désinvolture sont
remarquables. Force eût été à M. Dusommerard de

---

[1] Sans doute du pigeon qui porte ce nom.
[2] Montaigne parle en effet de certains gourmets qui rejetaient
d'un oiseau, à l'exception du becfigues, toute autre partie que
le croupion.

laisser vacante la place de ces emblèmes nécessairement personnels, si l'occasion n'avait déterminé l'esprit caustique du propriétaire de cette collection à
critiquer lui-même, dans un canton d'armoiries de son
invention, les prétentions de messieurs ses collègues
de la chambre des comptes. Rabelais dans son chapitre
des *Apedeftes* a représenté, comme on le sait, ces très-
honorables magistrats « comme de gros pendards
réunis autour d'un pressoir, avec ongles longs et cro-
chus pour mieux éplucher les grappes dans l'intérêt
du fisc. » Maître François ajoute *qu'ils tireraient l'huile
d'ung mur.* La critique de Rabelais contre messieurs de
la chambre des comptes a reçu sa sanction de M. Dusommerard lui-même qui, on le sait, est un de leurs membres. Son écusson se compose d'une vis de pressoir en
pal, ayant pour *cimier* une toque magistrale, et croisée
comme *sautoir* par une paire de ciseaux. Le mot grec
apedefte, qui veut dire ignare et non lettré, corrigerait
au besoin ce que ce blason aux yeux de certaines gens
pourrait avoir de trop ambitieux.

Bien d'autres devises alternativement philosophiques
et gastronomiques couvrent les tranches des poutrelles.
Les unes sont tirés d'Horace, comme celles-ci : *Sperne
cibum vilem* ; et le *Nunc est bibendum,* qui ne pouvait
être mieux placé à côté de cette apostrophe du frère
Jean :

>   Page à la humerie,
>   Boutte à moi sans eau!

Le moraliste retrouvera avec plaisir des principes

10.

d'hygiène puisés dans Sénèque, tels que cette phrase, par exemple : *Magna pars libertatis est benè moratus venter.*

Nous avons entendu déjà quelques visiteurs sévères, tout en rendant justice au choix de ces devises en général, regretter qu'on n'en ait pas substitué d'autres plus classiques à leur avis. Nous agirons au rebours de ces visiteurs, et M. Dusommerard ne recevra de nous que des remercîments pour toutes ces maximes rabelaisiennes. Rabelais devait être, en effet, le seul patron de cette salle dans le style de la renaissance. Nous engageons les véritables amateurs à s'assurer par eux-mêmes, comme nous l'avons fait, de la perfection que ce voûtage ajoute à la collection des instruments et ustensiles de table si complète chez le propriétaire de l'hôtel de Cluny, depuis *la fontaine à laver*, qui précédait et suivait chaque repas, jusqu'au *clepsydre* qui en marquait la durée en rafraîchissant et en parfumant l'atmosphère ; depuis la *cupa magistra*, contenant l'équivalent de trois bouteilles et servant à boire à la ronde, jusqu'aux jeux de table, amusements naïfs de nos aïeux.

DE LA COMÉDIE DE SOCIÉTÉ

I

Le camp de Compiègne était jadis comme le pro-ogue des plaisirs de l'hiver. Lorsque Dancourt imagina de se moquer de cette rage voyageuse de la bourgeoisie de Paris, qui l'entraînait vers Compiègne [1] et lui faisait faire le *voyage du camp*, la bourgeoisie justifiait alors sa curiosité pour les plumets rouges, en racontant naïvement les bals que les officiers de ce temps-là donnaient aux villageoises sous leurs tentes, les *bergères* et les provinciales qu'ils régalaient, les usuriers et les gens de robe qu'ils bernaient en plein soleil, sans compter les maris et les chevaliers de Gascogne. Les bourgeois qui fournissaient les régiments avaient d'ailleurs mille bonnes raisons pour en venir là, il y avait toujours pour eux quelque bouton à recoudre, et quelque créance en retard à poursuivre. Dieu sait dans quel état ils en revenaient le plus souvent! On les endommageait à force de coups de pertuisanes, ou bien on leur gagnait, comme à de

---

[1] Les *Curieux de Compiègne* (à-propos de Dancourt).

jeunes cadets, leurs justaucorps et leurs montures. Ce
mélange de bataillons confus, ces escadrons d'officiers
et de gens de condition, ces valets, ces vivandiers, tout
cela était pour les bourgeois une belle foire; ils se
faufilaient dans mille petits bals d'armée que les officiers se donnaient entre eux, et surtout aux représentations comiques jouées par les soldats eux-mêmes,
sous la tente, et qui se terminaient par un branle
général.

Le camp de Compiègne appelait ainsi toute la société de ce temps-là. Madame de Maintenon s'y faisait
porter en chaise, et madame la duchesse de Bourgogne ne trouvant plus à s'asseoir que sur un des bâtons
de cette chaise, il était tout simple que la bourgeoisie
ne s'y plaignît pas trop des bousculades des archers!
Aujourd'hui le camp de Compiègne est bien mort.

Mais la tendance réelle à signaler dans le monde
opulent, et surtout le monde des femmes, c'est une
résolution bien arrêtée de ne plus courir les champs.
Voici venir le mois de novembre : le concierge au dos
voûté ne ferme plus la grille du château qu'en faisant
crier sous elle les feuilles sèches et flétries. Déjà le
château se dépeuple, déjà l'âtre aux pelles d'acier,
l'âtre bruxellois, si poli et si éclatant, reflète la
flamme. Encore quelques jours, et les gens qui bou-
dent contre Paris reviendront; les Bouffes eux-mêmes
nous sont revenus ! Le programme des grandes soirées
s'élabore, les salons tiennent conseil. Que nous don-
nera cet hiver? qu'inventera-t-il en fait d'amusements

splendides, de réunions neuves, élégantes? Notre di-
plomatie, au milieu de ses embarras sans nombre,
aura-t-elle le temps de nous faire danser? pourra-t-on
seulement se hasarder à sortir du bal avec la certitude
d'offrir involontairement au premier voleur sa bourse
et son claque? Les préoccupations politiques, *rembru-
nissent,* il faut bien le dire, l'*horizon* des bals. Ce qu'il
y a de sûr, c'est qu'on nous promet comme *rentrée,*
force comédies de société !

La comédie de société avait eu assez de succès l'autre hiver pour qu'on pût bien augurer de sa résurrection. C'est peu, selon nous, que M. de Castellane
lui consacre cette année un théâtre tout neuf ; que sur
d'autres points, et notamment place Vendôme, chez la
spirituelle madame Goubie, on cherche à consolider
ses priviléges ; la comédie de société est depuis trop
longtemps un fait accompli pour qu'il soit permis de
le mettre en doute. Reste à savoir maintenant si, en
ce qui touche la comédie de société, on doit se con-
tenter de la regarder comme un fait et non comme un
but. Cette question nous semble moins futile au fond
qu'elle n'est à l'apparence. L'influence que la comédie
de société peut avoir sur l'art et sur le goût du public,
la facilité de se reproduire qu'elle donnerait aux fantaisies originales de certains esprits dont les types ex-
ceptionnels effrayent le théâtre et les comédiens ; la
garantie assurée que les femmes y trouveront de sortir
des sentiers communs et battus, et de ne pas se trouver, dans leurs rôles, en opposition directe avec leur

habitudes d'élégance ; tout cela ne mérite-t-il pas qu'on s'occupe avec intérêt d'une futilité contagieuse, d'un goût léger, mais qui peut devenir utile ?

L'histoire de la comédie de société, dans ses époques successives d'éclat ou d'abandon, est certainement intéressante. Sans vouloir remonter plus haut qu'à Louis XIV, nous trouvons la comédie de société dans le fait même de l'établissement de Saint-Cyr. Quand le roi, la canne en travers, comme le rapporte Saint-Simon, faisait lui-même l'office d'introducteur royal à la comédie religieuse d'*Esther*, quand il récusait ceux-ci comme trop roués, ceux-là comme trop jansénistes, n'était-ce pas la comédie de société dans sa plus grande acception ? Les représentations d'*Esther* amenaient toute la cour à Saint-Cyr ; madame de Maintenon choisissait seulement les auditeurs, notant l'assemblée au crayon blanc ou au crayon rouge suivant les opinions religieuses de chacun. A cette époque, la comédie de société envahit tout, elle assujettit le théâtre à ses caprices souverains ; Louis XIV confisque Racine au profit de Saint-Cyr, comme il confisquait quelque temps auparavant Molière au profit de Versailles. Les échos de Saint-Cyr et les charmilles de Versailles répètent des vers prononcés par des organes de nobles demoiselles ou de grands seigneurs enchantés de se produire devant le roi à titre de comédiens. Louis XIV joue lui-même le rôle d'Apollon, et c'est à Vaux, le 20 août 1661, que l'on représente les *Fâcheux* de Molière, dans la maison de Fouquet, le dernier surintendant des finances. Ce fut même là que Louis XIV, félicitant Molière du plaisir qu'il venait de prendre à sa comédie des *Fâcheux*, lui montra du doigt M. de Soyecour, chasseur acharné et ridicule, en lui disant qu'un pareil original manquait à sa pièce. Cette observation de Louis XIV fut un ordre pour Molière; six jours après, M. de Soyecour était incrusté vivant dans les *Fâcheux*. Qu'on dise que ce n'était point là de la comédie de société, une comédie faite en société par Louis XIV et Molière !

Sous le régent, les orgies gloutonnes et les mascarades de laquais remplacent ces beaux loisirs du grand siècle de Louis XIV. Dans cette cour où il n'y a point de vice qui ne soit représenté par quelque grand nom où l'inceste préside, une couronne ducale au front, la comédie de société n'aurait eu, hélas ! aucune bonne chance de se produire. La comédie de société ! c'était le burin vengeur de Lagrange-Chancel, notant chaque infamie du pouvoir ; c'était quelque chanson de page contre ce *bon* régent qui vous menait droit à la Bastille, où l'on succédait à Voltaire, qui s'y vit renfermé pour des vers qu' n'avait point faits. Il n'y avait pas, il ne pouvait y avoir de comédie de société ; Law et sa banqueroute occupèrent d'ailleurs ces dernières années d'un règne honteux de manière à ne lui laisser ni paix ni trêve.

En 1760 le duc d'Orléans (celui qui protégea Collé) fait construire un petit théâtre à Bagnolet. Le jour de Noël, dit Collé, il y joua le prologue des *Deux Gilles*

et la *Mère rivale*. On voit que la comédie de société
avait repris son train ordinaire. Le duc d'Orléans était
passionné pour cet amusement, au dire de Collé, qui
le traite de *comédien supérieur* dans ses feuilletons
courtisanesques. En ce temps-là, Collé donnait *Joconde* et se louait beaucoup de M. le vicomte de la
Tour du Pin dans ce rôle de Joconde. Il est bon de
dire que, contrairement aux us et coutumes du siècle
de Louis XIV, qui défendaient aux grands seigneurs
jouant la comédie des mésalliances trop grandes,
ceux-ci jouèrent de prime abord à Bagnolet avec des
danseuses de l'Opéra, telles que mademoiselle Marquise, maîtresse du marquis de Villeroy, et madame
Drouin, comédienne fort ignorée.

Les fêtes données par Collé et le duc d'Orléans à
Bagnolet eurent du moins cela de bon qu'elles reflété-
rent des mœurs et des caractères dont le théâtre n'a-
vait jamais pu assumer sur lui la responsabilité dangereuse. Ces bluettes d'intérieur reposaient de Le Kain
et de la tragédie ampoulée de Voltaire. La société se
trouvait concentrée chez elle ; les vices de distinction
étaient la seule étude des roués et des beaux esprits.
Marmontel et M. de Saint-Lambert avaient d'énormes
succès en société, tandis qu'*Hamlet* et *la Veuve du Ma-
labar* ruinaient le théâtre. Madame de Montesson et le
président Hénault faisaient encore à cette société bla-
sée mille agaceries : la première, en voulant rivaliser
de magnificence et de libéralité envers les auteurs avec
madame de Pompadour, qui avait donné à Crébillon

pour son *Catilina* seize robes de sénateur avec des toiles d'argent, des bandes de pourpre et des laticlaves enrichis de diamants ; le second, en donnant des soupers et des comédies dans son propre hôtel.

Bien après la tragédie de Saint-Cyr et les ballets fastueux de Versailles, on eut donc la comédie gaillarde avec Collé et madame de Montesson. Carmontelle, qui vint plus tard, ajouta au dialogue de Collé une précieuse qualité, la variété. Les personnages de Collé étaient en effet bien uniformes, bien grands seigneurs, bien détestables et bien arrogants ! Carmontelle, tout lecteur du duc de Chartres qu'il fût, profita de la merveilleuse promptitude avec laquelle il dessinait au crayon et peignait au lavis pour faire entrer dans son répertoire de société les extrêmes les plus curieux : le bourgeois et le marquis, le peintre en bâtiments et le financier, les femmes à la mode et les abbés ridicules. Carmontelle, dans la même matinée, esquissait les personnages d'une facétie, et les représentait le soir à la scène, bafouant ainsi toutes les conditions, dit Grimm, depuis Monseigneur le dauphin jusqu'à son frotteur de Saint-Cloud.

Cette comédie satirique, comédie de petits appartements, de petits soupers et de petits ridicules, eut alors un succès fou. Carmontelle, on ne sait comment, était parvenu à avoir le portrait de toutes les femmes de Paris ; il les singeait et les reproduisait à merveille. Plaisant, comme on le concevra, aux esprits paresseux par la brièveté de l'action et le décousu de son dialogue, il n'imposait aucune entrave à la mémoire. C'est pour cela que ses proverbes obtinrent un succès de vogue.

Les bibliophiles ont souvenir des *Après-soupers de la Société*, petit recueil de plusieurs volumes qui parut bien après Carmontelle. Chaque volume était composé de quatre cahiers ; chaque cahier contenait une *Aventure* en musique. Ces *aventures* avaient ordinairement pour sujets un événement du jour, une historiette galante ou moqueuse, ainsi qu'il est permis d'en préjuger par la seule lecture des pièces suivantes, dont nous ne citons que les titres, pièces destinées aux amusements des cercles de Paris : Le *Petit souper* ou l'*Abbé qui veut parvenir*, musique de Dalayrac ; le *Mari de bonne compagnie*, musique d'un M. Framery, intendant de la musique du comte d'Artois ; *Madame Collet montée*, etc., etc. La forme la plus en vogue alors était le *monodrame*, ouvrage que jouait un seul acteur. Cette forme était facile et expéditive pour un grand nombre d'amateurs. Une ligne de points dans le manuscrit marquait d'ordinaire les silences de l'acteur, qui parlait ou qui chantait, et les endroits où l'orchestre *entrait en conversation* avec lui. Le *Jeune seigneur bien poli* est une comédie de société exquise en ce genre. Il est impossible de lire quelque chose de plus neuf et de plus divertissant.

La reine Marie-Antoinette, au milieu de l'ennui et du cérémonial importun d'une cour à laquelle elle ne pouvait pardonner de ne pas aimer à s'amuser, se réfugiait dans la comédie de société comme dans un goût où la sévérité du roi ne pouvait l'atteindre. Toutefois, Louis XVI blâmait hautement ce caprice si justiciable. La reine, le plus souvent, jouait la comédie sans spectateurs. Un jour que cette solitude l'ennuyait plus que de coutume, elle fit entrer les gardes du corps de service, en exigeant que les Suisses, durant ce temps, les remplaçassent à leur poste. Après le spectacle, S. M. leur dit : « Messieurs, j'ai fait ce que j'ai pu pour « vous amuser ; j'aurais voulu mieux jouer, afin de « vous donner plus de plaisir. »

Le théâtre de société de madame de Genlis, si célèbre par ses romans et ses recettes pour les confitures, donna à son royal élève l'occasion de se produire sur la scène morale de ce successeur de Berquin. Collé avait applaudi au talent comique de l'aïeul, mais, en revanche, madame de Genlis n'en reconnaissait guère au fils, M. le duc de Chartres. Il prenait, selon elle, la comédie trop au sérieux.

Sous l'empire, la comédie de société eut peu de facilités. On était trop grand vainqueur, trop occupé au dehors pour s'amuser de ces petites coquetteries d'intérieur. Les pages de l'empereur jouèrent cependant plus d'une fois la comédie à Saint-Cloud. Ce fut même Fleury qui la leur fit répéter, sans doute un jour que l'empereur était de bonne humeur, et qu'il avait causé théâtre avec cette autre Majesté du nom de Talma.

Avec la restauration revinrent les paravents de la comédie de société. M. Théodore Leclercq, comprenant tout le profit qu'il y avait à tirer pour lui de la succes-

sion de Carmontelle, s'en fut bien vite à la recherche des ridicules de cour et des prétentions insa-
tiables des parvenus. Les proverbes de M. Théodore
Leclercq eurent un succès mérité, M. Scribe les copia
plus d'une fois. Mesdames Hocquart, de Maillé, Cour-
val, de Ruols, ouvrirent leurs salons aux fantaisies de
M. Leclercq ; ce fut un engouement, une rage. Madame
Roger, femme de l'académicien de ce nom, était pour
lui une admirable interprète. Cette femme d'esprit
une fois éteinte, le même souffle de mort semble avoir
emporté la comédie de M. Leclercq, ce prince souverain de la comédie de société. Il en fut comme de Talma
et de la tragédie antique, que le même tombeau renferme.

Or, quel que fût à cette époque le juste engouement
du monde pour les proverbes de M. Leclercq, des essais d'un autre genre furent faits, qui réussirent com-
plétement à côté de ces ingénieuses et ravissantes
esquisses. Chez madame Perregaux, notamment, on
joua le *More de Venise.* Madame Merlin, cantatrice admirable, chanta également, nous le croyons bien,
en 1825, le personnage de Desdemona. Enfin, tandis
qu'à Stain, chez M. Hainguerlot le banquier, on jouait
la *Suite d'un bal masqué,* des amateurs organisaient à
Mesnières, près de Dieppe, une représentation de-
meurée fameuse de *Juliette et Roméo.*

Telle est en abrégé l'histoire de la comédie de société en France jusqu'à notre ère de 1856, où elle
semble vouloir refleurir plus que jamais.

II

Nous avons esquissé tout à l'heure l'histoire de la comédie de société. Cet hiver paraît devoir occuper une place distinguée dans ses fastes. La voilà qui nous revient plus pimpante que jamais, des châteaux, des villas, où elle s'était réfugiée pendant l'automne, s'installant çà et là, faute de mieux, même dans de vastes granges, où brûlent vingt-cinq quinquets, ayant pour auditeurs quelques gardes-chasse, quelques villageoises, applaudie par la main calleuse des fermiers, accueillie, fêtée partout. La voilà qui met de nouveau sens dessus dessous, à Paris, ses salons privilégiés; qui raccommode ses coulisses, rebadigeonne ses maisons, donne une couche à ses arbres, époussette ses paravents. La voilà qui remue ses adeptes; qui stimule les vocations, ravive les rivalités, réveille les prétentions, met en jeu tous les amours-propres. C'est un tableau fort curieux à observer de près, et ces préliminaires de toute comédie de société valent certainement la comédie même.

Le comédien de société est pour l'ordinaire un garçon d'un âge raisonnable, voué, par caprice ou par profit personnel, aux tribulations sans nombre de la comédie de société, mais aussi rêvant à l'avance ses couronnes; épanoui, radieux quand le *grand jour* vient, et se placardant de rouge, tant la joie l'étourdit.

Dans le monde, le comédien de société ne dit pas grand'chose, il se réserve, il se ménage comme un groom qui doit courir à Chantilly.

D'habitude encore, il a soin d'être pourvu de tous ses membres, il conserve l'élasticité de ses muscles, et ne se permet pas de porter trop tôt des besicles. Il a sur une table de sa chambre plusieurs pièces passablement vieilles et maculées, qu'il a achetées chez Barba, et dont les interlignes sont remplis au crayon par des indications de sa façon, comme : « Ici Régnier *se lève*, » ou bien : « ici Bouffé *se mouche*; » ou bien encore : « ici Lassagne fait *pouaf!* » Ces précautions béotiennes lui paraissent une sauvegarde contre la critique. Aussi est-on sûr de le voir se lever comme Régnier, se moucher comme Bouffé, et faire *pouaf!* comme Lassagne. S'il est marié, sa femme lui fait répéter son emploi; garçon, il fait monter un dimanche soir sa portière, lui donne une chaise dans son salon et lui récite son rôle.

Le type du comédien de société varie, du reste, selon l'occurrence. Il y a le comédien sérieux, le comédien jovial, le comédien dindon.

Ce dernier, dont nous parlerons peu, remplit indistinctement les rôles de pères nobles ou d'amoureux.

Le comédien *sérieux*, au contraire, est le plus souvent un homme qui a vu Fleury, ou qui cherche à imiter Fleury. Il va le dimanche aux Français, quand Prévost joue, et prend du tabac dans la boîte du régisseur.

Tout au rebours des deux autres, le comédien *jovial* sait par cœur les chansons proscrites et inédites de Béranger ; il connaît tous les vaudevillistes ; il écrit à Mélingue : « *Mon cher ami*, » et à mademoiselle Déjazet : « *Mon cher camarade.* » C'est un petit homme, court, joufflu, mangeant beaucoup aux soupers qui suivent le spectacle, ingurgitant le vin de Champagne avec autant de facilité qu'un commis voyageur, et n'ayant aucune idée de miss Fanny Kemble, ni de Macready. Le comédien jovial est ordinairement un officier de chasseurs retiré du service parce qu'il a pris du ventre, ou bien un sous-chef des finances qui veut se distraire. Sa grande idée c'est de copier avant tout Bernard-Léon.

En disant que chez certaines organisations d'hommes du monde, le goût de la comédie de société devient souvent une passion absorbante, une véritable maladie, on serait certain d'être encore loin de l'expression réelle ; c'est une rage, une fureur qu'il faudrait dire. J'ai connu un garçon d'esprit ; chez lui la passion du paravent était devenue une monomanie. Il apprenait tout, il jouait tout : comédies, tragédies, vaudevilles. Il avait des ressources pour tous les cas, il faisait face à tous les obstacles. Un jour qu'il se trouvait seul dans un grand château de Picardie, chez un vieux baron son oncle, les gens de l'endroit s'en étant allés, il ne restait plus au coin du feu, sous le manteau de la vaste cheminée, que l'oncle et le neveu qui s'entre-regardaient en bâillant. « Jouons la comédie ! » s'écria-t-il. —

« Mais tu n'y penses pas : nous ne sommes que deux
dans le château ! — Raison de plus : nous jouerons
Défiance et Malice. Il n'y a que deux rôles, mon cher
oncle, vous ferez celui de la femme. » Il fallut bien en
passer par là, et devant quinze à vingt bonnes têtes de
petite ville, l'oncle et le neveu jouèrent aux grands
applaudissements de l'adjoint et du notaire.

Les répétitions surtout ne sont pas choses à dédaigner pour l'observateur. Il arrive toujours qu'on les
fait durer le plus possible, bien moins pour mieux apprendre les rôles que pour causer plus longtemps avec
les actrices; car la comédie de société n'est ordinairement qu'un grand manteau sous lequel s'abritent les
folles intrigues. Il y a telles amours dans le grand
monde qui ne commencent que là, entre un couplet de
M. Scribe et une ritournelle. C'est aux répétitions
qu'on peut en étudier toutes les phases : passions
naissantes, passions qui cheminent, passions qui finissent. La dernière répétition est une solennité des
plus importantes. Chez M. de Belissen, par exemple,
on répétait gravement devant les paysans qui représen-
taient l'assemblée, comme Léandre dans les *Plaideurs;*
mais ailleurs les premières répétitions ont lieu de façon
que personne ne répète : ce n'est vraiment qu'un
chorus de fastidieuses récriminations. Les ingénues de
cinquante ans se plaignent de la maturité de leur rôle;
il n'est pas assez léger, assez sémillant pour elles; c'est
un rôle trop *marqué*. Les hommes (ceux qui jouent les
colonels de M. Scribe) demandent, comme jadis

M. Lemonnier à M. Scribe, s'ils auront un pantalon collant? Enfin l'auteur de société (quand il s'agit d'une pièce nouvelle) n'est pas le moins comique de la troupe. Presque toujours il a la quarantaine, an faux toupet et la croix d'honneur. L'auteur de société a d'incroyables peines à ménager les amours-propres de ses acteurs. Les jeunes femmes lui tournent le dos, si le rôle ne leur plaît pas; les vieilles lui déclarent aigrement qu'il n'a qu'à porter son œuvre à madame Guillemin du Vaudeville ou à madame Grasseau de l'Odéon. Que sais-je encore? Ces dissensions, plus terribles mille fois que des dissensions de sociétaires à la Comédie-Française, mettent le pauvre homme dans le plus cruel embarras. J'en ai vu se sacrifier comme feu Décius, couper leurs moustaches et leurs favoris, et jouer eux-mêmes un rôle de duègne dont aucune femme n'avait voulu.

Au reste, le dévouement de la plupart des auteurs de société consiste dans une recette bien simple : ils portent à ces théâtres bourgeois les pièces qu'ont refusées les théâtres publics, et consentent à les jouer eux-mêmes, comme Molière. Cette méthode est mauvaise et doit être réprimée. Nous le répétons, les pièces des théâtres de société doivent être faites tout exprès pour ces théâtres. La gaucherie des gens du monde dans les rôles du Théâtre-Français, et leur incontestable supériorité dans les pièces écrites pour eux, prouvent toute la vérité de ce précepte.

Mais il y a quelqu'un de plus malheureux encore

que l'auteur de société, c'est le peintre de décors ;
l'exiguïté du lieu et les exigences de gens qui se disent
artistes l'inquiètent, le tourmentent sans cesse et
changent en un enfer anticipé la vie de délices qu'il se
promettait dans un bon et joyeux château de province,
ou dans un splendide hôtel de Paris. Il s'en dédom-
mage en mangeant prodigieusement et en donnant aux
dames des leçons de perspective.

Du reste, l'étude la plus profitable, dans ce sujet si
fertile en observations, c'est à coup sûr celle des
femmes. Nous venons de voir combien l'amour-propre
des hommes est grotesque et naïf, comme ils se pas-
sionnent, comme ils s'empressent dès que le mot comédie est prononcé. Or, l'amour-propre des femmes
est plus raisonné, plus couvert, plus discret, moins
fringant. Les femmes (et j'entends ici les femmes
du monde) ont en effet bien plus d'obstacles à
vaincre : les femmes dépendent d'une volonté d'oncle
ou de mari ; à chaque instant elles ont à craindre un
barbare *veto* pour leurs jolies lèvres, un ordre absolu
qui les ramène violemment des hauteurs romanesques
de M. Scribe dans la vulgarité vertueuse de leur ménage. Jusqu'au dernier moment, et à moins qu'une
femme ne soit une maîtresse femme, elle ne sait vraiment
pas si elle jouera. Voyez-la, effarée et craintive comme
une colombe, venir chercher un appui et un refuge
sous la protection de ses *camarades* ; entendez-la rou-
couler ses douleurs au jeune premier ou au père
noble, et placer son rôle sous la tutelle de ces mes-

sieurs. Il ne sera pas dit, en vérité, qu'un époux barbare et peu délicat s'opposera à ses légitimes triom-
phes ; il faut qu'elle joue Suzette du *Mariage de
raison,* ou Célimène du *Misanthrope!*

Il est juste de dire qu'en général la palme de la comédie de société revient aux femmes. Les femmes du
monde sont de si fines comédiennes ! Tout, jusqu'à leur
éducation d'enfance, éducation prude et fausse, les a
initiées à ces petites ruses, à ces réticences de passion,
à ces manéges de cœur que M. Scribe a recherchés
au Gymnase. Ce qui est cause en effet que les femmes
du monde aiment tant à jouer ses pièces, c'est que
précisément il ne les détourne aucunement de ces
habitudes de fausseté et de petites conventions ; c'est
qu'il les conserve intactes et nous les rend dans toute
la candeur de leur perfidie. Les femmes du monde,
qui ont tout le jour à se défier d'une femme de
chambre ou d'un grand parent qui les espionne, se
tiennent aussi tout le jour sur la défensive. Elles
trouvent donc charmant que l'on se donne des clefs
pour des rendez-vous galants, au vu de tous, comme
dans les *Malheurs d'un amant heureux ;* elles trouvent
délicieux que l'on avoue sa passion du bout des lèvres,
et en minaudant, comme dans l'*Héritière* ; charmant
aussi que la seule scène animée de la *Quarantaine,* celle
de l'aveu, se passe sous les verrous et par force ma-
jeure, et tout cela parce que de cette façon les appa-
rences sont sauvées. Ainsi procèdent les seules amours
que se permettent les femmes du monde ; ainsi va leur

passion pas à pas, sous le masque, bien différente en
cela de la passion de *Juliette*, de cette passion qui aime
Roméo d'un amour si imprudent, si naïf, si délibéré !
Aussi ne feriez-vous jamais comprendre à une femme
du monde qu'elle doit jouer le rôle de Juliette. Elle
vous répondrait qu'elle aime mieux M. Scribe que
Shakspeare. Cela est tout simple : M. Scribe joue
avec la passion; il ne va jamais la remuer dans le fond
du cœur. Quelle passion, au contraire, que celle qui
va, comme Shakspeare l'a voulu, au delà de toutes
les conventions du monde, pure et sublime parce
qu'elle avoue, et qui n'est plus même téméraire parce
que la franchise absout d'avance la forme de son
langage !

> Hist ! Romeo, hist ! — Oh! for a falconer's voice
> To lure this tassel gentle back again! etc, etc.

Faites dire ces deux vers et toute l'admirable scène
du balcon à une femme du jour, si vous pouvez !
Cela me rappelle qu'en Italie je vis une vieille comtesse, prude à faire peur, qui ne voulait jouer la comédie qu'en *homme*. Je soutins devant elle que toute
l'ambition d'une femme du monde devait la conduire
à jouer Juliette *admirablement*. Je me retranchai dans
cet adverbe, parce que je n'admets pas que l'on puisse
supporter autrement le rôle de Juliette, et que, ce
rôle n'étant que passion, je crois qu'avec de l'âme et
du sens toute femme peut espérer d'en venir à mon
adverbe. Aujourd'hui plus que jamais cette thèse est

réalisable. Assurément il ne manque pas de traductions .
de Shakspeare en vers et en prose, sans compter
celles qui sont encore à faire. Pourquoi des femmes
du monde, des jeunes gens spirituels et distingués, ne
s'associeraient-ils pas entre eux pour organiser *Roméo
et Juliette, Mesure pour mesure*, les *Gentilshommes de
Vérone*, etc., etc. ?

Mais il y aurait mieux encore. Si votre naturel ré-
pugne à la passion de Shakspeare, admettez au moins
ces vives et jeunes fantaisies, ces pièces qui ne traînent
point sur tous les théâtres ; ressuscitez-nous cette comédie de société dont nous vous avons fait précédem-
ment l'histoire, cette comédie des dix-septième et dix-
huitième siècles, spirituelle, mordante, incisive, fusti-
geant les folies et les ridicules du jour ; comédie que
le véto censorial interdit aux théâtres patentés, et
qui doit retrouver son ancien asile dans la liberté du
salon.

Eh bien ! au lieu de cela, la comédie de société s'est
traînée depuis sa résurrection, à la suite de la routine
publique ; son unique ambition consiste à rivaliser
avec le Gymnase. Voilà où en est la comédie de société,
même à l'hôtel Castellane.

Je suis presque tenté de croire que, pour les gens
du monde, il faut ce que l'Opéra avait, du temps de
Watteau, des arbres *impossibles*, tant la couleur en était
bleue ; en d'autres termes, une comédie *impossible*,
une comédie telle que eux seuls puissent l'aborder à
l'exclusion des acteurs ordinaires. La meilleure preuve

de ce que j'avance, c'est simplement Collé, Carmontelle, presque tout le répertoire de Dancourt, et en
dernier lieu les proverbes d'Alfred de Musset.

En résumé, ce n'est pas assez d'une salle et d'acteurs pour la comédie de société; il faut maintenant
des pièces : or, grâce à Dieu, il ne manque pas de
jeunes auteurs pour cette nouvelle besogne! Espérons
donc que la jeune littérature dramatique aura bientôt
à remercier le propriétaire de l'hôtel Castellane de ce
service. Sans un répertoire spécial, les théâtres de société ne sont qu'une vaine parodie des théâtres publics;
avec ce répertoire, ils peuvent devenir le vrai, l'unique
théâtre français de notre époque.

LES
COMTES DE SAINT-GERMAIN

(PORTRAITS DU JOUR)

I

Paris possède une quantité de comtes de Saint-Germain. Je me hâte d'expliquer ce titre.

Il y a des gens qui vivent et marchent au milieu de vous, des gens que vous coudoyez et rencontrez à toute heure, et sur la figure desquels il vous serait difficile de placer un chiffre d'âge; ils peuvent avoir cinquante ans tout aussi bien que quarante; ce sont des énigmes ambulantes qui trompent l'œil et déroutent les questionneurs. Vous les croyez défunts pendant quelque cinq ans, et tout d'un coup les voilà qui ressuscitent et se remontrent de nouveau au monde étonné, comme ces plongeurs acharnés qu'on croyait morts et qui reparaissent suspendus aux crêtes de la vague. Ces gens-là, ni plus ni moins, ce sont tout autant de Saint-Germain nomades, perpétuellement

jeunes et verts, des Saint-Germain sans élixir et sans
emphase, mais enfin le privilége de l'immortalité leur
est dévolu sans que pour cela ils aient besoin de se
faire recevoir de l'Académie.

On en compte prodigieusement à Paris.

Les uns portent de la poudre, sans doute par respect pour la mémoire de leur maître et modèle le
comte de Saint-Germain, qui se vantait, sous Louis XV,
d'avoir connu le Père *éternel* quand il était *jeune*;
d'autres se dandinent avec des paroles hoffmaniques
et certaines façons de petits vieux desséchés qui
feraient croire qu'ils ont reçu leur exeat du Père-Lachaise et qu'ils ont obtenu la permission de se promener jusqu'à deux heures du matin dans les salons
parisiens.

Il y en a qui ont des dents blanches, mais on ne peut
dire si c'est un râtelier, car, d'un autre côté, ils ont les
cheveux d'un noir magnifique.

La veille, vous leur avez demandé des nouvelles de
leurs rhumatismes; le lendemain, vous les rencontrez
trottant à cheval. A les voir par derrière ainsi chevau-
chant, avec leur frac de Blin et leur désinvolture
équestre, vous vous dites : Voilà un beau jeune
homme! Quand il se retourne, le jeune homme en
question est une vieille figure ridée comme un pruneau,
sillonnée de rides, horrible à voir.

Au bal, ils se faufilent, l'hiver, entre un punch et
une table de whist ; ils ont la plupart du temps

une brochette de croix disposée comme il suit :

/ L'ordre de l'Éperon d'or;

L'ordre du Mérite de Prusse;

De la Légion d'honneur;

Du Lion de Belgique;

Du Christ de Portugal ;

Et du Faucon d'Hohenlohe.

Ainsi chamarré, et portant à sa boutonnière cette mercerie de décorations, le comte de Saint-Germain actuel tient encore d'habitude son gant jaune dans sa main droite, et laisse à dessein briller à sa main gauche un vieux diamant ou même tout simplement une calcédoine. Il prend du tabac dans une boîte *véritable* que les marchands du quai Voltaire mettraient bien vite en montre, secoue le makouba sur son jabot, arrange ses manchettes et fait tourner sa canne à pomme d'or ou d'ivoire entre ses doigts. Les jeunes femmes le considèrent respectueusement comme un vieux portrait qui va parler.

Quand il parle, c'est le dix-huitième siècle en personne, avec ces syllabes brèves de marquis, son impertinence de bon ton, sa légèreté éternelle et toute sa vieille défroque à la Moncade. Le premier comte de Saint-Germain , pour cet emploi, était l'estimable M. de Châteauneuf que vous rencontriez le soir au foyer des acteurs du Vaudeville.

M. de Châteauneuf vous racontait Sophie Arnould, l'astronome Lalande, Marmontel, que sais-je? Bien que voûté et cassé. il vous parlait de ce siècle à vous en faire venir l'eau à la bouche. Il avait soupé chez le baron d'Holbach plus grassement qu'il ne souperait aujourd'hui chez M. Rothschild.

Le docteur Koreff...., médecin de S. M. le roi de Prusse, fournirait un beau volume d'anecdotes à qui voudrait écrire l'histoire des comtes de Saint-Germain, à notre époque. Sorti sans nul doute, comme le diable, de quelque fiole magique où il était emprisonné, malin à l'égal d'Asmodée, aussi laid que lui et allant beaucoup dans le monde, le docteur possédait une clientelle de jolies femmes, de savants et de ministres ; il était recherché, fêté partout ; on croyait, en le voyant, voir M. de Maupertuis en personne ; c'était un visage de 1763. On a fait sur lui quelques épigrammes, on n'en fera jamais d'aussi piquantes que ses ordonnances. Il se moquait de ses malades avec un esprit tellement supérieur, que S. M. le roi de Prusse, qui s'y entendait, ne le consultait jamais qu'à table, mangeait beaucoup avec lui, et avait fini par en faire son médecin extraordinaire. Il agissait sans doute envers le docteur K... comme Molière envers son Esculape, il ne faisait rien de ses prescriptions et guérissait. L'habit noir et la tabatière du docteur sont devenus justement célèbres. On pourrait peut-être expliquer leur vétusté en disant que cet habit noir et cette tabatière ont appartenu au véritable Saint-Germain.

Le plus parfait modèle des comtes de Saint-Germain que vous eussiez pu rencontrer, c'était à coup sûr l'auteur des *Mémoires de la marquise de Créqui*, l'un des livres les plus spirituels de notre époque. — « Frappez, écrivais-je alors, vers les deux heures, à la chambre du comte de Courchamps, vous le trouvez dans son lit avec un tartan sur les épaules, un bonnet de femme, des manuscrits épars autour de lui, plusieurs petits chiens en porcelaine pour serre-papiers, un Almanach royal de 1780, une pendule en rocaille et une foule de tabatières sur une grande table où se trouvent aussi plusieurs ordres, entre lesquels la croix des Dames Hospitalières du Mont-Carmel et l'étoile des Cadets nobles de Bavière. Il est impossible de rencontrer plus d'esprit et d'érudition en déshabillé. Cet homme est à la fois Boufflers et Sterne, madame de Genlis et Montaigne. Il a des naïvetés charmantes et des malices affreuses, il écrit admirablement et sans peine, en fouillant ses souvenirs, en interrogeant chaque recoin de sa mémoire. Il n'a voulu se donner une teinte d'originalité que parce que la plus grande distinction du dix-huitième siècle fut d'être merveilleusement original, que sa peinture, ses femmes, ses griffons et ses porcelaines furent à lui. Il n'y a pas d'illumination plus soudaine que la parole du comte de Courchamps, sa physionomie récite, c'est un masque qui épouse tous les rôles. Si le comte de Saint-Germain s'est vanté parfois d'avoir soupé avec Hérode, le comte de Courchamps peut se vanter, en revanche, d'avoir soupé avec le comte de Saint-Germain. Les *Mémoires de la marquise de Créqui* lui conservent, auprès de quelques personnes peu habituées à la vie de Paris, un voile d'incognito dont il profite pour aller dîner aux Provençaux, dont il est un des plus vieux habitués. S'il y a des neveux qui en ont peur dans les salons, parce qu'il leur rappelle leur grand-oncle, nombre de charmantes comtesses du faubourg Saint-Germain le redoutent bien davatage, parce qu'il a, comme Saint-Germain, une teinte des sciences occultes. »

C'est de lui que je tiens l'anecdote qui suit, et qui est fort peu connue, sur la manière dont le véritable comte de Saint-Germain *rajeunissait*.

— Vous le voulez, madame la duchesse ? disait-il à quelque vieille grande dame qui le pressait de l'*embellir* et d'en faire une Hébé à la minute ; vous le voulez ? eh bien ! buvez-moi cela !

Il tirait de sa basque une charmante fiole (remplie d'eau claire) et la faisait boire à la duchesse, après s'être assuré, ce qui était l'essentiel, qu'il n'existait aucune glace dans l'appartement.

Quand elle avait bu la fiole, il y avait un léger bruit, comme par hasard, dans l'antichambre dès que Saint-Germain frappait du pied ; puis un marquis en dentelles entrait en s'écriant : Quoi, c'est vous, mademoiselle ! La duchesse de soixante ans traitée de *mademoiselle* était ravie. Le marquis, compère de Saint-Germain, s'extasiait, et sur ses doléances de ne pas trouver de glaces dans ce fabuleux appartement, elle en demandait à ce marquis, qui lui en présentait une admirablement peinte où se trouvait un charmant portrait de jeune fille. Saint-Germain se faisait alors payer richement et partait.

II

Parmi les comtes de Saint-Germain les moins contestables de notre époque, il faut aussi ranger certaines physionomies que vous rencontrerez aux tables de nos restaurants les plus en vogue. Ils appartiennent à l'histoire par l'originalité de leur conversation et la tournure de leur esprit.

Le café Desmares, entre tous les autres, a toujours eu le privilége de conserver ses vieilles illustrations; le faubourg Saint-Germain y proteste encore à l'heure qu'il est, à la fourchette, entre une côtelette à la Soubise et une poire; la pairie de Charles X, pairie annulée, anéantie, y prend régulièrement son chocolat. Le café Desmares est le Coblentz élégant des émigrés de 1830.

Les queues vénérables, les chefs poudrés, les redingotes ouatées, les garde-vue verts et les ailes de pigeon y apparaissent encore dans toute leur fraîcheur primitive à certains jours; vous y rencontrez la fleur de la vieille politesse française, l'aristocratie du nom et des manchettes. Après le cercle agricole de la rue de Beaune, le café Desmares résume à lui seul le vrai faubourg Saint-Germain.

M. de L..., que vous apercevez le matin au café Desmares, est un de ceux que nous ne saurions oublier. Dès le premier abord, vous reconnaissez dans M. de L... le véritable type de ce quartier à part; il y a très-évidemment toutes ses habitudes, il s'y plaît, il y demeure, et ce n'est pas comme nous un oiseau de passage qui vient s'abattre par hasard sur les tables de marbre du café. Sa conversation est incisive, moqueuse, amusante. Il vous racontera ce que c'est que l'association de Cincinnatus aux colonies; il vous parlera de Saint-Domingue comme personne n'en parle. Si Boufflers avait été colon, il ne ferait pas de plus jolies histoires sur les colonies que M. de L... n'en fait. Pendant quelque temps, M. de L... vous raconte qu'il fut malade; ses affaires l'empêchaient de retourner aux colonies, dont l'air est si doux; il fut consulter ses médecins, qui tous lui prescrivirent de concert l'exercice de la voiture.

Une voiture est une excellente prescription de médecine; on y est mollement dandiné, on s'y complaît, on en touche les stores et les poches avec un air réjoui de convalescent; une voiture, c'est un génie familier que l'on a à ses ordres, qui a des jambes pour vous, qui va l'amble, le pas, qui s'élance ou qui s'arrête; une voiture, c'est un esclave à quatre roues.

Mais quand on n'a pas de voiture, et qu'il en faut une sous peine de perdre à jamais toute santé, quel contre-temps, quel fléau!

Or. M. de L..., tout gentilhomme qu'il était, et

peut-être bien parce qu'il était trop gentilhomme, n'avait pas de voiture ; il allait à pied quand la goutte le lui permettait.

Voyant cela, voyant qu'il lui fallait à tout prix une voiture, une bonne voiture, bien drapée, dans laquelle il pût dormir et prendre l'air à ses heures, M. de L... repoussa bien vite l'idée du fiacre : le fiacre est quelque chose d'infernal en fait de repos, et M. Delavigne n'eut pas tort de le flétrir à tout jamais par la bouche de Danville :

. . . . Noblement cahoté
Sur les pompeux coussins d'un char numéroté !

D'ailleurs, en ce temps-là, il n'y avait aucune variété en fait de fiacres : la citadine, l'Atalante ou la Sylphide n'étaient pas encore inventées. Que faire ? que devenir ? où aller ?... M. de L... en était là de ses réflexions quand il vit passer une voiture d'enterrement. Un esprit faible aurait hésité ; mais le besoin d'exercice était là, ses trois médecins avaient parlé : M. de L... monta dans cette voiture d'enterrement arrêtée devant le portail de Saint-Sulpice.

Il y monta en compagnie de deux hommes en noir, qui le prirent pour un des *invités :* M. de L... était en frac noir et cravate blanche, tenue aristocratique au possible. Les deux hommes en noir faisaient tous leurs efforts pour pleurer, M. de L... les aida, et se fit un devoir de pleurer avec eux par contenance. La voiture prit le chemin du Père-Lachaise. L'air était frais, le

gazon vert, les mésanges chantaient par bandes, per-
chées sur la cime aiguë des ifs. Ce petit voyage im-
pomptu fit grand bien à M. de L... Il fut récompensé
de ses larmes par un excellent exercice ; le soir il avait
de l'appétit, le lendemain il se portait comme un
charme. L'un des parents en deuil l'invita à un grand
dîner qu'il devait donner dans huit jours.

— Quelle admirable voiture ! se disait M. de L...,
et comme les cochers en sont polis ! Je leur donnerai
par-ci par-là quelques pourboires pour quils me mè-
nent seulement un peu plus vite. Ces gens-là ne se
pressent guère pour conduire les gens au Père-Lachaise, mais ils en reviennent encore moins vite. J'en
ferai mes plaintes aux pompes funèbres !

Cependant la santé de M. de L... devenait florissante ;
ses joues se coloraient, son teint redevenait vif. Il avait
coutume de prononcer une oraison funèbre sur chaque
tombe ; il s'était par là rendu indispensable à toutes
les solennités d'inhumation. Un jour qu'il était sorti
trop tard de l'église pour rattraper le convoi, il prend
un cabriolet, arrive au milieu de la cérémonie de l'inhumation, et, déployant vite son discours, il s'écrie :

— Celui que nous pleurons fut bon père, bon époux,
bon...

— Mais vous vous trompez, mon cher monsieur
de L..., lui dit un jeune homme en le tirant par la
manche, c'est mademoiselle de... que l'on enterre !

M. de L... demeura foudroyé.

Depuis ce temps, il a quitté les carrosses d'enterrement pour les citadines.

III

Il y a des comtes de Saint-Germain ailleurs que dans la noblesse ou la finance, il y en a dans l'Église. Je n'en veux pour témoignage que l'abbé S...

L'abbé S... a passé une bonne partie de sa vie en Italie. Comme on y sortait de la régence, il s'ingéra de porter de la poudre et des manchettes. Cela fut cause qu'un cardinal le remarqua un jour sur la voie Appienne, rêvant à quelque motet de sa composition, car l'abbé S... faisait de la musique.

— Quel est cet *abatuccio ?* dit le cardinal en levant la glace.

— Monseigneur, lui répondit son cocher, c'est mon parent, l'abbé S...; voulez-vous que je l'appelle?

Le cardinal s'amusa de cette parenté. Il fit monter l'abbé dans son carrosse de soie violette, et força son *parent* à le conduire. Le cardinal jouait lui-même du violon comme un ange, il savait sur son doigt Carillimi, Léo et Palestrina.

Le pape chérissait beaucoup ce cardinal, parce qu'il le croyait homme de sève et d'ardeur ; il se trompait, le cardinal devait tout à son secrétaire. Oui, mais ce secrétaire venait de mourir.

Cela fut heureux pour l'abbé S... Le cardinal l'envisagea et le jugea digne de lui tenir l'échelle de Jacob.

Depuis ce temps, l'abbé S... fut en grande odeur de sainteté près de son cardinal, il méprisa beaucoup les minorés, tonsurés, collégiens en soutane, et autres menus anges pouvant à peine secouer les ailes de leurs surplis.

Le prêtre de Rome n'est pas, vous le savez, le prêtre du temps des martyrs ; il a des goûts et des raffinements d'artiste, il courtise les Eminences, et est Italien pour la courbette avant tout. L'abbé S..., quand il saluait, touchait le pavé avec son rabat.

Cette humilité devint chez lui chose si grotesque, qu'au théâtre Fianc on fabriqua une marionnette qui lui ressemblait.

Il s'en plaignit, mais le cardinal n'en fit que rire. L'abbé jura de s'en venger, et il tint parole.

Distrait aux sermons de ses confrères, il ne l'était jamais aux marionnettes. Il avait fort bien remarqué l'homme qui en faisait jouer tous les fils ; c'était un bon vieil organiste du nom de Zani. L'abbé mit quelques mouches à son visage et se cacha le front sous une vieille perruque ; cela le rendait méconnaissable.

— Signor Zani, lui dit-il, quand le spectacle fut fini, il faut que vous me fassiez voir vos acteurs de bois. Je suis sûr qu'il y a quelques petits raccommodements indispensables à leur faire. Convenez-en. Tenez, l'abbé S... a tant gesticulé entre autres avec ses bras de bois cette soirée, que je veux le voir pour ne pas le croire détraqué.

Zani fut pris à la ruse et découvrit l'abbé S... à son véritable original; cette marionnette était si exacte, que l'abbé se reconnut dans chacun de ses mouvements oratoires et salutatoires en tirant seulement le fil.

—Ma chère marionnette, continua-t-il, je vous trouve un peu fatiguée. Vous n'êtes pas non plus assez propre pour la nouvelle charge qui attend l'abbé S... votre patron. Le cardinal de *** l'a fait nommer *cameriere grande* de Sa Sainteté.

Et là-dessus le voilà qui tire de dessous sa soutane l'habit complet de cette nouvelle dignité. Zani le regarde en ouvrant des yeux aussi larges que des salières.

L'abbé S... habille la marionnette et saute de joie en la regardant.

— N'y manquez pas au moins, seigneur Zani, ce n'est plus l'abbé S..., c'est le *cameriere grande* du palais que vous allez jouer. Personne n'a le droit de vous en empêcher que lui, cher signor impresario. Mais n'ayez crainte, je n'ai que deux mots à dire pour le faire parler, et je vous promets de vous conserver dans ses bonnes grâces. Moquez-vous bien de cet abbé S... devenu *cameriere !*

Zani crut avoir affaire à un espion; mais comme il reçut quelques jules de la main de l'abbé, il se dit à part lui que cela pouvait bien être.

Le diable d'abbé S... s'en fut incontinent après ceci trouver son cher cardinal.

— Monseigneur, lui dit-il, vous n'avez pas voulu me faire justice de ce Zani, qui expose ma caricature à Fiano. On m'a dit que demain il se permettrait encore plus de licences anticatholiques, et que je figurerais à son théâtre sous un nouveau jour. Tout ce dont je vous prie, c'est de venir juger par vous-même de l'impudence de ce Zani. Permettez-moi de vous conduire demain à Fiano après votre dîner chez l'ambassadeur; vous verrez comment le gouvernement de Rome entend la police !

Le lendemain soir, le cardinal et son secrétaire prenaient place sur les banquettes de Fiano. Au second acte d'une petite comédie satirique, nommée *la Piova*, le tonnerre gronde sur le Pincio, et le grand *cameriere* se réfugie sous un arbre. Un paysan, de mauvaise mine, arrive, lui dit que les arbres attirent le tonnerre, et qu'il ait à se blottir plus loin. Il lui ordonne de troquer son bel uniforme d'ecclésiastique et sa bourse contre son mauvais manteau. Là-dessus, l'abbé S... est furieux, il crie, il tempête, il se débat. On ne lui ôte pas moins chaque vêtement jusqu'à sa chemise, et on le roue de coups en plein théâtre, ajoutant que c'est un fourbe *ingannatore* qui se joue du pape et s'entend pour pousser le cardinal avant terme au siége de saint Pierre. Jamais le théâtre Fiano n'en avait tant dit. Le vrai cardinal se lève dans la salle, il fait appeler ses gens, et l'on emprisonne Zani, que l'abbé avait grisé avec trois bouteilles de chypre, pour lui faire jouer cette belle comédie, tout entière de sa composition. Le digne cardinal, pour le dédommager, le fait nommer *cameriere grande*.

L'abbé S... qui vit maintenant à Paris, seul et retiré, aux Missions étrangères, ne put jouir longtemps par malheur de cette dignité. Son cardinal mourut bien avant le pape... et le malheureux abbé tomba, par un revirement de fortune, du rang suprême de *cameriere* à celui de *caudataire* simple de Sa Sainteté.

— Ce n'est pas étonnant, écrivait-il à un abbé de ses amis, j'ai commencé par tirer le diable par la queue, maintenant c'est le tour du pape !

De retour avec Pie VII à son voyage du sacre à Paris, l'abbé S... amusait plus d'un cercle par la finesse de ses reparties. Il avait assisté à deux conclaves, et il définissait cette cérémonie un carnaval rouge. Il mettait sur ses cartes : Francesco de S... *scandalum magnatum !*

A l'heure qu'il est, il a conservé sa joyeuseté, son goût de musique et sa bonne humeur. Un jour qu'il sortait mécontent d'une représentation à l'Opéra : — Qu'on me ramène au conclave ! dit-il à Chérubini.

Avec tout cela, c'est le seul homme qui connaisse ici Rome et ses intrigues ; vous diriez d'un vieux fauteuil de chancellerie. Les vieux meubles nous plaisent à nous autres romanciers, ne me demandez donc pas pourquoi j'aime mon abbé S...

IV

Si vous croyez que parmi les comtes de Saint-Germain qui nous coudoient, qui vivent de notre air et de nos fourneaux-omnibus, allant comme nous aux Bouffes et à l'Opéra, il n'y ait point un vieux débris de l'ancien journalisme, du journalisme dont Grimm et Bachaumont furent les parrains, détrompez-vous.

Le comte de Saint-Germain *journaliste* occupe un rang dans cette galerie.

C'est ce vieil homme usé et rapé jusqu'à la corde qui vous dit avoir connu l'abbé Morellet et M. Suard ; c'est ce bavard insupportable qui vous souffle du tabac à plein visage en vous disant que sa tabatière lui vient de Geoffroy, le critique par excellence. Ne répliquez pas, il vous citera Martainville !

Une fois journaliste, le comte de Saint-Germain a connu, bien avant Geoffroy des *Débats*, la société intime de gens du monde et d'auteurs qui se réunissait chez madame Doublet, où l'on peut dire que le journalisme prit naissance. Bachaumont était le grand prêtre de madame Doublet, qui mourut en 1771 à quatre-vingt-quatorze ans, ce qui lui donna le temps d'écouter bien des histoires. Le comte de Saint-Germain journaliste, assis en 1856 sur une banquette du foyer des acteurs au Vaudeville, vous racontera cet intérieur curieux de madame Doublet, qu'il a connue

bien après Hérode, et les malices joyeuses de ce Bachaumont, paresseux aimable qui vivait chez elle et
rédigeait le journal de son salon, où se rassemblait
grande compagnie. Le comte de Saint-Germain journaliste vous racontera l'ameublement jaune et les cau-
seuses feuille morte de l'antique appartement ; il dé-
crira Zozotte, la chienne de madame Doublet, qui
mordait toujours Rochon de Chabannes aux jambes ·
les colères et les bouderies de Bachaumont ; le garde-
vue janséniste vert de madame Doublet ; les salutations infinies de M. de La Harpe, et les beaux parleurs
d'antichambres ameutés en corps contre Voisenon et
madame Favart. Le comte de Saint-Germain journaliste sait tout cela sur le bout du doigt, car il a sur-
veillé la continuation de Bachaumont par Pidansat de
Mairobert, dont il s'avoue collaborateur.

Après la mort de Bachaumont et de Mairobert (à
qui Dieu fasse paix pour tous leurs mensonges !), le
comte de Saint-Germain journaliste a travaillé au journal de Perlet, le plus ennuyeux dossier de faits amoncelés sous la république. Il a dîné également avec
Geoffroy, et il connaît Martainville.

« Geoffroy, vous dira-t-il, était un piètre abbé. Vous
savez sur lui la trop fameuse épigramme de : *Si l'empereur*, etc. ; je me borne à la citation. Geoffroy, malgré tout, n'écrivait pas mal, mais c'était un fier pol-
tron ! Je vous renvoie à son affaire avec Talma.

« J'aime bien mieux Martainville. Martainville,
homme d'esprit, était de plus excellent convive et re-

fusant peu les cartels ; il acceptait les duels et les dîners avec une facilité prodigieuse. Il fit battre plus d'une fois, avec un article du *Drapeau Blanc*, les officiers à demi-solde contre les gardes du corps, il ferailla d'estoc et de ₁'lume, et souvent je fus son second. Si M. Arnault tua bien du monde avec son *Germanicus*, cette innocente rapsodie classique qui ne méritait pas ces hécatombes, Martainville, avec son journal, donna la chasse aux comédiens : le feuilleton suivit la marche de la tragédie. »

Après avoir travaillé avec Martainville, le comte de Saint-Germain journaliste vous raconte qu'il écrivit dans le *Constitutionnel*. Il n'en était pas moins payé pour quelques articles spéciaux à la *Gazette*. Il a changé comme tout change ; mais le talent à plusieurs aspects ; chaque révolution le renouvelle, l'arrose, le transforme. D'après ce beau système, celui qui appellerait le comte de Saint-Germain *girouette* l'étonnerait.

Immortel comme le phénix, le comte de Saint-Germain journaliste renaît de sa cendre avec un plumage nouveau à chaque règne ou à chaque journal qui croule ; il en est quitte pour porter le deuil et mettre un crêpe à son bras. On le revoit quelques semaines après comme un vieux lévrier qui sort de l'hôpital et revient flairer son gîte. Il retrouve de nouveaux patrons, de nouveaux règnes et de nouvelles feuilles. Ainsi assuré contre les coups de la fortune, il passe par toutes les époques comme par autant d'étapes, et quand sa dépouille arrive aux grilles noires du Père-

Lachaise, il y est suivi d'un flot d'académiciens, d'hommes de lettres et de députés ; ce sont tous les gens qui l'ont connu et à toutes les phases de son existence littéraire. L'empire verse des larmes sur sa tombe, la restauration lui jette un bouquet de lis, et la révolution de 1830 une cocarde de garde national. Toutes les opinions qu'il a courtisées se pavanent à son convoi s'il meurt riche, mais elles s'abstiennent d'y paraître s'il est pauvre.

Un neveu, son héritier, enfonce ses armoires et publie ses articles sous le titre d'œuvres complètes. Des articles sur la naissance du roi de Rome ont resservi au duc de Bordeaux, et ainsi de suite ; mais le neveu n'y regarde pas de si près. Il commande une préface, et les œuvres complètes sont lancées.

V

Celui-là était un curieux homme de libraire. Il n'était pas facile de lui dire son âge. Je vous en préviens, son âge variait suivant ses perruques.

Figurez-vous un chef tantôt surmonté d'une belle forêt de cheveux noirs, tantôt rasé comme un genou, de gros sourcils abondants et bien fournis; d'autres fois une ligne à peine sensible de brun, comme un acteur se fait une ride avec son pinceau. Si vous lui aviez dit · « Quels beaux cheveux noirs vous avez là, mon-

sieur ! » il vous eût répondu : « J'en suis fort aise. »
Comme aussi il n'eût pas manqué de vous répondre :
« Je me suis fait raser d'hier cheveux et sourcils pour
que mon printemps repousse, mon honnête jeune
homme; cela, d'ailleurs, n'est-il pas de mode à présent ? »

Il n'en déjouait pas moins toutes les conjectures.
Vous quittiez, la veille, un individu étique et cloué
dans sa chaise de cuir, vous retrouviez, le lendemain,
ce même homme courant le quai des Augustins comme
un jeune lièvre.

Et quelle science ! Pic de la Mirandole était de la
Saint-Jean auprès de lui. On lui demandait un livre à
trois heures du soir, le lendemain il vous l'envoyait à
la même heure.

— M. de Marmontel s'est assis sur cette chaise, mon
cher monsieur, tout essoufflé de la défense de son *Bé-
lisaire* par la Sorbonne.

Et deux minutes après :

— M. de Corbière sort d'ici ; vous savez s'il aime les
bouquins, M. de Corbière !

A la vente de M. de Chalabres, il ne revenait pas de
ces fameux billets de mille francs trouvés dans une
Bible. M. de Chalabres avait légué, comme on sait, sa
bibliothèque à mademoiselle Mars.

— Je vous demande un peu ce qu'une actrice a de
commun avec la Bible, disait-il en frappant du pied,
pour que la Bible fasse tant pour elle !

Il rappareillait aussi les livres, et avec la même

promptitude que j'ai dit plus haut. Il s'agissait un jour du tome sixième du *Théâtre de la foire* que Picard avait perdu et sur la piste duquel il l'avait lancé. Notre bibliophile avait juré ses grands dieux qu'il rapporterait ce sixième volume à Picard avant sept heures du soir. Picard donnait ce même soir à l'Odéon une pièce nouvelle et de plus une pièce de lui, *l'Alcade de Molorido.*

Il était sur le théâtre et l'on commençait déjà les premières scènes, le cadran du foyer marquait sept heures et demie. Tout d'un coup il y a bruit et confusion dans la coulisse, le chef du contrôle arrive effaré en tenant un homme au collet. Cet homme, c'était le libraire. Ne pouvant parvenir jusqu'à Picard, il s'était fait empoigner comme tapageur, et sur sa réclamation, on l'amenait au directeur. Picard était furieux, car il faisait un bruit du diable avec ses souliers ferrés.

— Voilà votre sixième volume, dit-il à Picard. Je l'ai retrouvé chez Lebigre, rue La Harpe.

Il s'était mis en tête, vers 1826, de réimprimer des éditions de luxe, et ces belles idées le ruinèrent. Il n'en conservait pas moins son insouciance d'esprit. Soit qu'il n'eût jamais connu l'ennui des créanciers, soit qu'il se fût fait une loi de juger ces gens-là d'après Lesage et Molière, il en riait si bien qu'un jour sa femme de chambre arrive dans un dîner qu'il donnait chez lui et s'empresse de lui dire, en simple fille qu'elle était : « Voilà un papier pour vous, monsieur. » C'était une créance pressée.

— Qu'on porte cela à mes syndics ! s'écrie-t-il, et il continue.

On mangeait et on buvait frais chez lui. C'était presque toujours, par exemple, une foule de vins gothiques : des Canaries au premier service et du vin de Bourgogne au dessert. Cela sentait son *Louis XV* d'une lieue, n'est-il pas vrai ? Il venait chez lui une foule de vieilles gens, surtout de vieux médecins ; son père ayant eu longtemps sur ses rayons de boutique un grand nombre de ces messieurs.

Tout d'un coup, voilà qu'il plie bagage un beau jour, et part pour Bruxelles. Il n'en avait soufflé mot à qui que ce fût, et ce qu'il n'y a pas de moins surprenant, c'est qu'il en soit revenu.

Ce fut lui qui offrit un jour au docteur M... de voir un livre in-folio des plus dangereux, c'était un livre dont je ne sais plus quel médecin suédois avait empoisonné chaque page. Vous voyez d'après ceci qu'il ne faisait pas bon d'avoir des distractions avec cet in-folio.

Il avait rassemblé quelques curiosités, particulièrement en médaillons de Petitot sur tabatières. Il ne les montrait qu'aux intimes ; j'y ai vu pour ma part le plus divin portrait de madame Saint-Huberti.

— Vous ne voulez donc plus être libraire ? lui demandait quelqu'un l'autre jour.

— Pas plus qu'auteur, mon cher ; tout le monde s'en mêle. Je suis actionnaire de la Brasserie Anglaise et des chemins de fer, pensez-vous que ce soit assez ?

Il appelle un jour Pernet le dentiste, parce qu'il souffrait des dents. Pernet lui trouve, à son âge, trente dents superbes ; il le regarde, le tâte et le lâche.

— Vous moquez-vous ? vous en avez deux de moins que Raphaël à sa mort, voilà tout ! L'autre resta ébahi.

Il ne va jamais à la Bibliothèque Richelieu, je ne saurais dire par quelle antipathie.

—Après les bibliothèques, je ne connais rien d'aussi inutile que les bibliothécaires, n'est-ce pas ? disait-il un jour à un de ses amis.

—Pourquoi avez-vous si peu vendu de livres de M..., lui disait un jour le docteur B...; il est donc mauvais ?

— Non ; mais son auteur n'est pas épaulé. Les ouvrages prônés par leur seul mérite sont souvent traités comme les hommes modestes le sont dans le monde.

Il vit un jour un de ses commis qui lisait au lieu de chiffrer une colonne de dépense :

— Comment, Pierre, vous lisez ! vous ne serez jamais libraire !

Quand il entamait une affaire qu'il croyait sûre, il ne lésinait pas sur l'argent.

—Ainsi que le grain, disait-il, l'argent doit être semé, si l'on veut qu'il fructifie.

Je terminerai ces citations par un seul mot. Il nous vit un jour étonnés du titre de certains ouvrages.

— Bien des livres ressemblent à bien des nobles, nous dit-il, ils ne brillent que par leurs titres :

13

A la première représentation des Bouffes, cherchez à côté de vous à l'orchestre. Si vous voyez auprès de vous un petit être bossu et chargé de bagues, c'est mon homme. N'allez pas vous tromper, et parler à l'étui de la contre-basse !

LES CONFESSEURS

———

Ceux qui disent le siècle irréligieux et sceptique, ne croyant que par boutades, et n'admettant guère le dogme que comme poésie, ont tort, dans toute la rigueur du mot; le siècle est fervent comme le serait un anachorète au désert; il n'est pas ce que vous le dites, un siècle impie qui se souvient de Voltaire et d'Helvétius, qui raille à plaisir les choses saintes et se raille lui-même avec amour, qui méprise les bonnes pratiques et fait fi de la confession, la plus difficile de toutes aux yeux de certains esprits; le siècle croit, le siècle se confesse, le siècle, si apathique ou si libertin qu'on le fasse, est le siècle des confesseurs.

Or, qui dit confesseur dit pénitent. Oui, chacun se confesse; il n'est pas d'homme qui ne frappe sa poitrine devant un autre homme à certaines heures : les uns se confessent de jour, les autres de nuit, mais tous ont à cœur de se soulager d'un poids qui les tue.

Il ne faut pas croire pour cela que les confesseurs

choisis par ces pécheurs et pécheresses d'aujourd'hui portent le surplis et la tonsure, que ce soit au milieu des molles vapeurs de l'encens, du chant de l'orgue et de la liturgie latine, que ces coupables frappent contre terre leur front humilié. Les confesseurs dont je parle n'ont pas toujours la mine de l'abbé Olivier de Saint-Roch, de l'abbé Duguerry, de l'abbé Cœur, etc.; non, ces confesseurs nouveaux reçoivent souvent leur mission du hasard, ils n'ont pas besoin de tenir leurs pouvoirs de Rome : vous et moi, nous pouvons être confesseurs.

Voilà une singulière hiérarchie, direz-vous, et par ce temps de masques qui courent les rues, masques religieux, romanesques, moraux, littéraires, politiques, industriels, vous ne seriez pas fâché, n'est-il pas vrai, de confesser quelque bonne âme repentante ? Il y a plaisir à connaître le fond des choses, à pouvoir mettre un nom sur chaque domino qui passe, à savoir au juste le chiffre de fortune, d'esprit, de bravoure, d'indépendance, de M. tel ou tel, le degré de constance de Cinthia la coquette, la somme d'escroquerie de Lélio l'homme à prospectus, la recette de style de Philéas l'auteur comique. Encore une fois, ces gens se confessent malgré eux ; il y a des oreilles qui les entendent, des bouches qui jurent de rester muettes après avoir reçu le fardeau de leur secret.

Ce qu'il y a de non moins certain, c'est que la plupart du temps la classe des confesseurs s'ignore. Choisis entre tous par un bénéfice du hasard, par un in-

stant de confiance ou de remords, ils ne font guère
attention à cet étrange sacerdoce, ils le remplissent
indifféremment, et semblent ignorer eux-mêmes la
portée de leur mission. Si ces mêmes hommes consen-
taient seulement à écrire au jour le jour ce qu'ils re-
cueillent, ils laisseraient à leurs héritiers de curieux
mémoires. N'étant pas tenus par l'inviolabilité du secret, ils ne tarderaient pas à enrichir l'histoire du cœur
humain de mille chapitres précieux ; car les meilleurs
livres sont, comme les meilleures actions, ceux qui ne
se publient pas et qu'on ignore. Sur la teinte uniforme
de la société parisienne, teinte plate et neutre qui ré-
pugne à l'incident et à l'intérêt du roman dans la vie
commune, ces confessions journalières de pénitents
ne peuvent trancher, parce que jusqu'ici nul ne s'est
donné la peine de les mettre en ordre. Peut-être nous
saura-t-on gré de notre persévérance à rassembler ces
confidences de coupables, les unes sérieuses, d'autres
frivoles, mais toutes éminemment curieuses, parce
que, dans ce siècle de masques, on ignore presque toujours les visages.

A demain, la première confession.

MADAME GAVET

Au n° 7 de la rue de l'Épée-de-Bois, rue qui débou-
che, comme on sait, sur l'affreuse rue Mouffetard, ce
capharnaüm sale et populeux, vous pourrez voir encore
aujourd'hui (si jamais vous mettez le pied dans ce faubourg) un corps de logis lézardé en vingt endroits, et
dont le plâtre déchu met insolemment à jour les S de
fer et la brique. Une seule fenêtre éclaire ce corps de
logis du côté de la rue, mais, en revanche, il y en a
trois qui donnent sur le jardin de la maison, comme
pour réserver à cette autre façade sa joie et sa parure.
Le côté de la rue est d'une tristesse indéfinie, il est
précédé d'une cour de six pieds incessamment inondée
d'eau par une pompe. L'unique locataire de ce corps
de logis est madame veuve Gavet, âgée de cinquante-
trois ans. C'est la seule personne qui marche et agisse
dans cette sorte de tombeau, car la maison voisine de
ce pavillon est occupée par quelques vieilles dames
infirmes, qui s'y sont réfugiées comme dans une sorte
de pension bourgeoise.

Madame Gavet n'a qu'une bonne, mademoiselle
Justine. Madame Gavet a dû être ce qu'on appelle encore dans un certain monde, un beau morceau de

femme; mais la dernière fleur de son printemps ne se retrouve guère que dans son portrait. Elle y est représentée avec une robe à la grecque, et les bras nus. Une ceinture rouge relève sa toge; ce portrait est d'un des premiers élèves de David. Sur cette toile, la figure de madame Gavet est fraîche et douce; c'est un portrait de jeune femme dans toute sa grâce; quand madame Gavet se fit peindre, elle avait à peine trente ans. Un autre portrait figure à côté de celui-ci, il retrace les traits d'un beau jeune homme dans les yeux duquel on retrouve un air de famille avec madame Gavet, qui vous frappe dès l'abord. Ce jeune homme porte l'uniforme de son collége, le lycée Napoléon.

Dans cette maison reculée, où elle semble s'applaudir de s'être cachée à tous les yeux, madame Gavet mène une vie assez triste. Le jardin seul fait sa récréation les jours de soleil. Mademoiselle Justine a soin de ses meubles, qui rappellent tous l'époque de l'empire; le bronze et l'or, les palmettes et les aigles leur conservent un certain vernis d'opulence. La pâleur que l'on remarque sur les joues de madame Gavet vient-elle de quelque douleur amère et secrète? Tout le monde, même mademoiselle Justine, l'ignore. Cette femme, dont les façons annoncent un assez grand usage du monde, ne dit pas un mot qu'elle n'ait mûri et pesé dans la balance de sa sagesse. A l'étudier de près, on croirait en vérité qu'elle vit en 93, tant elle semble avoir peur de se compromettre ou de compromettre un autre qu'elle.

A certains jours de l'année, un fiacre s'arrête devant sa porte en cette rue déserte ; un homme de trente-cinq à quarante années en descend, il laisse apercevoir à peine sa brochette de décorations étrangères sous son ample redingote... Il monte d'un pas rapide l'escalier de madame Gavet, et s'enferme seul avec elle... Quand l'homme en question s'est laissé couler dans la grande bergère de madame Gavet, il lui parle de cette manière :

— Êtes-vous satisfaite ? que vous manque-t-il ? J'espère que personne n'est venu. Vous n'avez pas d'argent à me demander? Parlez, je suis prêt, je ferai ce qu'il faudra.

Tout cela est dit d'un ton inquiet, la voix qui parle est émue et pleine de sollicitude...

— Justine est payée, n'est-ce pas? c'est une fille discrète ; elle ne voit personne ? vous me l'assurez?

— Personne au monde, si ce n'est moi et Raoul.

— Vous m'y faites penser ; votre fils ne sait rien?

— Rien absolument. Grâce à vos bienfaits, il ne manque de quoi que ce soit...

— C'est bien. Et le docteur?

— Le docteur doit aller à Vichy, l'académie de médecine l'y envoie en inspection...

— Aucune nouvelle de Vienne?

— Aucune.

— C'est bien, voici le trimestre de Raoul. Dites-lui

de bien s'amuser, Jean lui prêtera mes chevaux demain, s'il passe bien sa thèse. Adieu.

L'homme embrasse alors avec une sorte d'effusion
la main de madame Gavet, il donne quelque petit présent à Justine, sa vieille bonne, et remonte en voiture
pour regagner l'hôtel qu'il habite Chaussée-d'Antin.

La traduction libre de cette énigme est celle-ci :

Il y a vingt ans, madame Gavet tenait maison à
Vienne. Femme d'un ex-fournisseur de l'empire, des
intérêts d'une grave importance l'appelaient en cette
capitale, où son mari poursuivait une riche affaire. Le
grand dada de M. Gavet, c'était le jeu de l'écarté. Le
jeune marquis Paul de V..., qui se trouvait alors à
Vienne, s'était épris sérieusement d'une jeune personne qui venait chez M. Gavet. C'était une Russe
d'une grande beauté, les yeux doucement fendus en
amande, la taille souple comme l'osier, les cheveux
blonds et cendrés de cette poussière azurine que les
belles blondes de Russie semblent secouer comme des
rayons de leur tête. Le marquis de V... était jeune,
mais ruiné aux trois quarts, il ne flairait pas cependant
l'aventurier, grâce à ses manières pleines de réserve
et de goût. D'une grande naissance et d'un beau nom,
il vivait d'une pension sur la cassette du roi, ressource
suffisante pour tout autre, mais trop légère pour lui.
L'objet de la passion du marquis avait une fort belle
dot, un oncle cacochyme, et était en bonne odeur à la
cour. Le marquis se serait pendu de manquer un si
beau coup de filet.

Les fournisseurs de l'empire étaient ravis, comme
tous les fournisseurs du monde, de jouer avec un marquis, et de lui gagner son argent. Le marquis de V...
donnait quelquefois ce plaisir à M. Gavet, mais il le
refusait à beaucoup d'autres. La chance était toujours pour lui, et l'on s'étonnait d'un bonheur aussi
constant...

Il n'entrait guère dans la nature de madame Gavet
de se laisser faire la cour... Attachée à son mari, plutôt
par sa position que par un sentiment romanesque,
elle ne songeait qu'à ses devoirs de mère et à la tenue
de sa maison... Il y a des femmes qui vivent si uni-
ment, si terrestrement et si bourgeoisement, dirons-
nous, que ce terre-à-terre devient presque de la vertu.
D'une beauté régulière et froide, la femme du fournisseur suivait son humeur et sa complexion comme une
autre suit son cœur. Sa beauté n'était nullement périlleuse à l'essaim de jeunes fats qui l'entouraient ; elle
n'anéantissait ni n'enterrait son mari, comme n'eût pas
manqué de le faire toute autre femme, une fois maîtresse de maison ; elle avait au contraire de la reconnaissance pour cet homme qui la couvrait de pierreries.

On jouait jusqu'à cinq heures du matin chez M. Gavet. Son hôtel donnait sur cette promenade délicieuse
nommée le Prater, où l'on voit passer de si belles calèches et de si belles femmes. Une nuit d'hiver, si votre main eût soulevé la gaze des rideaux du salon,
vous eussiez vu scintiller au ciel, de suaves étoiles,

comme les diamants confus d'un large écrin de velours noir. Cette douce contemplation reposait du bruit qui se faisait dans le salon de l'ex-fournisseur, autour de la table de jeu. Un soir d'été, madame Gavet descendit en son salon, le visage plus pâle que de coutume; elle était soutenue plutôt qu'accompagnée par cette jeune Russe dont le marquis de V... s'était inutilement occupé jusque-là. L'altération empreinte sur chaque trait de la maîtresse de maison ne fut pas remarquée; les deux femmes causèrent entre elles à voix basse.

— Oui, chère petite, ruinée! je vous dis que M. Gavet perd tout par cette faillite, dont je reçois la nouvelle à l'instant. Voilà sa dernière nuit de jeu, et il me prend envie de brouiller ces cartes et de renverser ces bougies à l'instant même. Demain, je pars pour la France, il faut que j'y embrasse mon fils... mon pauvre Raoul. Que vous êtes heureuse, Lydia, de n'être point mère!

Le jeu continuait avec plus de violence que jamais. On sait quelle fut, un temps, la frénésie de l'écarté; c'était alors la vogue, comme aujourd'hui la bouillotte chez tout le monde, et le lansquenet entre les mains de quelques-uns. La femme du fournisseur regardait machinalement la table de jeu, elle embrassait ensuite l'appartement d'un coup d'œil, et elle se disait qu'il lui faudrait quitter ce luxe, laisser son mari périr de faim ou de misère dans une prison, pendant que tout le monde qui était là, gaspillant l'or à sa vue, continuerait sa vie de prodigalités coupables et d'opulence inutile. J'ai dit que le jeu était alors acharné... Le marquis de V... tenait les cartes, il venait de passer six fois, les enjeux étaient énormes... chacun enviait le sort du marquis de V...

Le regard perdu de madame Gavet tomba tout d'un coup sur le marquis, sa contenance était victorieuse; il jouait en homme sûr de son bonheur. Madame Gavet s'étant levée au coup qui devait décider de la partie pour se diriger vers la terrasse, et prendre l'air, frôla brusquement la manche du marquis, il tenait ses cartes, elles tombèrent toutes sur le parquet. La maîtresse de maison n'avait pas calculé ce mouvement, la table de jeu se trouvait acculée à la terrasse, de façon que le marquis de V... avait le dos appuyé à l'espagnolette; on pencha les bougies, on chercha les cartes, on les ramassa; le marquis avança la main pour les reprendre, mais madame Gavet elle-même changea le paquet, puis ordonna aux domestiques d'en apporter d'autres. Elle prit le jeu que la poussière avait légèrement terni et le serra dans un petit coffret...

Le reste de cette nuit se passa en explications cruelles. M. Gavet, sous le coup d'une faillite, n'avait pas d'autre ressource que celle d'abandonner le pays, de renoncer à son état de maison, et d'aller vivre misérablement à Paris, si toutefois il y pouvait vivre.....
M. Gavet monta dans sa chambre pour régler quelques affaires; sa femme demeura dans le salon même, elle était si absorbée qu'elle ne voyait pas les bougies se

balancer autour d'elle avec des lueurs pâles et mou-
rantes... Tout le monde avait déserté ce salon pompeux qu'elle allait quitter elle-même, tous les bruits
qui accompagnent ordinairement une soirée avaient
cessé autour de la pauvre femme... Tout d'un coup
elle crut entendre un léger pas sur le tapis, puis comme
elle regardait alors dans la glace, elle y vit se refléter
l'ombre d'un homme qui profitait de la demi-obscurité
du salon pour se glisser jusqu'à sa principale console...
Sur cette console reposait le coffret de jeu. L'homme
l'ouvrit, prit le paquet serré par madame Gavet, et
lui en substitua un autre. Tout ceci fut l'affaire d'une
minute.

Soit que l'immense fauteuil à la Louis XIV, dans lequel madame Gavet était pour ainsi dire enterrée, eût
dissimulé sa présence au marquis de V... (car c'était
lui); soit qu'il ne crût devoir trouver âme qui vive à
cette heure dans le salon, il comptait n'avoir été vu
de personne, et se retirait avec précaution, quand la
flamme mourante d'un tison éclaira tout à coup le
vieux fauteuil et le côté de la cheminée... Le marquis
de V... poussa un cri de surprise, et madame Gavet le
vit tomber à ses genoux.

— Donnez-moi ce jeu, monsieur le marquis, lui
dit-elle impérieusement.

Le marquis affecta une légère résistance.

— Vous y tenez donc ? que peut-il avoir de si précieux ?

Confiant dans le hasard et dans l'ignorance de cette femme, le marquis le lui céda. Il ajouta seulement :

— C'est un jeu auquel je tenais, parce qu'il m'a porté bonheur. Excusez un joueur superstitieux.

— Et si c'était autre chose que de la superstition ?

— Voudriez-vous m'insulter, madame ?

— Je veux vous sauver. J'ai surpris ce soir quelques paroles de joueurs dans mon salon ; monsieur le marquis, vous êtes soupçonné... Pour moi, j'ai trop bonne opinion de vous pour me permettre de pareilles idées. Trouvez bon seulement que, par superstition également, je conserve ce jeu. Monsieur le marquis, de ce soir, je suis ruinée... Demain, M. Gavet regagne Paris, il ne nous reste plus de ressource, nous sommes tous deux victimes ; mais, monsieur le marquis, vous êtes plus malheureux, vous êtes accusé. Laissez-moi garder ce paquet de cartes, et puisque votre famille habite Paris, si l'on vous accuse du moins devant moi, je l'opposerai à vos détracteurs. Je ne puis, je ne veux pas croire ; seulement, je garde ce jeu, ce jeu m'appartient.

Disant ainsi, elle tira vivement le cordon de la sonnette : « Jean, dit-elle au domestique, reconduisez monsieur. »

Deux mois après, madame Gavet était veuve. La faillite dont l'ancien fournisseur avait été victime, paraissait devoir ne lui laisser aucun moyen d'existence ; cependant elle ne tarda pas à reprendre à Paris un fort bel hôtel, situé rue de la Tour-des-Dames. On observa seulement qu'elle n'y demeura pas plus d'un mois. Une extrême réserve semblait être devenue la base de sa conduite. Les diverses migrations de quartiers et les déménagements successifs donnèrent bien à penser aux curieux, mais comme sa conduite était irréprochable, la médisance n'en put profiter.

La rue de l'Épée-de-Bois, où le lecteur l'a retrouvée au commencement de cette histoire, la vit s'éteindre bientôt sous le poids d'un chagrin, dont personne ne reçut la confidence.

L'étrange personnage, dont la surveillance ne la quittait pas, comme si elle-même était coupable, eut seul connaissance du dévouement sublime et résigné de cette créature qui, pour donner une existence à son fils, imposa résolûment à sa conscience le poids d'un silence que toute autre femme à sa place eût violé.

En quittant Vienne et en rompant brusquement avec cette société étrangère dont il emportait les dépouilles, le marquis avait tourné ses idées vers la députation, espérant peut-être par cette voie arriver à un mariage honorable. Quelques étrangers, quelques-uns de ces *mystérieux des Eaux* qu'on rencontre à tous les jeux, à Paris, comme à Vienne, à Baden, à la Haye, ne manquèrent pas de se venger de leur mauvaise fortune avec le marquis, en se rendant l'écho de bruits qui devaient lui nuire; mais l'unique personne qui l'aurait pu perdre entièrement et prouver le fait, porta seule

la peine de cette vie coupable. Ajoutons qu'elle en fut
aussi la plus véritable expiation.

II

M. L'ŒILLET

I

La rue du Cloître-Saint-Benoît possédait une ruine
charmante, il n'y a pas de cela vingt ans : c'était le
cloître Saint-Benoît. De ce cloître, on fit un théâtre,
le théâtre du Panthéon, où le donneur de contremar-
ques remplaçait le suisse. C'était là un beau sujet de
déclamations religieuses; Jean Knox le docteur en aurait fait un gros livre sous la reine Élisabeth, mais je
l'abandonne à cause du format de ce livre.

Dans cette rue du Cloître-Saint-Benoît logeait, en
1832 (vous voyez que cela n'est pas bien vieux), un
digne étudiant en droit, M. de Marceaux, jeune Breton
paisible et rangé, malgré sa double qualité de Breton
et d'étudiant en droit. Il suivait les cours de MM. Co-
telle, Duranton, de Portez et autres professeurs, avec
l'assiduité d'un clerc de Sorbonne. La vue de l'hôtel
de Cluny le récréait : M. Dusommerard n'y était pas
encore entré; mais le vieil hôtel, avec ses fenêtres à
ogive et son air de cloître, avait déjà, à cette époque,
nombre d'amoureux dans les écoles. Son portier (le

portier de l'hôtel Cluny), tailleur renommé dans l'arrondissement, lui raccommodait ses hardes ; hors ce portier et celui de son hôtel, de Marceaux n'ouvrait la bouche à qui que ce fût dans ce quartier, excepté à l'École de droit.

Il payait fort régulièrement sa chambre, dans laquelle se voyaient sur une planche de bois d'acajou le Digeste, Béranger et les Cinq-Codes, portait un alpaga blanc en hiver, chose alors fort à la mode, et une foule de chapeaux plus ou moins gris en été.

Quant à ses amours, lui seul en avait la clef; je vous ai annoncé de Marceaux comme un jeune homme rangé : il ne laissait donc rien voir de tout ce qui pouvait être en désordre dans son linge ou dans son cœur.

Vis-à-vis de la fenêtre de l'étudiant, dans cette même rue du Cloître-Saint-Benoît, n° 16, se balançait agréablement un transparent terne sur lequel on lisait : Salle d'escrime, L'Œillet, maître d'armes.

M. L'Œillet mérite bien qu'on en dise ici deux mots :

C'est un petit homme trapu, d'une obésité malheureuse pour un maître d'armes. Il a le nez rouge, l'œil gauche en coulisse, à force de le cligner dans ses leçons, la main d'un assez beau développement, le jarret ferme et prompt, la parole brève. Il a servi sous la république et sous l'empire ; il n'y a que deux portraits dans la salle d'armes, celui de Dumouriez et celui de Napoléon. Malgré les détracteurs, il a conservé l'usage des gilets de buffle, car il pense qu'on ne saurait prendre trop de précautions ; c'est ce qui fait qu'il porte aussi le masque, le gilet et le gros mouchoir au cou. Armé de la sorte, dès sept heures du matin, il attend de pied ferme les combattants devant sa tasse à café.

— Parez le contre de quarte, attendez ma retraite, coupez et dégagez quarte sur les armes, enlevez et tirez, en garde !

M. L'OEillet dirigeait encore la main d'un élève dans l'exercice de ce *coupé*, lorsque la porte s'ouvrit ; un jeune homme entra sans hésitation, il paraissait agité.

— Vous êtes maître d'armes, monsieur, pouvez-vous me prêter deux épées de combat ?

— A votre service, monsieur... à qui ai-je l'honneur de parler ?

— Voici ma carte, monsieur. Tenez-moi ces deux épées prêtes, je les enverrai prendre dans une heure.

Et le jeune homme sortit, après avoir salué M. L'OEillet.

— Voilà une figure que je n'ai jamais vue, dit le maître d'armes. Sa carte porte : Le comte Jules d'Aurillac, boulevard des Italiens, 54.

— Jules d'Aurillac ! attendez donc ! reprit l'élève ; mais c'est une des meilleures lames de Bordeaux ! Jules d'Aurillac ! c'est cela, le comte Jules d'Aurillac ! il a tué un homme, parbleu, il n'y a pas de cela trois mois !

— Je l'aurais deviné; belle position, joli cavalier. Il salue très-bien. Vous dites qu'il a eu un beau duel?

— Un duel qui lui a fait honneur. Il a tué un officier d'infanterie.

— Certainement cela annonce des principes... Mais qui vient encore sonner chez moi?

La porte de la salle claqua en effet une seconde fois, un jeune homme entra presque sur les pas de l'autre, mais sans l'avoir rencontré.

— Vous êtes maître d'armes, monsieur, et de plus mon voisin. A ce double titre, je viens vous demander des épées de combat. Je les enverrai prendre tout à l'heure. Voici ma carte.

— Monsieur, vous me voyez désolé, répondit M. L'Œillet, mais je n'en ai qu'une paire. Encore viens-je de la promettre à un jeune homme qui sort d'ici.

— Cela suffit, monsieur; excusez-moi de vous avoir dérangé.

— Ah çà! ils ont donc le diable au corps! s'écria le maître d'armes. Celui-ci est mon voisin, je le lui accorde; mais pourquoi vient-il si tard? Comment se nomme-t-il? Adolphe de Marceaux, avocat. A la bonne heure, voici le barreau qui nous revient. La magistrature ne veut plus notre bannissement, elle s'humanise. Si du moins ces deux gaillards-là étaient mes élèves! Pour lequel des deux dois-je parier? je

n'en sais rien. Ce M. de Marceaux m'a paru gauche
dans son salut ; M. d'Aurillac a tué un officier. Je suis
pour M. d'Aurillac !

Après ce beau raisonnement de maître d'armes,
M. L'Œillet reprit le cours de ses leçons ordinaires ;
il ne quittait son plastron qu'à neuf heures du soir.
Bien que retiré près du cloître Saint-Benoît, il avait
assez bon nombre d'élèves en ce quartier cher à Esculape et à Thémis.

II

Au bout de la salle d'armes, il y avait un petit enclos. En ce coin de terre se voyait un berceau assez
misérable, au feuillage rabougri, aux rosiers mourants
sous le poids de la chaleur. C'était pourtant le lieu où
méditait le maître d'armes, quand il lui arrivait de
méditer ; M. L'Œillet n'avait guère recours à ce passe-
temps que devant une bouteille de vieux madère,
dont un de ses anciens élèves lui avait envoyé une
caisse achetée aux Îles.

Il était dix heures du soir, et M. L'Œillet, couché
sur le banc de son berceau, *méditait* sans doute depuis
plusieurs heures par une belle soirée du mois de juillet, sur quelque matière importante de sa science,
quand il se fit un bruit près de lui dans la charmille...
M. L'Œillet reconnut dans la personne qui s'avançait
alors vers lui le comte Jules d'Aurillac, celui-là même

qu'il avait vu pour la première fois le matin, et dont l'un de ses élèves lui avait raconté le beau *fait d'armes* de Bordeaux.

Le coup-d'œil exercé de L'Œillet se concentra bientôt sur cette figure noble et régulière, à laquelle la lune prêtait ce soir-là une singulière pâleur... Le maître d'armes fit signe à Jules d'Aurillac de s'asseoir, et lui demanda ce qu'il désirait.

— Une leçon de vous, monsieur.

L'amour-propre sexagénaire de M. L'Œillet triomphait si subitement, qu'il recourut à un verre de vieux madère pour se remettre. Il allait donner leçon à un élève inattendu, à un homme qui avait déjà fait ses preuves ! Ce jeune homme venait le chercher au fond de la rue du Cloître-Saint-Benoît, lui le jeune comte d'Aurillac, qui habitait le boulevard Italien ! Il prit sa clef, et lui ouvrit la salle d'armes malgré cette heure avancée...

On détacha les fleurets, le maître d'armes fit l'honneur de ses deux plus beaux masques au tireur inconnu; il commença à l'amorcer par de faux temps, et des feintes prudemment faites auprès du talon du fer. Ces faux temps n'avaient d'autre but que d'amener Jules d'Aurillac dans un piége; le maître d'armes demeura bientôt convaincu que le pauvre jeune homme ne savait absolument rien en fait d'escrime. Il le fit capot en deux secondes, non sans un secret chagrin.

— Remettez-vous, lui dit-il, vous êtes peut-être indisposé.

Cette phrase constituait le dernier terme de la politesse du maître d'armes. Il versa un petit verre à Jules d'Aurillac qui lui avoua qu'à son premier duel il
avait eu le bonheur de tuer un homme, par cette raison seule qu'il avait eu du bonheur. Ce duel m'a mis
en réputation de la façon la plus dangereuse pour moi,
continua-t-il. Je ne puis mettre mon chapeau de travers ou porter des éperons depuis ce jour-là, sans que
bien des gens voient en cela une insulte. M. de
Marceaux était l'autre jour dans un spectacle, je me
suis placé à côté de lui, sans le connaître, mais il me
connaissait, lui, et lorsque j'ai tiré mon binocle, parce
que j'ai la vue basse, il m'a dit que je lorgnais sa maîtresse et que cela était inconvenant. Comment suppo-
ser que M. de Marceaux se trouve au balcon quand sa
maîtresse est aux premières avec un député en cheveux gris ? Quoi qu'il en soit, il a ma parole pour demain matin. A la grâce de Dieu, ma foi !

L'Œillet regardait le jeune homme de l'air dont il
eût regardé un enterrement passer dans la rue... Il en
passait beaucoup en ce temps-là, précisément, c'était
l'année du premier choléra parisien.

Le maître d'armes se contenta d'indiquer à Jules
d'Aurillac quelques parades plus ou moins bonnes, à
peu près comme un médecin indique des remèdes à
un malade qui s'en va.

— Voici le prix de ma leçon, dit Aurillac, en lui re-
mettant un louis... Je me bats demain à sept heures,
près de Vincennes.

III

Le lendemain, M. L'OEillet, en se réveillant, crut
cependant qu'il rêvait... Il n'était pas sept heures du
matin, et une civière aux rideaux fermés sortait déjà
de la porte d'en face. deux hommes la portaient :
M. L'OEillet descendit. Il courut à la civière et voulut
en soulever le pan de toile rayée, mais le concierge de
la maison lui cria :

— Vous voulez donc mourir, monsieur L'OEillet.
On nous emporte là ce pauvre M. de Marceaux mort
cette nuit du choléra !

IV

Il arrivait souvent à M. L'OEillet d'entendre vanter
l'adresse de Jules d'Aurillac à l'escrime. Il ne voulait
jamais tirer avec les maîtres d'armes ; mais son duel
de Bordeaux, et la mort de l'étudiant en droit, que
l'on attribuait à une révolution de frayeur encore plus
qu'au choléra, consolidaient sa réputation.

M. L'OEillet, le vertueux professeur, se contentait
de prendre alors un petit verre de madère, et de con-

sidérer le louis d'or qu'il n'avait jamais voulu échanger depuis ce temps.

Après le médecin, le maître d'armes est le plus grand *confesseur*.

———

LA DANSE DE CORDE

ET

LA TRAGÉDIE IMPÉRIALE

Lord Byron affirme dans ses mémoires qu'il ne connaît au monde que deux choses douloureuses : poser devant un peintre pour son portrait, et se faire arracher une dent.

Il est une affliction plus réelle et qui ne manque jamais à certaines gloires accomplies, c'est de se voir recrépies de fard dans cette même glace où elles ont souri jadis à leur beauté, d'assister ainsi à leurs propres funérailles, en un mot de se convaincre qu'il est une vieillesse commune à toutes les coquetteries et à tous les grands talents ; champ fatal dans lequel viennent s'engloutir les poëtes, les bergères et les rois.

Vous en serez tous là quelque beau jour, vous autres demi-dieux qui respirez l'encens du matin au soir ; un temps viendra où le bec à corbin d'un membre de l'Institut remplacera dans vos mains le jonc à pomme d'or du dandy, vous ne porterez plus alors ni

14

moustaches ni barbes moyen-âge, vous serez chauves et rasés de fond en comble, vous relirez Horace, mais il est probable que vous estimerez moins vos chefs-d'œuvre d'aujourd'hui, votre Bourse et votre littérature.

Ainsi va le monde : tout s'éteint, se fane, se détruit, s'abîme! Les plus forts d'entre les hommes arrivent fatigués au bout de la contredanse qu'on nomme la vie; valseurs dont les muscles sont perdus, pirouetteurs haletants qui ne peuvent garder l'équilibre sans balancier!

Le balancier, pour l'ordinaire, c'est une jeune gouvernante fraîche, accorte comme celle des chansons de Béranger, ou bien une femme de quarante ans qui a lu M. de Balzac.

Cependant, chose étrange! j'ai vu danser sur la corde raide, il n'y a pas encore quinze jours, une célébrité artistique et acrobatique de l'empire, laquelle s'est orgueilleusement passée de balancier.

Et, en vérité, elle le pouvait, car elle danse à désespérer pour longtemps toutes ses rivales.

Je veux parler de madame Saqui (1).

C'était un jour de pluie, et l'on donnait une représentation au bénéfice de cette dame, au théâtre des Funambules.

Les avant-scènes étaient de cinq francs la place, (comme aux Français!) la corde, triple et fortement

(1) Depuis ce temps, un homme de beaucoup d'esprit, M. Venet, a écrit les *Mémoires* de la célèbre acrobate.

tendue, partait du théâtre pour aboutir au parterre. Les *titis* avaient fait queue pendant cinq heures.

Sur le théâtre, brillaient au-dessus de deux bâtons fichés en terre, deux tapis semés d'oripeaux dont les paillettes scintillèrent sous le coup nerveux que le pied de la danseuse imprima bientôt à la corde. L'héroïne parut, escortée de deux danseurs, l'un fort jeune que je présumai devoir être son fils, l'autre vieux et ridé, qui aurait pu être son père.

Madame Saqui est une femme dont, par courtoisie, je ne veux pas dire l'âge ; mais ce qu'on ne saurait contester, c'est qu'elle a dû être une fort belle femme. Sa taille haute et souple, ses reins fortement cambrés, son nez mince et délicatement formé, de beaux bras, et une certaine sévérité d'académie dans tout l'ensemble de sa tournure, tout cela appuyé sur deux pieds de satin rosé, ému, tourbillonnant au son de l'orchestre, a dû émouvoir singulièrement les dilettanti de la danse de corde..... en 1790.

Le salut que madame Saqui fit au parterre à son entrée sur la scène me parut empreint d'une certaine fierté, il n'était pas banal, mais digne. C'est au salut que l'on peut hardiment reconnaître la danseuse sûre de son rôle, la danseuse qui a de l'aplomb dans le jarret.

Alors seulement je remarquai le costume de madame Saqui ; il produisit chez moi un désappointement pénible. C'était une robe rose à volants et à dentelles, ucune losange d'or, aucune paillette; je crus voir la femme d'un préfet entrer au bal.

Un tonnerre de bravos l'accueillit; au nombre des spectateurs se trouvait le gentil clown du Cirque, Auriol, qui dans un autre genre que celui de la danse classique nous étonne et nous fait battre des mains. Auriol en habit noir, Auriol sans sa batte et son bonnet à grelots, regardait avidement ce nouveau drame.

L'archet part, et avec lui le trio acrobatique. Je vous épargnerai la description d'un *pas de trois*, mais je ne saurais vous taire le rapprochement que mon voisin établissait entre madame Saqui et la vieille tragédie impériale. Mon voisin trouvait l'une et l'autre injustement oubliées.

— C'est une indignité, c'est une horreur, ne plus reprendre les tragédies de M. Jouy, Arnault et consorts! mademoiselle Rachel ne peut-elle rendre la vie à ces chefs-d'œuvre? Si l'on remettait au théâtre une pièce de M. Draparnaud!

Je trouvai mon voisin trop philanthrope et trop impressionnable à l'endroit de la tragédie impériale.

Madame Saqui décrivit du fond du théâtre jusqu'au milieu du parterre une fusée ravissante, je pensai alors à Nicolet, qui avait gagné sur le boulevard cinquante mille livres de rentes, et je me dis. Madame Saqui doit avoir une belle fortune !

A cela, mon voisin me répondit par le triste argument du propre frère de Nicolet, qui fit longtemps le même métier que son frère, et se ruina deux fois. Ainsi, reprit-il, deux fameux cardinaux-ministres eurent des frères qui vécurent obscurément sous la pourpre, et qui n'ont laissé aucune trace dans l'histoire. Taconnet a fait une partie de la fortune de Nicolet, et il est mort à la Charité ! Volanges enrichit les *Malteres* et ne s'enrichit pas lui-même. *Sic vos non vobis.* Le boulevard du Temple ressemble là-dessus au reste du monde.

Ces amères réflexions m'avaient fait prendre en tristesse les moindres pirouettes de la danseuse. Auriol lui battait des mains, le parterre la redemandait ; elle reparut bientôt, avec son collier de pierreries et sa robe de gaze. Tous ces petits cailloux brillants avaient sautillé sur son cou devant Napoléon et Alexandre ; celle qui saluait en ce moment était alors admirable de fraîcheur et de beauté ; aujourd'hui une angoisse cruelle, amère, lui faisait battre le cœur, la danse de corde étant de nos jours une éclipse, et l'Opéra absorbant tous nos plaisirs.

Cependant, la danse de corde fut en grand honneur, et il n'y a pas un siècle, beaucoup de gens se mêlaient d'apprendre à voltiger, comme on apprenait chez Franconi à suivre aux répétitions les exercices du manége.

— La danse de corde et la tragédie impériale, murmura mon voisin en sanglotant, c'étaient là deux belles choses !

— Vous me permettrez, monsieur, de préférer la danse de corde.

— A votre aise ! fit le bourgeois.

Il ramassa le blanc d'Espagne qui avait servi à frotter les pantoufles de madame Saqui, et l'emporta sous son paletot écossais comme une relique.

LES CARAVANES

D'ANACHARSIS LE DANDY

ET D'APOLLON PLUCHOT LE PHARMACIEN

AVERTISSEMENT

Ce que vous allez lire, aimables touristes, jeunes gens pressés de voir et de vivre, hommes de chaises de poste, de caprices soudains et d'albums qui partez pour Venise après un désespoir d'amour, le deuil d'un grand oncle, ou un pari fait au club ;

Vous encore estimables agents de change, banquiers, courtiers, coulissiers, hauts seigneurs d'aujourd'hui, qui, par amour des antiquités, faites graisser les roues de votre calèche, et consacrez deux mois à ce voyage de Rome ;

Honnêtes épiciers qu'un attrait de curiosité invincible conduit de Marseille à Naples ;

Artistes, paysagistes, pianistes, laquistes, analystes, optimistes et humoristes ;

Vous enfin, vous tous dont la fantaisie est libre, et dont un bon vent gonfle la voile pour ce *beau pays d'I-talie,* si chanté dans les opéras-comiques de M. Scribe ;

Ce que vous allez lire est d'abord une confession :

Nous vous avons tous menti !

. . . .

Oui, nous, — et en général tous ceux qui vous ont parlé de l'Italie ! Celui-là qui vous l'a faite brune et lascive, mollement couchée comme Didon au bord de son golfe, l'œil chargé d'amour et de rosée ;

Ceux qui l'ont faite droite et raide comme une draperie antique, majestueuse et superbe à faire bâiller ;

Ceux-là encore qui l'ont dépréciée comme une monnaie de rebut, — et ceux qui l'ont élevée au-dessus des anges de Raphaël ;

Ceux qui en ont parlé avec irrévérence comme Sosie fit des dieux,

Ou avec emphase comme Lélie de son maître ;

Poëtes, écrivains, sculpteurs et moralistes, tous tant que nous sommes, et moi le premier son humble et fervent élève, moi qui suis prêt à courber toujours le front devant elle comme devant ma reine et maîtresse, — j'ai menti !

. . . .

Nous avons eu le tort de vous la faire voir avec nos yeux. Nous avons mal fait de vous la découvrir dans nos livres, sachant que Praxitèle voilait toujours ses

Vénus. Nous ne devions pas vous la dire triste et noble dans ses douleurs. C'était une grave faute que de jeter ainsi au vent nos joies intimes, notre égoïsme secret d'admiration. Nous imposions par là nos sentiments au public. Nous ajoutions un pèlerinage de plus à tant de pèlerinages glorieux. Nous disions *vrai* en ce sens que nous traduisions nos sensations ; nous *mentions* en prétendant traduire celles de la foule. Les individualités ont leur sens inné qui les éclaire, il fallait que chacune posât dans nos livres, et nous racontât l'Italie avec ce sens dominant. Notre tâche eût consisté alors dans la mosaïque, nous le savons, mais c'est la mosaïque qui convient le mieux après tout aux goûts indolents du siècle. Et puis, il ne fallait pas, à propos de l'Italie, que les poètes, les chanteurs et les touristes de tout genre en fissent une *convention*. Les admirations imposées ennuient la foule. Les uns d'ailleurs s'en vont à Venise pour les tableaux, d'autres pour y étudier la thériaque. Laissez donc chacun parler à son aise de la grande terre (*alma virum*). Laissez chacun outrager à sa guise cette Italie tant de fois violée. Poëtes dont le cœur bat comme à vingt ans, allez en Italie pour y apprendre à souffrir. Vous y trouverez les Anglais la marchandant pierre par pierre, ogive par ogive, prêts à emballer les ruines délicates d'un beau palais vénitien comme un cent de tasses de porcelaine en écrivant seulement *casuel* sur la première caisse du paquebot de Trieste ou de Livourne. Lamentable terre et lamentable élégie ! Terre qui devra porter éternellement le poids étranger, aujourd'hui l'ennui opulent d'un Russe, demain l'imbécille marchande d'un Anglais, terre vouée aux mangeurs d'opium de tous les pays, et aux analystes qui sucent son sang comme les insectes font du sang de l'aigle !

Assez longtemps nous avons rassemblé ta manne céleste pour des lèvres indignes ; assez longtemps nous nous sommes penchés sur tes belles eaux limpides pour y contempler, à l'abri de la foule, ton front noble et pur qui s'y mirait. Pardonne-nous, reine, d'en revenir maintenant aux tristes chemins de la réalité, de ne plus parler de ton âme, mais de ton corps. Hélas ! c'est bien moins sous le fouet autrichien, que sous le pied injurieux du voyageur qu'il est devenu méconnaissable ! Depuis que l'argent est devenu en France la loi fondamentale et unique comme autrefois le génie chez toi, noble reine, tous les valets et tous les goujats de finance, tous les petits ministres en chaise de poste, suivis dans leurs fourgons d'un *de viris illustribus,* se font traîner vers Rome et sautent à pieds joints sur ta poussière. Tu es devenue le point de mire des brocanteurs et des banquiers juifs ; les seigneurs de Nazareth et de Jérusalem continuent à te mettre en croix, et le sarcasme de Voltaire court te visiter en chaise de poste ! Après tant de pages d'admiration écrites sur toi, laisse-nous-en une d'ironie, laisse-nous en pâture ce stupide vulgaire attroupé devant tes blessures ! Il ne voit que ton corps et nous avons vu ton cœur !

Le petit roman qu'on va lire et qui sera subdivisé

en une longue suite de chapitres repose donc sur cette étrange maladie du siècle : l'*individualité*. Avec ce mot on a tout détruit, puisqu'il ne représente plus aujourd'hui que la vanité et l'égoïsme. Mais égoïste ou vain, il faut que l'écrivain suive son siècle, l'analyse, et le commente dans sa voie. Gil Blas n'a pas rêvé d'autre mission.

L'*individualité* est flagrante dans l'histoire qui va suivre. C'est Anacharsis dandy qui voyage avec le pharmacien Pluchot. Ces deux *natures d'homme* ont rêvé toutes deux l'Italie dans la même chaise de poste. Instruisez-vous, grands et petits, par leurs déceptions.

I

DE PLUCHOT ET D'ANACHARSIS

C'est un grand bienfait que la découverte du mot *artiste*. Si ce mot n'existait pas, il faudrait certes l'inventer.

A lui seul, ce mot vient de résoudre le problème suivant :

Donner à Paris patente officielle de profession à vingt mille âmes qui n'en avaient pas.

Depuis le peintre d'histoire jusqu'au barbouilleur d'enseignes, depuis le médecin en chef de la Charité jusqu'au marchand de vulnéraire suisse, tout le monde a mis sur sa carte : *artiste !* Les pédicures et les gens de lettres tout les premiers.

En regard de l'*artiste*, et comme opposition naturelle, surgit le *dandy*.

Quant à ce mot *dandy*, il faut que je vous en parle. Beaucoup vous diront que le thé et les sandwichs, les clubs et les courses d'Epsom ont incrusté ce mot dans la langue anglaise, comme le résumé du genre fashionable, le type des vestes rouges et des *gentlemen riders*, c'est-à-dire une intelligence au niveau d'une selle anglaise et d'une martingale, un homme bon tout au plus à étendre du beurre sur les tartines, boire du gin, du grog, et se renverser sur un canapé.

La conclusion implicite de ceci, serait que le dandy doit être un sot.

Il n'en est rien, le dandy est un homme comme un autre ; il a de l'esprit plus que vous et moi lorsqu'il a le bonheur d'avoir de l'esprit.

Anacharsis était un *dandy ;* il fumait huit cigares sans dételer ; il changeait de bottes quatre fois par jour ; *dînait* à Tortoni, (comme disent les vaudevilles !) il portait des gilets en or, et une chaîne de montre à faire le tour d'une guérite. — Si vous le voulez, c'était un dandy. — Il y en a comme ça.

Pluchet n'était pas dandy, mais *artiste*. Un pharmacien, à l'heure qu'il est, ne s'intitule plus *pharmacien*, mais artiste ; Pluchot, né dans la rue de la Verrerie, était artiste par ce seul fait qu'il s'en allait à Venise étudier sérieusement l'histoire et les progrès de la thériaque.

Anacharsis opprimait Pluchot de son faste, car Pluchot n'avait qu'une redingote brune à poil d'ours. Il existait dans cette redingote une grande partie de l'année. Il broyait ses drogues en petite veste de molleton blanc : cette redingote brune lui servait à cacher des jambes en zigzag d'une maigreur effrayante. On trouvait encore un air artiste à Pluchot, parce qu'il jouait du cornet à piston, et faisait des tours d'escamotage à ses heures de loisir.

Pluchot avait connu Anacharsis aux cours de l'École de Médecine, parce qu'Anacharsis était neveu d'un célèbre professeur qui mourut en lui laissant sa fortune. Pendant les dernières années de son oncle, Anacharsis, par manière de reconnaissance, avait suivi tous ses cours. L'oncle mort, il avait dit adieu à Esculape pour se faire dandy, profession plus commode.

Anacharsis, dont la poitrine était *pleine d'orages,* et l'existence *synthétique,* acheta bien vite trois chevaux anglais, deux danseuses et un hôtel, avec la succession de l'oncle. C'est alors qu'il renoua connaissance avec Pluchot, de la façon qu'il suit :

II

PLUCHOT

Standley, son cheval pur sang, tomba grièvement malade. Anacharsis le fit vainement soigner par tout ce que la faculté des vétérinaires possède de gens instruits et ignorants, l'animal avait une gastro-entéro-duodéno-hépato-colite chronique qui résistait à tous les remèdes. Un médecin anglais proposa de lui introduire du soufre pilé dans le gosier ou bien de le saigner à blanc.

Anacharsis se souvint alors de Pluchot.

Il s'en fut le matin de fort bonne heure dans la rue de la Verrerie. La pharmacie était déjà sur pied, Pluchot lisait, son commis écrivait, son oncle Aristide pesait des herbes et du sucre concassé. Cette horrible odeur inhérente à toutes les pharmacies du monde était dans toute sa force chez Pluchot, l'endroit infectait le laudanum et l'éther. Les bocaux scientifiques du lieu recevaient les rayons du soleil levant, et le buste en plâtre de Galien était épousseté à cette heure par le commis.

Anacharsis s'en fut à Pluchot, il lui tendit la main et lui dit : J'ai besoin de toi.

Pluchot sauta par-dessus le comptoir, ôta son tablier vert, et monta dans le fiacre d'Anacharsis.

— Il a quelque duel! pensa le pharmacien de la rue de la Verrerie.

III

LE CHEVAL ET GIL BLAS

Le cheval était gisant sur sa litière. Sa position était déplorable. Après s'être roulé la nuit en proie aux tranchées les plus vives, il avait cédé à la force du mal, et frottait machinalement sa tête alourdie contre la mangeoire. Dans son bel œil roulait une grosse larme de douleur.

Près de lui un groom de douze ans lisait un livre. Il était charmant de la sorte ce petit groom et ressemblait à un enfant de chœur qui va chanter le salut.

C'était un petit Anglais du pays d'York; il avait la joue rose et l'œil bleu. Mais ce matin-là on voyait bien qu'il n'avait plus rien à faire dans ce monde pour son pauvre cheval *Standley*. Il lui avait enveloppé le corps de flanelle imbibée d'eau-de-vie; il l'avait frotté, épousseté, bouchonné; mais, hélas! le pauvre *Standley*, fils de si glorieux ancêtres, allait bientôt les rejoindre.

Quand Anacharsis conduisit Pluchot au chevet de

paille de *Standley, Standley* fit pourtant un mouvement, mais ce mouvement fut le dernier...

Le livre du groom lui glissa des mains : c'était
Gil Blas!

IV

LE LIVRE

Il fallait éviter de tirer son mouchoir après ce triste
décès. Pluchot prit donc texte du livre du groom, et
commença de la sorte :

— Anacharsis, vous avez un domestique qui lit
Gil Blas?

— En vérité, je ne croyais pas même qu'il sût lire,
dit Anacharsis.

— *Gil Blas* est un fier livre, reprit Pluchot.

— Tu trouves ?

— J'ai quelque littérature ; et puis, s'il faut te le dire,
ce qui me plaît dans *Gil Blas*, c'est qu'il voyage. Je
voudrais tant voyager en Italie, en Espagne ou en
Lorraine !

— Tu es de Lorraine?

— Un peu.

— Eh bien! ami Pluchot, je te promets de voyager
ensemble cet été, puisque tu tiens aux voyages. Tu

m'écriras seulement la veille par la petite poste ces quatre mots : *Je pars pour l'Italie.*

— Tope, dit Pluchot.

Il regagna la rue de la Verrerie, et Anacharsis, le deuil dans l'âme de la mort de *Standley*, s'en fut aux Bouffes.

V

LA BAGATA

Anacharsis se trouva enclavé aux Bouffes dans une stalle voisine de celle d'un *attaché* à l'ambassade de Rome. Dans les entr'actes il eut tout le loisir de causer avec l'*attaché*, qui était venu à Paris pour la première cantatrice, la Bagata. On donnait *Sémiramis.* S'il est un spectacle déplorable dans toute l'acception du mot, c'est celui de ce spectacle. *Sémiramis*, reine des Bouffes, est une pauvre femme couverte d'oripeaux et de cartons dorés, elle a des grands prêtres qui portent des œufs sur la tête en guise de couronne, des chœurs grotesquement accoutrés qui hurlent autour d'elle, avec de fausses barbes dont un régiment de sapeurs serait jaloux. *Sémiramis*, ainsi mise en scène, fait lever le cœur, surtout quand on songe que c'est peut-être la plus sublime partition de Rossini. Ce ne serait pas trop du grand Opéra pour le cadre

d'une pareille œuvre; là du moins il y aurait des décors dignes de la reine de Babylone, aux jardins suspendus, aux diadèmes plus beaux que celui de la reine
Victoria au couronnement.

Anacharsis et l'attaché regardaient cette misère avec
assez d'indifférence, ils y étaient faits de longue date,
ils s'ennuyaient magnifiquement tous deux comme des
gens qui s'amusent, hélas! depuis longtemps, et qui
n'admirent guère Rossini que par politesse. Le balcon
des Bouffes est criblé de ces gens-là, qui ont la bonté
de sourire du bout des lèvres, et comme les marquis
de l'ancien temps, *aux beaux endroits*.

Anacharsis venait d'applaudir la Bagata, charmante
femme qui jouait pour sa dernière représentation,
quand il crut s'apercevoir qu'elle cherchait des yeux
(autant que peut chercher des yeux une prima dona)
une personne au parterre. Au parterre, bon Dieu!
Mais quel pouvait donc être ce mystérieux ami ? La
reine de Babylone, l'auguste Sémiramis, en peine d'un
spectateur assis au parterre! Anacharsis braqua son
binocle sur l'heureux insolent, et il reconnut Pluchot!

VI

UNE ÉMOTION

La Bagata regardait Pluchot d'un air assez tendre.
L'attaché furieux regardait aussi la Bagata.

C'est une belle chose que la salle des Bouffes avec une belle chambrée... L'aspect aristocratique de cette salle avait cependant changé depuis la révolution de juillet ; il y avait çà et là dans les secondes loges un bourdonnement de voix et de pieds indiquant assez le faubourg Saint-Denis, des boas sur le devant des galeries, des turbans inouïs, barbares, et dignes des couronnes que portent les grands prêtres de Sémiramis, des femmes d'épiciers travesties en grandes dames, et comme pour compléter le tableau du nouveau règne, Aristide Pluchot, le pharmacien, *fixé* par la Bagata.

Aussi vrai que les Thermes de Dioclétien à Rome sont une chose qui subsiste, Pluchot était regardé par la divine cantatrice.

Et véritablement cela commençait à faire rumeur, d'autant plus que Pluchot occupait, après tout, la quatrième banquette du parterre, d'où sa grosse tête surmontée d'un toupet roux ressortait d'une cravate blanche nouée comme celle de maître D...., l'avocat, c'est-à-dire en guise de corde pour Montfaucon.

Tout d'un coup l'attaché eut une idée, ce qui n'est pas chose commune chez un attaché, et même un secrétaire d'ambassade... Il quitta sa stalle brusquement au milieu d'une cavatine et sortit en soulevant autour de lui un murmure d'indignation.

VII

UN MARIAGE

La sortie de l'attaché intrigua les dilettanti. Le balcon en exprima sa colère en termes fort peu mesurés. Les poursuites amoureuses de l'attaché, et ses obsessions continuelles à l'endroit de la Bagata, ne lui avaient fait que trop d'ennemis ; son bonheur déplaisait, et si l'on ajoute à cela qu'il était agréablement tourné, et portait toujours le premier les modes de Londres, que sa tante était fort riche, et qu'il devait seul en hériter, que son nom enfin n'était pas un nom trop malsonnant, bien que ce fût un nom d'hier, on conviendra qu'il avait bien quelques droits à fixer cette agréable personne.

Il l'avait suivie tout l'hiver et avec un luxe d'assiduités inouïes. Au rebours des solitaires vivant de leur cœur, le comte d'Amblay vivait du bruit : il était de ceux auxquels il faut une enseigne. Les six lettres composant le nom de la Bagata, inscrites chaque soir en caractères gigantesques sur l'affiche, lui en avaient paru une très-convenable et très-suffisante ; dès lors il avait caracolé sous les fenêtres de la Bagata qu'il avait connue à Rome faisant les délices de ce théâtre Valle où Rossini vit siffler, hélas ! l'un de ses opéras les plus chers, *il Barbiere*. Il lui envoyait des bouquets noués de fil rose, il se liait avec des journalistes et la préconisait de sa propre main dans les gazettes ; ce manége dura six mois. Depuis un trimestre seulement, le comte passait pour un homme heureux, il fredonnait tout le jour des *strette* en *mi* bémol et des cavatines guerrières en *la* majeur, comme il s'en trouve dans la Norma ; il se montrait à tous les concerts comme appartenant exclusivement à la *diva,* dont plusieurs jeunes gens de famille étaient fous à lier ; en un mot, il était devenu l'effroi des binocles et des lorgnettes. Il y a des gens qui s'établissent dans le cœur des femmes avec tout le fracas imaginable, le comte d'Amblay en était là ; il terrifiait, il épouvantait cette charmante colombe dont toutes les plumes se serraient d'effroi à cette seule phrase : « M. d'Amblay doit se battre demain pour vous. » Car M. d'Amblay était, avant tout, d'humeur querelleuse, peu accommodant, et se faisant annoncer assez volontiers par la terreur. Il avait toujours mille manières d'extorquer un secret ou un aveu, il était véritablement le 9 thermidor de la cantatrice, elle ne craignait au monde que son directeur et lui. L'enjouement ordinaire à la Bagata avait cédé depuis peu à une profonde mélancolie; quelle en était la cause? On l'ignorait, mais enfin la Bagata était sérieuse et triste.

La porte de sa loge fut bien vite entr'ouverte, et la Bagata vit apparaître un furieux qui l'invectiva. Les regards que Sémiramis avait laissé tomber du haut des planches sur l'homme du parterre, étaient, on le pense, le texte premier de la dispute, l'attaché demanda impérieusement à Sémiramis raison de l'insulte.

— En vérité, répondit la Bagata, je ne sais ce que vous voulez dire. De qui parlez-vous, bon Dieu, et quel est ce malotru ?

— Ce malotru, madame, est un homme roux qui n'a cessé de braquer sur vous son insolent lorgnon, loué à cinquante centimes. M'expliquerez-vous comment il se fait qu'une femme que je distingue au balcon ait quelque préférence pour la quatrième banquette du parterre ?

— Encore une fois, monsieur le comte, vous vous trompez.

— Je ne pense pas, madame, et cette lettre que vient de me remettre votre habilleuse, lettre arrachée audit amoureux, va sans doute...

Le comte froissait, en effet, d'un air de dépit un méchant papier assez mal ployé sur lequel était écrit : *À la signora Bagata.*

— Je vous permets de lire, reprit la cantatrice en souriant ; voyons, monsieur, lisez. Le comte lut :

« Permettez-moi, mademoiselle Bagata, de vous envoyer votre mémoire. Il se compose d'éther, de vinaigre anglais, d'opium et de belladone... »

— De belladone, interrompit le comte surpris : voudriez-vous donc vous empoisonner, Bagata ? Allons, je le vois, cet homme est un apothicaire et j'avais pris la mouche mal à propos. Mais encore une fois, vouliez-vous donc mettre fin à vos roulades ? Pourquoi cette belladone ?

— Parce que, reprit la signora, en ayant l'air de rougir et de pâlir tout ensemble (chose qu'elle avait apprise au conservatoire de Naples), parce que... vous ne m'aimez pas.

— Moi !

— Vous !

— Sans doute ; vous vous faites un malin plaisir de m'afficher, de me perdre de réputation. Vous ne pouvez ignorer cependant que ma mère et mon oncle le maître de chapelle...

— Assez, Bagata, assez. Vous allez me raconter votre famille que vous m'avez déjà racontée cent fois. Que voulez-vous? parlez. Vos diamants sont-ils en gage?

— Des insultes ! monsieur ! Oh ! je ne m'y serais guère attendue !..... Et la Bagata se mit à pleurer.

— Je ne vous insulte pas, Bagata, je vous demande ce que vous voulez de moi.

— Un conseil, monsieur, un conseil et rien de plus ; à votre tour, prenez et lisez. J'ai trouvé ceci hier chez moi.

— Une lettre sur papier jaune avec des arabesques en or ! Cela ressemble à la galanterie typographique du *Sun* pour la reine Victoria... Que vois-je ? un carquois et deux noms entrelacés ! Nierez-vous, madame, que ce soit là une déclaration?

— Lisez.

— Je lis, madame, je lis.

« Mademoiselle Bagata,

« Vous avez ouï parler sans doute de certains
rhumes qui tombent sur la poitrine, et qui envoient
un homme dans l'autre monde. Je crois que le mien
veut se mêler d'être de ceux-là. Depuis que je vous ai
entendue, adorable cygne, mon cœur tousse à chaque
ariette que vous poussez, vous avez des coups d'archet
d'une force merveilleuse dans le gosier et ils répondent
tellement au mien, que tous les juleps et les sirops n'y
peuvent rien faire. Finalement, je vous aime, et vous
apprends que vous seule pouvez me guérir... Je me
nomme Apollon Pluchot, pharmacien de mon état, et
vous ayant livré récemment plusieurs paquets de belladone dans le simple but de vous être agréable ; j'ai
bien deviné, rien qu'à votre demande de la belladone, que vous vouliez vous périr et que vous aviez
quelques chagrins, mais rassurez-vous, j'ai veillé à la
composition de la drogue et vous ne mourrez point de
celle-là. Je viens m'offrir, moi et la fortune que j'attends de mon oncle Pluchot, pour vous sauver de cette
résolution sinistre. Une fois votre mari, je me charge
de faire respecter un nom qu'aucun être n'osera im-
punément attaquer. Mon mémoire devance ma lettre ;
il est de 20 fr. 50 c. Mon oncle Pluchot, pharmacien à
Avranches, vous l'eût fait payer dix centimes de plus.
Tout à vous, nymphe divine, et résolu à vous fuir ou à
vous adorer dans mes propres lares, dorénavant.

« APOLLON PLUCHOT, pharmacien, rue de la Verrerie, 9. »

Cette lettre alluma encore plus la fureur de l'attaché. — Quoi! s'écria-t-il, parce que Sémiramis aura pour nous des bontés, le premier goujat sera-t-il libre de lui écrire? Est-ce un rêve ou un droit que l'amour d'une femme de théâtre, et les pharmaciens se sont-ils jamais avancés jusqu'à proposer autre chose aux reines que des remèdes? Voici, reprit l'attaché, les vingt francs cinquante centimes qui reviennent à M. Pluchot. Si jamais il se présente devant moi, je lui coupe les deux oreilles! Quant à vous, madame, je vous siffle si vous avez le malheur de le regarder!

A cette dernière résolution de l'attaché exprimée en termes si nets et si clairs, la Bagata se releva de toute la hauteur d'une actrice humiliée. Depuis longtemps elle hésitait à demander au comte une chose difficile, elle profita de la circonstance pour assurer la réussite de sa thèse.

— Infâme, s'écria-t-elle, homme indigne, pour qui j'ai tout sacrifié! Vous ne m'empêcherez pas, je l'espère, d'épouser cet honnête M. Pluchot! Apprenez, monsieur, puisqu'il faut tout vous apprendre, que chaque soir on déchire ma réputation dans le foyer, comme vous feriez du programme des spectacles... On va jusqu'à dire que vous ne me retenez que par la crainte, que vous m'êtes odieux, et que je ne vous supporte qu'en raison de vos bienfaits. Ces choses-là vont au cœur, monsieur; nous sommes accusés tous deux, eh bien! faisons taire la médisance, marions-nous, ou bien laissez-moi épouser cet honnête homme!

Le comte partit d'un éclat de rire. Il songeait sans doute à ce nom futur : *madame Bagata-Pluchot*.

— C'est cela ; riez, moquez-vous d'une pauvre femme ! c'est digne de vous, monsieur, de vous qui ne me prêtez même plus votre landau, sous je ne sais quel prétexte, et quand je sais, moi, qu'il stationne à l'avenue des Champs-Élysées près du Cirque ! Allez-vous aussi, comme tous ces messieurs, devenir amoureux d'une écuyère ? Prenez-y garde, Henri, je ne suis pas de Gênes pour rien, je la poignarderais, et je me tuerais !

— Voilà de la tragédie dans l'entr'acte ! Réservez vos moyens pour le finale, ma charmante.

— Le finale ! la pièce ! le directeur ! je m'en ris, je ne veux rien entendre, je vais faire appeler le régisseur, il parlera au public, je suis anéantie, et hors d'état de jouer...

— Vous n'y pensez pas ! c'est un samedi ! il y a aujourd'hui la plus belle chambrée... Et l'ambassadeur de Naples qui me regarde, et qui n'est venu que parce que vous chantiez ! N'avons-nous pas le temps de causer ce soir de toutes ces choses, et à tête reposée ?

— Impossible, Henri ; il est temps de vous le dire, le théâtre de Naples m'a offert un engagement ; je veux à toute force retourner dans ma patrie !

— Avec M. Pluchot !

— Avec vous. Ne voyez-vous donc pas, Henri, que

c'est vous que j'aime, vous, vous seul, et la preuve, tenez, c'est que voici un tiroir rempli de billets, de couronnes, de déclarations ; vous allez voir quel beau feu cela va faire !

En même temps elle déversa dans l'âtre une liasse de petits papiers charmants qui infectaient agréablement le pachouli. L'odeur des lettres prit l'attaché à la gorge comme l'odeur d'un vaste sachet brûlé.

— Oui, je le vois, oui, tu m'aimes, Bagata, dit-il en retirant toutefois avec la pincette un billet dont il ne put voir que la signature : *Anacharsis*. Connais-tu ce fat ? reprit l'attaché.

— Je crois me souvenir qu'il m'a sauvée un soir que mes chevaux, c'est-à-dire vos chevaux, s'étaient emportés au bois de Boulogne. Mais laissons-les tous, mon Henri, et jure-moi que tu m'épouses !

— A une condition, reprit l'attaché, c'est que dès demain tu vas rompre ici ton engagement et tu retournes à Naples. J'y ai huit mortels mois à faire moi-même, et...

— Et vous m'épousez pour vous y aider, Henri ?

— Vous êtes une femme adorable. Ah ! par exemple, vous écrirez ce soir après le spectacle, sous ma dictée, à M. Apollon Pluchot... Ce sera drôle... Nous demanderons conseil à Lablache pour la lettre, ce Lablache est un garçon d'esprit !

— Comme vous voudrez..... Mais on frappe les trois coups, sauvez-vous vite !

Le comte embrassa du bout des lèvres la main que lui tendait sa nouvelle femme... Il ne voyait dans toute cette comédie qu'un arrangement pour son année, et ne se croyait pas engagé le moins du monde. La rage que chaque actrice a de se marier aujourd'hui lui semblait un goût de mode, et il s'assurait ainsi de la Bagata.

Il écouta la fin de la pièce au balcon avec un sérieux impassible de diplomate, et comme un homme dont le front ne trahit jamais les moindres assauts du cœur.

La Bagata n'eut pas un coup d'œil pour Pluchot, qui se retira désespéré.

VIII

DÉPART

Le lendemain l'Aurore *aux doigts de rose* entr'ouvrait à peine les rideaux de mousseline rose du lit d'Anacharsis, quand son valet de chambre entra effaré avec une lettre.

Anacharsis, furieux d'être réveillé, ouvrit l'épître matinale et y lut ces mots :

Je pars pour l'Italie...

— Ce n'est pas moi qui l'en empêcherai, s'écria Anacharsis. L'imbécile ! Me réveiller de si matin pour m'apprendre cette belle nouvelle ! Dites à Pluchot qu'il parte et que j'en suis bien aise, reprit-il en s'adressant au valet.

— Mais, monsieur...

— Allons, qu'est-ce encore ? Que veut-il de moi ? Est-il là ?

— Certainement, monsieur, et en chaise de poste encore... Il demande à ce que vous partiez avec lui...

— Ah ! c'est un peu fort, mais, voyons un peu, que je mette le nez à la fenêtre... Ouvre ces persiennes, Louis, et prends garde à ces porcelaines que tu vois éparses là-bas sur ce guéridon. C'est la petite Caroline de l'Opéra qui m'a fait hier ce beau chef-d'œuvre en prenant le thé en compagnie chez moi. Diable de petite ! Elle est d'une pétulance !... — Passe-moi ma robe de chambre, Louis. — La Caroline est décidément une femme à quitter, elle me coûte un meuble ou une tasse de vieux Sèvres par jour.....

— Il est vrai, monsieur, que mademoiselle Caroline...

— Silence, Louis, tu vas me dire qu'elle a un mauvais caractère, qu'elle me trompe, parbleu ! je le sais autant que toi. Elle a fait hier un tapage en s'en allant... Mes portes ont claqué de façon à me faire croire que la foudre allait tomber... Ah çà ! voyons donc un peu... Ouvre les persiennes de la salle à manger, et que je me mette à la fenêtre pour observer la chaise de poste de Pluchot...

Anarcharsis avait à peine mis le pied dans cette pièce qu'un désastreux spectacle frappa ses regards...

Les soupières de chaque dressoir étaient brisées, les
verres et les assiettes en mille morceaux ; un démon
infernal paraissait avoir dansé sur tout ce luxe et pié-
tiné ces richesses... Car c'était une chose charmante
et tout à fait curieuse que ce beau dressoir d'Anacharsis. Les assiettes étaient presque toutes en faënza,
les coupes en verre de Venise, les soupières en porcelaine et en céladon fleuri. La colère barbare de mademoiselle Caroline, danseuse surnuméraire à l'Académie royale de Musique n'avait rien respecté de tout
cela...

Quand Anacharsis eut comtemplé ce beau désordre,
il fut, nous devons le dire, dans une furieuse colère,
mais comme il savait assez dominer ses mouvements,
et que sa colère eût trop donné à rire à Louis, son
valet de chambre, il se contenta de hausser les épaules
et de se placer tranquillement à la fenêtre de sa
cour...

Apollon Pluchot, coiffé d'une superbe casquette
nankin se terminant en cône à l'instar d'un melon d'eau,
s'y agitait entre plusieurs petites malles, dont il lisait
les suscriptions avant de les placer dans le coffre.
C'était sans doute son bagage, ses simples et ses livres.
Un rayon de soleil doux et charmant éclairait la figure du pharmacien... Je ne sais quoi de paisible, de
serein et d'heureux complétait l'harmonie de son ensemble ; après sa casquette nankin, sa redingote brune
et sa petite cravate à fleurs, il n'y avait plus à admirer
que son sourire, c'était celui du juste résigné à ce que

Dieu et la faculté de médecine de Paris ont toujours voulu.

Anacharsis contemplait le pharmacien d'un air d'envie. En se retournant pour donner un ordre à son valet de chambre, il retrouva l'aspect turbulent et ravagé de cette chambre, ces meubles fracassés, ce désordre et cette honte. Cette vue lui fit mal, il reporta ses yeux sur Pluchot; le pharmacien, sans mot dire, lui tendait la main, drapé, comme Caton d'Utique, dans les plis d'un vieux carrick. Anacharsis comprit ce silence, il courut à un petit secrétaire en palissandre d'où il tira (lui aussi, et comme avait fait la Bagata !) une correspondance liée d'une multitude de rubans de toutes les couleurs. Cet arc-en-ciel épistolaire fut jeté au feu par le dandy non sans un soupir arraché à sa faible nature... Il ordonna à Louis de faire ses malles, et de les mettre au roulage, la chaise de poste d'Apollon Pluchot étant incapable de contenir les sept ou huit malles que M. Anacharsis emportait. Puis, il écrivit trois lignes assez précises à Caroline, lignes qui annonçaient son voyage, et la dégageaient de tout lien ; ces sacrifices consommés, il s'élança vers la chaise d'Apollon Pluchot comme un nageur vers une planche de salut.

La chaise, qui comptait bien trois mille clous de toute espèce, et dont la caisse était lézardée à l'égal d'un vieux navire, emporta bientôt vers Milan ces deux transfuges de la civilisation parisienne...

IX

ENTRÉE DANS MILAN

A la place de ces deux êtres vulgaires qui voyagent ainsi vers ce Midi sensuel et poétique nommé l'Italie, imaginez un artiste, un poëte de nos jours sincèrement passionné, épris de la forme antique, n'allant chercher cette terre que parce que l'âme s'y purifie, et qu'il fait bon de se souvenir un jour, à l'ombre, des splendeurs de son soleil, vous aurez là une belle figure symbolique, celle de la Résignation. Après les ouragans dont l'Italie a été battue, comment la traverser en effet sans une longue perspective de tristesse, quand on porte un cœur où l'amour, la croyance et l'art, ont choisi leur chaste asile ? Que sont devenues ces trois divinités du poëte, immuables compagnes, sœurs fidèles, divines cariatides de cet ancien temple desservi tour à tour par Virgile et Raphaël ? Hélas ! aujourd'hui, à la place de ces trois sœurs, vous trouverez l'égoïsme, l'indifférence, la spéculation, trois hideuses figures placées à la porte de chaque ville et qui vous défendent d'espérer, comme à la porte de l'enfer, dans le chant troisième de Dante. L'égoïsme, c'est le calcul féminin dans l'amour, c'est lui qui a remplacé le doux élan de Bianca-Capello, les transports naïfs de Juliette,

le gazouillement suave de Desdémona près de son seigneur, les causeries embaumées des femmes du *Déca-
méron*, la rêveuse et tendre folie de Tibulle.

L'égoïsme italien, c'est ce fils de nos sociétés modernes, qui n'admet que les déshonneurs lucratifs, les
faiblesses vénales, les amours taxés comme la mar-
chandise d'un juif. C'est lui dont la puissance domine
l'Italie à cette heure plus que jamais, lui qui a changé
l'humeur de cette fille charmante au point d'en faire
une triste courtisane vaniteuse et rechignée que ne
hantent plus que les Russes ou les banquiers, à qui
elle vend ses faveurs.

A la suite de cette première plaie d'Égypte qui a
tué jusqu'à l'excuse de l'amour, l'indifférence dogma-
tique, ce vice des nations blasées ne pouvait manquer
non plus à l'ancienne terre des martyrs; à force d'y
colporter les philosophes malgré les défenses de la
douane, et d'avoir laissé chaque séide de Voltaire secouer la poudre de ses sandales sous la coupole du
Bramante, on a accéléré ce mouvement de l'indifférence dans la foi, cette insouciance et cette fainéantise
italienne que le président Charles de Brosses pouvait
trouver un progrès à l'époque de son voyage, mais
qui nous a valu les Anglais et tous les peuples anti-
orthodoxes du monde, piétinant ce vaste *Campo-Santo*,
et se moquant des reliques. A cette heure le Vatican
n'est plus qu'un ancien décor auquel la curiosité des
souverains ou des étrangers a recours de temps à
autre, et le pape un pauvre vieillard austère accom-

plissant sa mission par le même chemin que le Christ. Pour l'art industriel, vous le rencontrez partout ; et dans les maîtres de ces anciens palais qui se font hôteliers, et louent des chambres ornées de Titiens à des confiseurs ou à des épiciers de France, et dans ces nobles seigneurs qui vendent de l'huile par le trou grillé d'où leurs ancêtres laissaient tomber généreusement les miettes de leur table [1] ; ceux-ci, devenant directeurs de spectacles, ou même chanteurs, afin de s'enrichir ; ceux-là, très-flattés de l'introduction des omnibus roulant par Resina et Portici, comme une magnificence à opposer au luxe ancien d'Herculanum. Voilà quelle est à cette heure l'intéressante Italie ! Un sujet de douleur continuelle pour le poëte, de réflexions amères pour le philosophe explorateur de ses ruines. A tout prendre, ce n'est plus une femme endormie comme Juliette, c'est Juliette morte et ensevelie que vous allez voir !

Ces considérations chagrines paraissaient fort peu préoccuper les voyageurs dont nous avons entrepris de vous dire les aventures. La chaise de poste les avait emportés déjà loin de Côme, la patrie de Paul Jove, l'hist... rien du seizième siècle, qu'Anacharsis et Pluchot, en voyant les blanches murailles de Milan, se demandaient ce qu'ils allaient faire en Italie. Quelqu'indécis que puisse être un homme, il rencontre toujours une idée. Anacharsis s'imagina, d'après un préjugé assez

---

1 Florence.

répandu, qu'il lui serait facile de réussir en ce pays près des dames, et Pluchot près des savants. Pluchot ne rêvait que la thériaque, Anacharsis l'amour. Cette double idée les saisit sans doute tous deux lorsqu'ils traversèrent la place du Dôme à Milan. Ce fut devant cette basilique admirable que les deux Parisiens s'avouèrent tous deux intérieurement leur sacrilége réciproque. Anacharsis, ennuyé de tout, même du plaisir, cherchait des routes nouvelles en fait d'émotion et d'études de cœur. Pluchot, dédaigné par la Bagata, qui venait d'épouser l'attaché, avait compris qu'il devait en revenir à ses livres. Muni de quelques billets de banque et comptant d'ailleurs sur l'amitié d'Anacharsis, qui l'emmenait autant en qualité de médecin que d'ami, Pluchot se prescrivit, chemin faisant, l'économie, la livrée ordinaire du savant, comme Anacharsis rêva le luxe. Anacharsis ne cessait de soupirer en route après ses malles; les malles arrivées, il contint à peine sa fureur, il était indigné de ce que Louis, son valet de chambre, ne lui envoyât que vingt gilets, tous cependant de couleur différente : les uns dorés, les autres écarlates, ceux-ci à bouquets, ceux-là à grandes losanges. Anacharsis trouvait bon de faire à Paris une telle consommation de gilets que, par une envieuse moquerie, il faut le croire, ses amis l'avaient surnommé : *l'homme poitrine.* Au balcon de l'Opéra, à cheval, aux boulevards, il donnait à son buste un tel développement que cette épithète à la rigueur eût pu se trouver justifiée.

Quand Anacharsis développa devant Pluchot cette radieuse armée de gilets, le pharmacien ouvrit de grands yeux; il n'avait jamais porté de sa vie des gants de couleur paille; il ignorait le vernis et le fer à friser, les pâtes, les odeurs de Laboullée ou de Chardin, les nécessaires d'Aucoc, en un mot, tout cet attirail nécessaire au dandy qui voyage. Anacharsis fit l'inventaire de ses cravates avant que d'aller au Corso, et le malheureux ne s'en trouva que douze, juste huit de moins que les gilets. Il lui sembla que son étoile allait pâlir, s'il ne mettait pas comme à Paris trois à cinq cravates par jour; il fut prêt à désespérer de l'avenir, mais tout d'un coup il se ravisa en se trouvant une quantité fort raisonnable d'habits, des épingles en nombre suffisant, et plusieurs badines à pommes d'or. C'était un dimanche soir, un artiste fût allé voir l'intérieur d'*il Duomo*, Anacharsis pria son domestique de place de lui faire avancer une voiture pour la promenade. Il voulait entrer en calèche dans le cœur des marquises; il fredonnait un air des Bouffes, et se dandinait agréablement dans un vieux carosse italien plaqué de compas d'argent, comme s'il eût été lui-même un ambassadeur littéraire chargé de décrire les fêtes du couronnement, poésie officielle qui n'existait point alors.

La plus agréable curiosité de cette voiture, suivant à la file trois cents calèches plus lourdes les unes que les autres, mais parées de jolies femmes, déesses ordinaires de ce Longchamp quotidien, était certainement

Apollon Pluchot, vêtu d'un petit frac tabac à boutons
de cuivre, dont le collet de velours, victime de l'usure,
avait épousé toutes les nuances de l'arc-en-ciel.

LE CORSO

Enfoncé à demi dans ce superbe équipage, Apollon
Pluchot eut tout le temps de considérer en passant les
boutiques des pharmaciens décorées de guirlandes, de
plantes et d'aspics peints à l'huile comme à Paris. Il
n'y trouva rien d'étrange, si ce n'est qu'aucune n'était
ouverte, attendu qu'ils arrivaient le dimanche, et qu'il
est permis à tout le monde de mourir ce jour-là en
Italie comme il l'entend, c'est-à-dire sans apothicaires
et sans médecins. En revanche, tous les cafés étaient
ouverts, tous les stores des balcons levés, toutes les
fenêtres fleuries de femmes et d'arbustes ; le pavé re-
tentissait du bruit des chevaux, les paillettes argentées
de chaque éventail brillaient dans l'air au passage
comme de fugitives étoiles. Milan, cette première ville
du voyage d'Italie, est, en vérité, une ville toute française. La conquête y a laissé une empreinte de luxe et
de plaisir ; ce caravansérail de l'Italie a vu les fêtes du
général Bonaparte, et le marbre qu'il a fait venir à
grands frais pour la cathédrale, y parle encore de sa

16

manie romaine si superbe et si coûteuse. L'arc de triomphe du Simplon et les Arènes construites ou plutôt contrefaites d'après l'antique, émurent cependant jusqu'aux larmes le pharmacien qui entonna devant l'arc le couplet de Béranger :

Un conquérant dans sa fortune altière, etc.

et cela au grand déplaisir d'Anacharsis, car l'illustre pharmacien avait la voix la plus horriblement fausse du Marais et du monde. Anacharsis, armé d'un binocle en or, le promenait insolemment sur toutes les femmes ; il avait mis sa plus glorieuse cravate et son gilet le plus étourdissant, comme un tragédien qui ne veut rien négliger pour son début. C'est une idée fort reçue en France, que les Italiennes ne manquent pas de se rendre à la première invasion d'un homme bien mis. Anacharsis, qui avait dévoré les livres des touristes, avait donc puisé dans cet arsenal ses plus sûrs moyens de séduction. Les voitures allaient au pas, les dames se récriant de minute en minute contre le tourbillon de poussière soulevée par les cavaliers qui caracolaient aux portières, les hommes galamment penchés vers elles comme des gens attentifs à leurs moindres fantaisies. Les uns portaient le châle, d'autres l'éventail, ceux-ci l'épagneul, tous vêtus d'après les gravures de modes de l avant-dernière année, les cheveux en boucles sous un mince chapeau de paille, comme des planteurs d'Haïti. Anacharsis, sévère en diable sur la coupe des fracs, trouvait celui de ces messieurs fort arrièré; les femmes elles-mêmes ne lui semblaient pas exemptes de reproches. Cependant il ne tarda pas à se complaire en mille idées conquérantes et audacieuses, et comme l'Italie était alors de mode dans les poëmes de France, il roucoula intérieurement, pendant cinq ou six tours de promenade, les chansons d'Alfred de Musset. En reven.. i au pas jusqu'à son hôtel *Via del Sopolcro*, il se prit à songer aux échelles de cordes, aux stylets et aux guitares. Mon Dieu ! s'écria-t-il, que n'ai-je appris la musique! j'enverrais dès demain un sonnet à cette admirable comtesse C... que l'on m'a nommée à la promenade comme la plus divine personne à laquelle un Parisien puisse parler ! Justement, j'ai là une lettre de recommandation pour elle.

Anacharsis fut interrompu au milieu de ce galan; monologue par le cornet à piston de Pluchot, qui avait, ainsi que nous l'avons dit, l'infirmité chronique de cet instrument. Apollon Pluchot se récréait par cette sérénade donnée à lui-même sans songer le moins du monde qu'elle pût déplaire à Anacharsis. Son compagnon de voyage lui ayant témoigné son aversion pour ce genre de trompette, Pluchot fit un trait sublime, il déposa le cornet comme Sylla fit autrefois des faisceaux. Cela fait, il se contenta de tirer de sa malle une édition in-12 de Voltaire par le nommé Touquet, éditeur, et s'en empara comme d'un texte contre les cloches qni sonnaient alors le salut.

— Dis donc, Anacharsis, c'est tout de même une

belle chose que d'être à trois cents lieues de la rue de la Verrerie! Mon commis Loppin tient la maison, c'est un brave commis, que ce Loppin! il est de mon avis sur les prêtres et sur les papes, ce sont des gens qu'il ne faut pas voir..... Pour moi, je me couche afin de m'en aller visiter demain plusieurs pharmaciens d'ici... J'ai des lettres pour un médecin qui magnétise des bouteilles! Mais à propos de bouteilles, tiens, en voilà un de hasard! je retrouve un flacon de belladone au fond de ma malle !

— De belladone ! Il te faut le renvoyer à la Bagata.

— Laisse donc ! Me crois-tu assez sot pour lui avoir jamais donné de la belladone à cette créature incompréhensible ? C'était une potion calmante. J'aurais eu scrupule d'irriter ses nerfs, à la charmante femme !

— Pas si charmante que la comtesse de C... Tiens, Pluchot, il y a ce soir *conversatione* chez elle, dors si tu veux, moi, j'y vais !

— Comme tu voudras. Aussi bien je suis fatigué de cette chaise de poste dure comme les cinq cents diables. Bonne chance ! et ne fais pas de bruit en rentrant, parce que j'ai le sommeil léger...

Anacharsis s'étant versé sur les mains un demi-flacon de verveine, sortit radieux en balançant son jonc de Verdier, et en chantant l'*Andalouse*.

XI

LES CONQUÉRANTS D'ITALIE

La *conversatione* de la comtesse C... ne commençait guère qu'à minuit. Anacharsis trouva chez cette dame plusieurs belles personnes nonchalamment renversées sur les divans plutôt qu'assises; les unes prenaient des sorbets en causant avec des hommes en pantalons blancs, armés d'éperons démesurés, bien qu'ils ne montassent jamais à cheval, et vêtus pour tout costume d'une veste blanche assez pareille à celle de nos cuisiniers de France, énormité que la chaleur italienne pût seule excuser d'abord aux yeux du dandy. Pendant que les dames dégustaient leurs *granite*, leurs *chocolate*, leurs *arlechine* et toutes sortes de glaces inconnues à Tortoni, un jeune Russe tenait le piano. La comtesse C..., femme de vingt-huit à trente ans, avait une voix superbe dont elle se servait à faire mal au cœur, chantant de préférence au piano les plus plates cavatines. Son palais de marbre et de porphyre, orné des bustes de plusieurs de ses *amati*, parut à Anacharsis une chose superbe; quand il entra, la fée de l'endroit causait à la fois avec un poëte, un peintre et un musicien. Deux charmants lévriers couchés à ses pieds lui donnaient l'air de la Diane antique; légèrement bombé comme celui de la chasseresse, son front recevait alors les molles clartés des bougies, Ce qui surprit, ce qui pétrifia et indigna tout à la fois Anacharsis, ce fut cette compagnie en vestes blanches, si familièrement gazouilleuse autour de la comtesse, si franchement *débrail'ée* en fait d'habits, si peu guindée, si étrange. Les jeunes gens balançaient des œillets en relâchant de temps à autre le nœud de leur cravate nouée indolemment *à la Colin*, les femmes s'éventaient avec d'affreux éventails en papier colorié... En s'approchant de l'une d'elles, Anacharsis vit une chose qui le fit frémir : c'était une marquise qui, au lieu de stylet vénitien ou pisan, portait à sa ceinture une lorgnette tricolore de Durepas du Palais-Royal, nouée à un ruban noir...

Cette horrible découverte acheva de bouleverser les idées d'Anacharsis... Ces hommes et ces femmes lui semblèrent de mauvais goût, cependant la comtesse l'avait piqué au jeu, il crut la séduire par sa toilette, il se rengorgea dans sa cravate et parla des dernières courses. Pendant qu'il parlait, l'œil de la comtesse ne quittait pas son lévrier auquel un galant officieux présentait quelques gâteaux servis pour le thé du soir... Anacharsis s'épuisa en anecdotes de tout genre, il eut tout l'esprit d'un jeune premier du Gymnase, équipé de toutes pièces par M. Scribe; il parla de Paris comme un homme blasé, de Milan comme un homme épris, rien ne lui profita, il y a des jours d'infortune. Tout se tourna contre Anacharsis dans cette soirée, tout le desservit dans l'esprit de ses auditeurs, jusqu'au nœud de sa cravate. Sa conversation guindée parut des plus fades, opposée à cette pétulance italienne qui remplissait le salon. Anacharsis, qui avait compté sur les souvenirs de l'invasion française, en fut pour ses frais de siége. A cette heure, en effet, les véritables conquérants de l'Italie ce sont les Italiens; ils dominent, ils ont le dé chaque soir dans un salon. Ce sont des gens à défendre sérieusement leurs prérogatives de *cavaliere sirvente,* près d'une belle; ils ne vous laissent pas prendre un pied chez eux, de peur que tout d'un coup vous n'en preniez quatre.

Anacharsis n'était au courant de rien dans cette société, il s'y trouvait mal à l'aise, il n'y était guère question d'opéra français et de courses de chevaux, il y fit l'effet d'un provincial. On ne connaît jamais mieux le prix d'un bien que lorsqu'on en est privé. Anacharsis regretta Paris où l'on est si vite à l'aise, où l'on se met d'un bond au train de toutes choses, ce pays enfin où l'on s'impatronise et où l'on prend pied sans avoir besoin d'être sculpteur, poëte ou secrétaire d'ambassade. Cependant il ne perdit pas tout à fait courage, il dansa comme un élève de Beaupré, je veux dire qu'il perla sa danse, arrondit ses coudes, fit jouer ses bagues et le reflet or de son gilet, si bien que lorsqu'il se retira, il emporta chez lui la délicieuse image de la comtesse... Le lendemain matin en se réveillant, il trouva sur sa table le billet suivant, apporté à l'hôtel une heure avant son lever par le domestique de place.

« Madame la comtesse C... prie M.¹ Anacharsis de lui faire venir de Paris les objets suivants :

De la pâte d'amandines,

Un harmonica,

Trois bustes de Dantan,

Et le répertoire complet de M. Scribe.

« Madame la comtesse partant ce soir même pour les bains de Lucques près de Florence, elle remet à la saison d'hiver le plaisir de recevoir M. Anacharsis. »

— Voilà une fière médecine à avaler, grommela Pluchot. On nous avait dit pourtant que les Italiennes...

— Silence, Pluchot ; la comtesse me fuit, ne le vois-tu pas ? reprit le dandy d'un air fat. Anacharsis ne voulait pas convenir que les gants de Boivin et la cravate blanche avaient le dessous en Italie.

Allons courir Milan dans notre calèche, continua-t-il.

Apollon Pluchot, muni d'un livre de notes, n'attendait que cette proposition de son ami. Tous deux coururent bientôt à bride abattue par les carrefours et les places de Milan fournies pour la plupart d'obélisques. Autant ce disgracieux monolithe posé place Louis XV par Louis-Philippe, et qui coupe insolemment les lignes d'une belle architecture attriste la vue, autant les obélisques, colonnes ou statues de Milan forment un embellissement agréable. En passant devant la colonne appelée l'*Infâme*, et qui fut élevée, à ce qu'on raconte, sur l'emplacement même de la maison d'un malheureux pharmacien que l'on surprit s'efforçant par le moyen de certaines drogues de mettre la peste dans la ville, le front de Pluchot se rembrunit, à la phrase du cicerone... tout le corps du pharmacien frissonna, il se hâta d'aller voir des choses qui pussent le distraire de ce vilain souvenir... Comme, en sa qualité de savant de la rue de la Verrerie, il possédait en son portefeuille plusieurs lettres pour des médecins, il s'en fut trouver le signor Simonetto qu'il trouva d'humeur fort gaie, dans un quartier lointain de la ville, devant une table servie sous un vaste berceau de limoniers et de cédrats. Le docteur Simonetto fut surpris par le pharmacien et le dandy à son débotté, car l'infortuné docteur revenait de Terracine... On verra dans le chapitre suivant, quel était le motif de ce singulier déplacement...

XII

UN LIVRE DE VOYAGE

Le docteur Simonetto, l'un des premiers médecins de Milan, avait fait, comme tant d'autres docteurs, une série de livres plus ou moins intéressants sur l'art d'Hippocrate, mais il aurait bien, ma foi, donné tous ses livres pour son fameux ouvrage intitulé : *Pérégrinations en Italie.*

Et pourtant ce livre ressemblait à tous les livres de voyages, il était écrit avec des points d'admiration à chaque ligne, il s'y rencontrait des superlatifs pompeux de pathos et d'enflure.

Comme on peut le penser, il n'y avait pas un chapitre où le docteur ne se récriât contre les anciens livres de voyages, qui osent prétendre que de tout temps on a dévalisé en Italie. Le docteur Simonetto prétendait avec assez de raison que, grâce aux progrès et à la civilisation, le rôle de bandit était devenu suranné et que ce n'était qu'à grand'peine que l'on se procurait de si redoutables émotions. Le soir, dans un café, en prenant sa *granita* cristallisée, l'excellent docteur se plaisait à raconter quelques épisodes de son livre ; on l'écoutait respectueusement comme un ancien professeur qui porte un frac d'une coupe efflanquée, mais qui en revanche donne aux plis de son manteau un mouvement de noblesse romaine inimitable. Plus d'une jolie femme curieuse d'érudition feignait souvent une migraine pour le retenir et l'entendre, c'était en un mot un docteur aussi couru qu'un chanteur de Rome ou un improvisateur de Naples. Philanthrope avant tout, le docteur avait eu soin de présenter dans son livre l'Italie sous un beau jour ; à l'ouïr, il semblait que Terracine avait été de tout temps un séjour très-sûr et les marais Pontins un endroit charmant ; selon lui, l'*Aria Cattiva* ne tuait personne, et la campagne romaine n'avait que de bienfaisantes vapeurs. De la sorte, le livre du docteur ressemblait à l'un de ces baromètres qui ne marquent que le beau fixe.

Anacharsis et Apollon Pluchot considéraient atten-
tivement la figure savante du docteur ; il venait de
recevoir les deux visiteurs dans son laboratoire éclairé
des premiers rayons du soleil. Ses guêtres brunes leur
semblèrent aussi poudreuses que celles d'un piqueur
de buffles ; son chapeau meurtri cruellement, et, pour
tout dire, son équipement très-délabré.

—La *Casa Néra,* murmurait Simonetto !

En même temps un frémissement nerveux agitait
le pâle docteur ; il était facile de voir qu'il ne retrou-
vait pas sans plaisir sa bibliothèque et ses fioles. Au-
dessus de son bureau il y avait une grande moulure
en plâtre, représentant Esculape pendant une peste,
étude d'un pensionnaire de l'académie de Rome. Dans
ce laboratoire et sur une planche suspendue par une
corde, reluisaient des pots bizarrement peints, des
instruments de chirurgie en bel acier et des quintes-
sences volatiles renfermées dans d'immenses flacons
de verre.

Anacharsis, qui avait rencontré dans sa vie quelques
gravures de Rembrandt, songeait sans doute, en voyant
ce lieu sévère, aux anciennes chambres d'alchimistes.
Un vague parfum d'enfer montait au nez du dandy ; ce
laboratoire imprégné du suc de diverses plantes et peu-
plé de monstres empaillés, ne lui semblait pas d'excellent augure... Le docteur avait bien soixante-sept ans ;
c'était un petit vieillard alerte, et tel, en un mot, qu'A-
nacharsis en avait lu souvent dans les contes d'Hoffmann ; son air singulier confirma les visiteurs dans

l'idée de quelque mauvaise aventure qui ne pouvait manquer de lui être survenue. Sa femme de ménage était occupée depuis quelques secondes à frotter avec une flanelle imbibée d'eau-de-vie ses jambes grêles, il ne cessait de se regarder à un petit miroir avec une sorte d'inquiétude... Tout enfin annonçait chez lui un accablement moral, dont Anacharsis ne parvint à le tirer qu'en lui demandant avec instance le sujet de son malaise.

— Vous revenez, dites-vous, de Terracine, docteur; voilà un nom qui figure dans les opéras-comiques de M. Scribe...

— Chollet chante agréablement les rôles de bandit, ajouta Pluchot.

— En ce cas, messieurs, vous devriez bien lui conseiller de prendre la route d'Itri à Terracine.

— Comment, docteur, vous auriez été volé?

— Mieux que cela, enterré!

— Le trait est nouveau, assurément; et l'on allait là sur vos brisées...

— C'est comme je vous le dis, messieurs, et dussiez-vous douter d'un récit auquel je ne puis croire encore moi-même, asseyez-vous là, et veuillez m'entendre.

Anacharsis et Pluchot ne se le firent pas dire deux fois. Étendus chacun dans un fauteuil de consultation, ils prêtèrent au docteur une attention justifiée par son histoire.

XI

SINISTRE DÉBUT

« Je fus mandé, commença le docteur, il y a dix jours
à Capoue par le recteur de l'Université de cette ville,
qui était alors gravement indisposé. La lettre du recteur était des plus pressantes ; il devenait même difficile de me dispenser de ce voyage, parce qu'il avait
couronné en pleine académie mes *Pérégrinations*
comme le meilleur manuel à offrir aux voyageurs. Je
me fis donc un devoir de me rendre aux ordres du
recteur, et malgré le froid pénétrant de la saison, je
partis pour cette ville. Je vous ferai grâce des événements de mon voyage. J'arrivai à Capoue par un clair
de lune magnifique, les arches de ses rues et de ses
ponts y décrivaient de larges traînées d'ombre ; le
Vulturne, dont l'onde immobile me regardait tristement, scintillait alors sous une pluie de rayons argen-
tés ; je me rappelai l'antique Capoue, *Capua dives,
Capua amorosa, Capua felix.* J'y débarquai de nuit et
avec l'air d'un Samnite, il faut le croire, car sur ma
seule barbe, qui datait de huit jours, l'officier du poste
ne voulut pas absolument m'ouvrir, et mon courrier,
fort honnête Milanais, me dit de prendre patience.
Comme nous entrions de nuit à Capoue, il ne s'agissait de rien moins que d'aller réveiller le gouverneur

pour ces maudites clefs, qu'il gardait sans doute, en cas
d'invasion nouvelle des Sarrasins, sous le propre oreil-
ler de son lit... Pendant que je pestais contre ce gouverneur, que j'eusse voulu voir cent fois jeté dans le
Vulturne, mon courrier se contentait de se chauffer au
poêle de la caserne avec un sang-froid digne d'un sénateur capouan. *Cùm victoriâ posset uti, frui maluit.*
Cette phrase de Florus convenait à merveille à mon
courrier. Il se mit très-philosophiquement à souper
avec une tranche de *stracchino* et du petit vin mous-
seux d'Averse, vin qu'il m'offrit de goûter pour passer
le temps, et que vous trouverez inférieur, je dois vous
le dire, au falerne, au massique et au cécube, quand
il vous prendra fantaisie de le déguster... La Capoue
actuelle me sembla détestable non moins que ce vin ;
l'homme envoyé pour réveiller le gouverneur ne revenait pas ; il faisait un froid de diable, et j'arpentais
le pont, mes deux mains dans mon manteau, réflé-
chissant à Capoue et à ses délices, quand je vis accou-
rir vers moi le messager de l'officier du poste, suivi
d'un certain concours de Capouans élevant les bras au
ciel... Je n'eus guère le temps de réfléchir à ce qu'ils
allaient m'apprendre, car le messager arriva droit à la
caserne en criant de toutes ses forces, et comme un
capitaine qui hélerait une chaloupe : *Morto !* On lui
donna un siége, il s'y assit ; sa pâleur etait visible.

Il raconta qu'il avait trouvé le gouverneur sans mouvement à côté de ses clefs, la face livide, l'œil éteint...
Ce m'eût été une comédie risible en tout autre mo-

ment que de voir les mêmes gens qui me barraient
presque la porte une seconde auparavant, me prendre
alors sur leurs bras et me porter de force en ma qua-
liié de *dottore* au palais du gouverneur... Quand je dis
palais, j'exagère peut-être un peu, les palais de la
nouvelle Capoue sont d'assez maussades auberges. Il y
avait là même au milieu de la nuit une infinité de gens
sous le vestibule, quelques officiers d'artillerie, entre
autres, boutonnant à la hâte leur uniforme et venant
s'enquérir, avec plusieurs jeunes élèves de l'École d'ap-
plication, de l'accident subit advenu la nuit au gouverneur. J'entrai avec tout ce monde dans la chambre et
je ne tardai guère à juger, d'après la seule inspection
du corps, qu'il y avait encore de l'espoir... Je mis en
ressource tous les secrets de mon art, et j'eus le bonheur de remettre bientôt sur son séant un homme que
l'on allait porter en terre... Vous pensez ce qu'il advint d'une pareille cure; j'étais étranger, la malignité
et l'envie de mes collègues s'attaquèrent bientôt à
moi; j'eus beau m'appuyer de la protection du gouverneur, mon arrivée à Capoue avait déchaîné contre
moi la rage des critiques. Ne pouvant censurer ma
médecine, ils prirent soin bien vite de censurer mes
ouvrages; mon livre des *Pérégrinations* fut la première
hécatombe que leur vengeance choisit. Ils en travesti-
rent bien vite les intentions, ils fustigèrent mon style
de toutes les manières, et comme un arrêté de cette
ville l'avait fait imprimer décidément au rang des
Manuels royaux d'Italie, je ne saurais vous dire à com-

bien de méchants tours ils se livrèrent pour en empêcher le débit. Tantôt c'était un amas de réfutations
qu'ils faisaient insérer dans les journaux anglais et qui
m'arrivaient francs de port à mon adresse, tantôt une
liste affreuse des malades que j'avais tués, sans compter les plus cruelles satires sur mon caractère et quelques douzaines de biographies éditées sous le manteau... Par bonheur j'avais lu la vie de Christophe
Colomb, mes chers messieurs, je savais ce que peut
l'envie, l'envie italienne surtout !... Toutes ces manœuvres ne firent que donner à mon nom et à mon
livre un plus grand relief, les éditions s'en multipliè-
rent de tous côtés. Le gouvernement autrichien, avec
lequel je n'ai jamais eu, grâce au ciel, de démêlés,
trouvait bon de protéger mon livre, au rebours de
certains itinéraires et romans de vos Français sur l'Italie,
livres dont la censure a soin d'enlever proprement
quelques pages avec les ciseaux, afin de les rendre
peut-être plus légers... Membre de l'Académie della
Crusca, et chevalier de l'Éperon d'or, que manquait-
il à ma gloire ? Capoue n'avait fait que consolider ma
réputation, j'y comptais faire un séjour assez pro-
longé, grâce aux bontés toujours nouvelles du gouverneur, le comte de....., noble autrichien, dont la
haute intelligence me soutenait ; je savais d'ailleurs que
les Campaniens avaient inventé les combats de gladia-
teurs, et je me roidissais contre l'idée d'être dévoré
dans le cirque par toute la meute lancée contre Raphaël Simonetto dottore ! »

Ici le professeur aspira une large prise de tabac, il semblait qu'il voulût prendre des forces contre une narration qui allait rouvrir ses blessures... Après avoir essuyé à l'aide de son foulard rouge la sueur qui perlait son front, il continua :

« La guérison du gouverneur ne pouvait me distraire du but réel de mon voyage... Le matin même de mon arrivée, je me dirigeai donc vers la maison du recteur ; mais je fus bien surpris d'apprendre de la bouche même d'un valet, que le digne recteur Bibetta était subitement parti pour Rome... En me faisant part de cette nouvelle, le valet ajouta, les larmes aux yeux, que s'il n'avait pas été lui-même retenu à Capoue par le mariage de sa fille, qui épousait un serrurier, il n'aurait pas eu de cesse qu'il n'eût rejoint le recteur en route, attendu qu'il avait fait là un coup de tête dans la fièvre, et qu'il était parti dans le *Caratello* d'un voiturier qui devait le conduire à petites journées... Cette nouvelle ne pouvait manquer de m'être fort pénible ; j'avais couru inutilement la poste pour ce malencontreux recteur, et voilà que j'arrivais tout juste pour apprendre son départ ! Cette fuite inattendue, et que je ne pouvais attribuer qu'à la violence et à l'irritation de son mal, aussi bien qu'à la bizarrerie de son naturel, me chagrina, mais elle ne me confondit point... Un motif particulier m'unissait à la destinée du recteur : je dis au valet de me retenir un voiturier le soir même, et je m'acheminai côte à côte de mon nouveau guide, vers les bords du Garigliano, où l'une

de vos armées fut défaite par Gonsalve de Cordoue...
Là commençait la voie Appienne, comme aussi la
chaîne de mes dures tribulations... »

XIV

LE SABLIER

« Il n'est peut-être pas inutile de vous dire ici deux
mots du lien mystérieux qui m'unissait au recteur. Ce
digne homme, versé dans les belles-lettres, ne l'était
guère moins dans l'astronomie ; il entretenait des
correspondances scientifiques avec les professeurs de
chaque hémisphère ; il jouissait d'ailleurs d'une assez
large fortune, et se trouvait justement considéré. Je
l'avais connu étudiant je ne sais quel manuscrit chal-
déen à la bibliothèque Ambroisienne ; il n'était venu
à Milan que pour se donner une indigestion de livres
et de papyrus ; comme je travaillais alors à mes *Pérégrinations*, je ne fus pas fâché de me frotter à cet
homme érudit. Nous devisions ensemble de choses savantes toute la journée, et même une partie de la nuit.
Par forme de contraste, sans doute, il avait amené
avec lui son neveu, garçon de vingt-trois ans, qui ne
me parut guère d'humeur à suivre à Milan les traces
de son oncle, et cela d'autant mieux qu'il arrivait
dans le plus beau temps des bals. Il passait son temps
à courir la ville et les galas dans la compagnie de quel-

ques musiciens de ses amis, d'étudiants joyeux, de
peintres dissipés et de jeunes Milanais fort enclins à la
bonne chère. Comme il est fort probable que vous le
rencontrerez d'un jour à l'autre dans votre voyage, je
dois vous taire son nom; contentez-vous de savoir qu'il
chantait du Bellini toute la journée, avait de longs éperons de cuivre, et n'était jamais si heureux que lorsqu'il
pouvait jouer un bon tour à quelqu'un, du moment
qu'il se levait. Comme son oncle le recteur me l'avait
à peine présenté, et que d'ailleurs j'ai toujours été de
l'avis de la Fontaine, qui n'aimait pas les enfants dangereux à surveiller, je ne donnai guère d'attention à
celui-ci, me contentant d'apprendre par la renommée
sa belle conduite et ses prouesses. Quand j'aurais
d'ailleurs formé le plan de m'occuper, à la sollicitation
du recteur, des progrès du jeune Pasquale commen-
çant alors son tour d'Italie, l'immense travail de mes
trois in-octavo auquel je m'étais assujetti ne m'en eût
pas laissé le temps. Pour comprendre à quel point je
me trouvais alors occupé, il faut concevoir tous les
tracas auxquels la malignité des protes composant
déjà mon livre et m'en envoyant chaque jour une
épreuve m'avait soumis. Ces abominables protes,
ameutés, sans doute, contre moi par mes ennemis, me
traitaient en véritable pédant, se livrant à mon endroit, comme autant d'esprits malins, à mille trompe-
ries et à mille mensonges. Tantôt ils m'envoyaient la
page 8, et c'était en réalité la page 12; ils m'écrivaient
Jupiter pour Antonin, Flore pour Vénus, *perruque*

pour *parce que*, et ainsi de suite. On eût dit vraiment que tous les monstres de l'imprimerie eussent voulu me jouer d'un tour ; je passais ma journée à refaire mes phrases, à raturer des virgules, à courir après des points. Voyant cela, je ne pouvais manquer de me rappeler le long chapelet de calamités qu'attirent les lettres à leurs fidèles, le sort de Socrate, d'Anaxagoras, de Thalès et du philosophe Stilpon. O sainte ignorance ! me disais-je alors, que tu nous offres de délices et que tu es bien le port le plus assuré contre la tempête ! Que ne suis-je indocte, mon Dieu, au lieu de m'appeler Raphaël Simonetto ! En vérité, rien qu'à voir la malice de ces protes, je voudrais être un homme nul et stupide, un être matériel, *tanquam equus et mulus, in quibus non est intellectus !* Le juge Festus dit à saint Paul que le grand savoir l'avait fait sortir du sens : ainsi me trouvai-je vis-à-vis des protes d'imprimerie mes *exécuteurs*.

Toutefois, je parvins bientôt à connaître l'auteur de cette insigne méchanceté. L'annonce de mon ouvrage avait mis la puce à l'oreille d'un certain Géronimo Lippi, mon rival, chez lequel était venu descendre le recteur Bibetta. Cet homme, dont la face était devenue pâle à force de veilles et la langue venimeuse à force d'envie, avait gagné toute l'imprimerie pour me persécuter, ainsi que je l'ai dit plus haut, de sorte que c'était à lui que je devais m'en prendre des fautes résolues dans lesquelles ces gens tombaient. Tout en jouant ce jeu, Lippi ne m'accablait pas moins de salutations importunes, exaltant ma modestie et mon savoir, et disant tout haut que l'apparition de mon livre surprendrait Milan. Le traître ne mentait pas, car en fait de surprise, il m'avait d'abord ménagé celle de changer mon titre, *Pérégrinations*, contre celui de *Perforations*, comptant à plaisir le nombre de portes que, suivant lui, je m'étais ouvertes dans les familles, les honneurs et les emplois. Plusieurs passages de mon livre étaient en outre si défigurés par Lippi, qu'il y avait chance pour un naufrage complet dans le cas où je n'eusse pu prévoir le coup. Ce misérable homme, après avoir gagné mes imprimeurs, s'était assuré un certain parti, et comme depuis quelque temps il s'était constitué le champion des bonnes lettres, qu'il hantait de grandes tables, et se montrait fort impudent en toutes choses, vous pouvez croire qu'il m'inspirait des alarmes légitimes. Dans la nuit qui précéda l'apparition de mon livre, je veillais dans cette chambre à mes dernières corrections, à la lueur de cette petite lampe que voici, lorsque tout à coup ma porte s'ouvrit, et le recteur Bibetta me vint prévenir que Géronimo Lippi se mourait et qu'il ne passerait pas la nuit. En conséquence, Bibetta venait me prier de donner mes soins à son hôte, lequel souffrait tellement que le sommeil de voisins était troublé par les cris affreux qu'il proférait. Malgré ma haine bien légitime contre Lippi, je répondis au recteur que je ne tarderais pas à le suivre.

Demeuré seul après son départ, je fus assailli par une foule de mauvaises pensées... J'allais peut-être

17.

arracher à la mort un homme qui avait passé toute sa vie à me jalouser, à me rendre sa victime. La charité chrétienne m'ordonnait bien, il est vrai, d'oublier les injures de Lippi, mais le ressentiment littéraire est chose violente au cœur. Toutes les manœuvres dont Lippi s'était armé contre ma réputation me revenaient à l'esprit, j'en vins à me dire que je serais bien sot d'aller porter les secours de la science à un homme qui méconnaissait la mienne, qu'il devait crever comme un païen et que je n'avais pas à m'en mêler. Le recteur m'avait assuré qu'avant une heure Géronimo Lippi pouvait rendre l'âme; je passai les premières minutes de cette heure terrible à me promener de long en large dans ce cabinet, regardant de temps à autre le rare jet de poussière qui filtrait de mon sablier, dont le terme ordinaire était une heure. La vue d'un crucifix sur lequel je jetai les yeux me rappela bientôt à de meilleurs sentiments, je fis taire en moi toute passion et toute colère, je me dis que je serais un infâme si je refusais de sauver mon prochain; je pris ma trousse de chirurgie, quelques flacons, et je sortis. J'avais déjà passé le seuil de ma maison quand je m'aperçus qu'au milieu de mon trouble j'avais oublié mon chapeau. Je remontai et en tâtonnant à la rampe de mon escalier, je rencontrai un homme qui montait, tenant à la main plusieurs papiers. C'était le compositeur de l'imprimerie qui me parut cette fois plus agité qu'à l'ordinaire ; il me dit, chemin faisant, que tous les malheurs semblaient déchaînés depuis

quelques mois sur lui, et que depuis qu'il s'était mêlé
de mon livre, il fallait que le diable fût à ses trousses.
Cet exorde ne me présageait rien de bon, je le fis asseoir, il reprit :

— Docteur, avez-vous du courage ?

— Mais assez pour supporter une mauvaise nouvelle... Je frissonnais en parlant ainsi.

— Tant mieux alors, car je dois vous dire, tout en
vous apportant la dernière épreuve, qu'il manque les
feuillets 307 et 308...

— Mes meilleurs feuillets !... les seuls dont je n'aie
point gardé de copie ! repris-je en grinçant les dents.

— Ils ont disparu sans que nous ayons su de quelle
manière... Vous n'ignorez pas du reste que votre livre
est annoncé pour demain. Si vous ne trouvez pas
moyen de parer ce coup, vous êtes un homme perdu.
Songez quel fracas cela ferait, si votre éditeur, harcelé
déjà par tant d'infortunes comiques, subissait encore
celle-ci ! Il faut, coûte que coûte, que vous vous rap-
peliez ces feuillets dans une heure ; invoquez Dieu ou
Satan !...

Je n'avais pas besoin de ce discours de mon imprimeur pour m'aiguillonner ; je le renvoyai en l'assurant
que dans la nuit même il aurait ses deux feuillets,
dussé-je évoquer le diable en personne et vendre
mon éternité à quelque nouveau Méphistophélès...
Je me gardai bien de parler à cet homme de l'affreuse perplexité où je me trouvais par la demande du
recteur, je ne me souvins bientôt plus que d'une chose :

des manœuvres horribles de Géronimo Lippi à mon
endroit, de sa jalousie abominable et de ses efforts con-
stants pour ruiner mon crédit... Évidemment c'était à
lui que je devais attribuer ce dernier coup ; il avait
essayé de me nuire une dernière fois ; je pris le parti
de l'abandonner, et j'en vins à désirer sa mort...

L'heure avançait, la nuit s'était accrue d'ombres
épaisses, et comme dit Scaramouche, pas une étoile *ne
montrait le bout de son nez*. Couché sur ma petite table, devant mon sablier, le front arrosé de gouttes de
sueur, je cherchais à ressusciter dans ma mémoire mes
deux feuillets enlevés ; c'était bien, vous pouvez le
croire, le plus ingrat travail qui fût au monde ! Pendant que je poursuivais de la sorte ces phrases fuyar-
des, le vent grondait dans l'air comme à l'approche
d'un orage ; une sorte de musique singulière, infer-
nale, semblait glapir dans la cour de ma maison ; je la
comparai intérieurement à cette musique du diable
dans l'île de Ceylan, dont parle Schuber dans ses nuits
d'histoire naturelle. Je ne sais quel mouvement d'effroi
me saisit alors, mais ce qu'il y a de certain, c'est que
j'allais mettre la barre à mes feuillets entièrement re-
trouvés, quand ma porte s'ouvrit de nouveau, et Bibetta, le même Bibetta, s'écria :

—Vous avez trop tardé mon cher docteur, il est mort !

Le sablier marquait trois heures de nuit. Le recteur
Bibetta sortit en jetant sur moi un regard accusateur.
Il était accompagné de son neveu, qui ne me fit guère
meilleure figure ! »

XV

LA CASA NERA

Le docteur reprit :

« Il est temps, n'est-ce pas, de vous ramener maintenant à mon expédition insensée, c'est-à-dire à la chasse de ce même recteur Bibetta, chasse aventureuse, comme vous pouvez le croire ? Je savais qu'il avait pris la route de Rome ; malgré l'ennui de ce voyage, je me fis un devoir de le suivre, afin de ne pas laisser mourir une seconde fois mon prochain.

Si j'agissais de la sorte, c'est que j'avais apprécié depuis longtemps l'amitié sincère du recteur, sa bienveillance et sa discrétion. Jamais il n'avait ouvert la bouche à qui que ce fût pour raconter ce drame dont il avait été le témoin ; j'avais perdu de vue son jeune neveu, j'étais débarrassé de Lippi et tout me portait à croire que je ne serais jamais inquiété au sujet de cette bizarre aventure. Le recteur méritait mes soins comme mon estime, je ne pouvais hésiter...

D'après mon guide, l'étendue du pays que je parcourais en ce moment venait de se voir en proie à plusieurs désordres peu rassurants pour un honnête homme qui voyage. Bien que Gasparoni, le fameux brigand, fût décédé depuis longtemps, quelques camarades, jaloux sans doute de sa survivance. infestaient

le pays et dévalisaient le long des marais Pontins, depuis un grand mois, chaque diligence et chaise de
poste emportée à travers ces marécages, avec une
fureur qui ne cédait qu'aux sifflements répétés des
balles. Moi qui m'étais évertué à louer dans mon livre
les vastes *caravansérais*, monuments du pontificat de
Pie VI qui s'élèvent au sein de ces solitudes, je ne fus
pas peu surpris de trembler violemment à leur approche ; dans cette rapide traversée, la moindre figure
de *contadino* que je rencontrais, l'air hâve, presque nu,
et dévoré par la fièvre, me causait un trouble étrange...
A peine ces malheureux guides pouvaient-ils conduire
les chevaux demi-sauvages qu'ils attelaient à notre voiture ; les buffles relancés par la pique du pâtre, les
gens de la montagne sortant des touffes de figuiers, les
corbeaux volant à ma gauche par les herbes velues, tout
contribuait à m'effrayer ; je me serrais presque contre
mon guide... Vainement une verdure épaisse et fertile,
d'énormes figuiers aux branches chargées de fruits,
l'aloès, la vigne, le saule, le chêne et l'orme con-
fondus demandaient-ils mes regards, tout ce luxe que
la nature déployait ne me parut servir qu'à parer un
désert, et à n'être admiré que par le silence... La
linea pia à l'air insalubre ne me plut aucunement, et
malgré le *Naviglio grande*, ce canal sur lequel Horace
navigua en allant à Brindes et que Pie VI a fait aussi
réparer, j'avais hâte de coucher à Terracine.

Cette route de la *Linea pia*, la même que la voie Appienne, est chargée d'un sable fin, et traverse les

Marais sous un berceau formé par des ormeaux irrégu-
lièrement alignés. Ces arbres ombragent à la fois le
chemin et le canal, et joignent ainsi par une longue
promenade une maison de poste à l'autre. Vous allez
si vite, qu'en arrivant à Terracine, vous êtes étonnés
d'avoir parcouru tant de chemin. Pour ma part, je
n'étais pas fâché, je vous le jure, d'arriver à cette
ville qui n'a plus aujourd'hui que les ruines d'anciennes
maisons de plaisance du temps des Romains. Les
paysans de Terracine, avec leur brodequin à la romaine qu'ils conservent comme chaussure, me firent
l'effet de bonnes gens; je leur demandai de vouloir
bien m'indiquer un gîte. La pluie m'avait surpris en
route d'une façon très-morose; la nuit répandait son
crêpe sur le chemin, je n'avais rien de mieux à faire
que de commander mon lit dans cette ville déserte à
l'heure qu'il est, l'ancienne Anxur, la première ville
de l'État romain! Pendant que mon guide faisait préparer ma chambre, et réveillait les gens de l'auberge
déjà couchés, je me chauffai à la cheminée, devant
laquelle il n'y avait alors qu'un jeune homme dont je
crus reconnaître les traits. La façon goguenarde avec
laquelle il me fixait, me parut bien d'abord quelque
peu suspecte; il m'examinait de la tête aux pieds,
comme un raccoleur observe son homme. Bref, il se
mit sans trop de façon à mon bout de table, et consi-
déra d'un œil de Satan l'omelette que j'allais manger...
Cette persistance me déplaisait souverainement, je ne
la tolérai que par une seule raison : j'avais reconnu le

jeune homme... C'était le neveu du recteur Bibetta.

Il n'échangea pas une seule parole avec moi, et au moment où j'allais l'interroger moi-même, il se leva comme un fou, et partit...

Cette première rencontre dans mon hôtellerie n'était guère faite pour me rassurer; cependant, surpris au delà de tout de la conduite du jeune neveu de Bibetta, je saisis ma canne, mon chapeau, et courus sur ses pas à toutes jambes...

En agissant de la sorte, je savais que je m'engageais témérairement. Mais une vague inquiétude m'agitait; je redoutais en mon âme je ne sais quel affreux malheur pour Bibetta. Parcourant à la lueur des éclairs la principale rue de Terracine, je suivais ce jeune démon, marchant devant moi d'un pas d'enfer, quand tout d'un coup je le perdis de vue au détour d'une maison où il sembla s'abîmer.

La bravoure naturelle que mes ennemis eux-mêmes se plaisent à me reconnaître en ma qualité de médecin, ne me fit pas dévier alors de ma route; je me trouvais devant une maison inconnue dont la porte était entr'ouverte, j'y suivis le jeune neveu de Bibetta, je n'hésitai pas. Passant bientôt par une longue allée, je me trouvai dans un grand et vaste lieu où il n'y avait aucune lumière... Me figurant bien que cette négligence n'était pas sans dessein, je m'arrêtai tout court, et quoique je fusse assez persuadé que c'était une témérité que d'entrer plus avant, je n'en résolus pas moins de tenter fortune; je continuai donc mon chemin en tâtonnant les murailles, si bien qu'à la fin je trouvai une autre porte que je poussai.

Le malheur voulut que je misse alors le pied sur une fausse trappe ou bascule, qui me fit tomber à dix ou douze pieds de profondeur. Tout le mal qui m'en arriva fut de perdre ma canne, que la chute entraîna sans doute au fond de l'abîme où je tombais. Dans ce moment j'entendis une voix qui paraissait venir de plus loin que du lieu où j'étais et qui demanda : *Qui va là ?* Encore tout surpris et tout ému de ma chute, je ne répondis rien pour cette fois, mais comme je traînais mes pieds par terre et faisais du bruit sur le parquet, la même voix répéta la même demande. Dans la crainte que l'on ne me fît un mauvais parti, je me hâtai de répondre : *C'est un homme seul.* — Si c'est un homme, dit la voix, il peut entrer.

Je dois confesser que pour cette fois je me repentis, bien qu'un peu tard, de m'être engagé dans ce labyrinthe sans en pouvoir trouver l'issue; mais mon destin ne me tira de cette appréhension que pour me faire entrer dans une plus grande, car me voyant obligé de passer outre, puisqu'il n'y avait pas moyen de reculer, je m'avançai vers la voix que j'avais entendue, et j'entrai dans une grande salle, où d'abord je vis quatre petites lampes pendues aux quatre coins du plafond, qui rendaient une lueur si obscure, qu'à peine pouvais-je distinguer les autres objets que je trouvai dans ce lieu. Avançant un peu, j'aperçus comme une représentation de deux hommes habillés de noir en pénitents, assis chacun dans un fauteuil ; l'un desquels s'était appuyé sur sa main de même que s'il sommeillait, et l'autre dans la posture d'un homme qui semblait veiller le corps d'un trépassé qui était à ses pieds, couvert d'un habillement de capucin, et étendu par terre sur un drap mortuaire.

Je vous avoue que je fus un peu saisi de frayeur à ce funeste spectacle ; mais après avoir souffert cette première faiblesse, je repris courage. Enfin le dormeur s'éveillant s'adressa à son compagnon, et tous deux ensemble se mirent à me faire quantité de questions, et me dirent :

— N'es-tu pas celui qu'on appelle le docteur Simonetto ?

— Oui, je le suis, répondis-je, et comment savez-vous mon nom ?

— Ne t'informe pas de cela, me repartirent les deux pénitents, avec un ton de voix assez fière, et qui aurait été capable d'étonner le plus intrépide ; réponds à nos interrogations ; de ce que tu diras dépendent beaucoup de choses que nous devons exécuter cette nuit.

En entendant ces paroles, je ne sus à quel saint me vouer, ni à quoi je devais me résoudre, je blâmais de tout mon cœur mon impertinente curiosité ; enfin, me préparant hardiment à tout ce qui pourrait m'arriver, je repris la parole, et dis à ces interrogateurs :

— Eh bien, que faut-il faire ? Je vous dis que je suis le docteur Simonetto, et que vous êtes des démons.

— Il semble qu'il veuille nous connaître, dit l'un de ces lugubres enquesteurs à l'autre.

— Il faut, me répondirent-ils alors, que tu demeures ici, seul, pour garder ce corps mort, pendant le temps que nous irons ailleurs vaquer à ce qui nous est ordonné, et quelque chose que tu voies, ou que tu entendes, il ne faut point t'en effrayer, grand docteur !

Et tout aussitôt, sans attendre ma réponse, non plus que mon consentement, ils se levèrent, et, sortant, ils fermèrent la porte sur moi. Me voyant seul avec ce cadavre, je m'imaginai que c'était un châtiment de Dieu, et que je ne pouvais faire autre chose en cette rencontre que d'implorer sa souveraine miséricorde. Je me couvris tout le corps de signes de croix, et j'invoquai l'assistance de la Vierge et des anges ; l'avertissement que ces deux spectres m'avaient donné me remplissait l'âme de mille épouvantables imaginations.

Il n'y avait pas longtemps que ces deux lugubres fantômes avaient disparu, lorsque j'entendis de tristes gémissements, et un bruit pareil à quelqu'un qui eût traîné des chaînes sur le plancher de cette salle, qui n'était fabriqué que de simples ais ; il se faisait quelquefois des tintamarres si horribles, qu'il semblait que toute la maison allait s'abîmer. Cela me donna de si terribles inquiétudes et de si horribles alarmes, que je ne songeai plus qu'aux moyens de me sauver ; mais allant vers la porte pour tâcher de l'ouvrir, j'entendis une voix cassée et comme provenant de quelque profonde caverne, qui me dit :

— Où penses-tu fuir, docteur Simonetto? Tourne visage, puisqu'il ne t'est pas encore permis de te séparer de moi ; reviens, ou bien je te suivrai.

Ne pouvant forcer la porte pour sortir, je me retournai et vis que c'était le mort qui me parlait ; il continua en ces termes :

— Apprends, mortel docteur, misérable Simonetto, que je suis celui auquel tout récemment ta barbare négligence coûta la vie. Cruel docteur, penses-tu que le ciel ne me vengera pas de toi ? Ton crime exécrable exige châtiment, c'est la Providence qui t'amène ici pour entendre les justes reproches de Géronimo Lippi ; approche-toi, approche-toi de moi, afin que tu puisses entendre plus clairement ce que j'ai à te dire.

Ce discours augmenta de beaucoup la terreur dont j'étais saisi, je crus de bonne foi que c'était l'esprit de Géronimo Lippi qui revenait de l'autre monde afin de me tourmenter. Reprenant néanmoins du cœur, je m'approchai et le trépassé continua ainsi :

— Te souvient-il de cette nuit où le recteur Bibetta vint te chercher pour un homme qui se mourait? Tu ne sortis point de ta maison, et le front courbé sur tes livres, tu ne te dérangeas d'aucune sorte. Eh bien ! il ne sera pas dit qu'un bourreau de médecin puisse tuer un homme sans représailles. Loué soit Denys de Syracuse, qui arracha le premier la barbe au médecin Esculape ! Bénis soient les Romains qui, sous Caton le Censeur, chassèrent les médecins de Rome et de toute l'Italie ! Ces exemples m'apprennent mon devoir

et m'ordonnent de te crier : *Medice, cura te ipsum !*
Oui, docteur maudit, docteur d'enfer, il faut que j'aie
avec toi un duel sans merci. Çà, commençons tous
deux à lutter corps à corps, à cette condition que si tu
me jettes par terre, je te promets, non-seulement de
ne plus t'inquiéter, mais aussi d'empêcher que pas un
de mes compagnons ne le fasse ; et si je demeure le
vainqueur, tu seras obligé de venir tous les ans, au
même jour que celui de ma mort, passer toute la nuit
dans le cimetière et sur la fosse où je suis enterré !

Voyant que la partie n'était pas tout à fait égale, je
lui répondis que je ne trouvais pas à propos d'accepter
le défi, puisqu'il n'y avait aucune apparence d'espérer
de surmonter une force spirituelle avec une faiblesse
humaine.

Faisant néanmoins réflexion que je ne pouvais trouver une occasion plus favorable de donner une preuve
signalée de mon courage, je me préparai au combat,
et me mis dans la posture la plus ferme pour résister
aux efforts de mon ennemi. Le mort s'étant levé me
sembla beaucoup plus grand qu'un homme ordinaire,
l'habit de capucin et le capuchon tout droit lui donnant cette apparence ; aussitôt les quatre lampes qui
étaient attachées au plafond, tombèrent par terre et
s'éteignirent ; ce coup de théâtre m'effraya tellement
qu'une sueur froide se répandit par tout mon corps, et
je fus saisi d'un si extraordinaire tremblement que j'en
demeurai immobile et comme insensible.....

Dans le moment que les lampes tombèrent, le mort

se jeta avec tant de furie sur moi, qu'il me renversa
par terre à trois pas de lui ; effrayé, je restai là comme
privé de vie, et demeurai presque une heure évanoui,
tant de ma peur que de ma chute. Mes esprits m'étant
revenus, je ne savais si j'étais dans ce monde ou dans
l'autre ; ayant repris un peu de vigueur, je m'assis
par terre, et m'aperçus qu'il était jour. Après avoir
fait une exacte perquisition de tout ce que je m'ima-
ginais devoir être à l'entour de moi, je ne vis que les
quatre murailles, et me levant debout, je cherchai
vainement quelques vestiges de ces visions passées,
d'autant qu'il n'y en était resté aucune apparence, et
tout était enlevé, même jusques aux lampes que j'avais
vues tomber et s'éteindre...

Le jour s'augmentant de même que mon courage,
il me prit envie de visiter cette maison du haut en bas,
ce que j'exécutai, et n'y trouvant rien, que ce que
j'avais apporté, c'est-à-dire ma canne, qui m'avait
manqué au besoin, je sortis de ce domicile de fantômes pour regagner l'auberge avant que le jour fût
plus grand. Mon dessein était de m'informer dans le
voisinage, à qui pouvait appartenir cette maison, pourquoi elle n'était point habitée ; mais il était encore si
matin que je ne vis personne à qui m'adresser pour le
demander.

En revanche je trouvai cette lettre pliée le plus proprement du monde sur ma valise :

« Illustre et docte maître Simonetto, vous avancez
« dans vos *Pérégrinations* qu'il ne se trouve aucun

« danger aux environs des marais Pontins. L'aventure
« de cette nuit vous engagera peut-être à changer ce
« passage de votre livre. Contentez-vous de savoir que
« le recteur Bibetta n'est point ici, il n'a jamais bougé
« de Capoue ; vous n'avez plus qu'à y retourner pour
« le joindre. Il sera peut-être un peu surpris de la
« comédie sinistre que nous avons jouée cette nuit,
« nous autres étudiants et artistes qui nous dirigeons
« sur Rome. Mais du moins cela vous apprendra à
« vivre par la suite avec plus de modestie que vous
« n'avez fait par le passé. L'ombre de Géronimo
« Lippi n'est autre qu'un joyeux vivant plus haut que
« moi de toute la tête, proportionné de membres, et
« fort comme Samson ; c'est l'homme que vous vîtes
« cette nuit, habillé en capucin, et couché sur un drap
« noir. Maintenant vous avez la clef du mystère. Nous
« avions dit au valet du recteur de vous annoncer son
« départ, et sûrs de vous voir passer par ici, nous
« avions loué cette maison vulgairement nommée *Casa*
« *nera* en raison de son obscurité, qui ne la fait pas
« mal ressembler à une caverne. Pardonnez-nous cette
« momerie, c'est un dernier chapitre à ajouter à vos
« *Pérégrinations*. Je vous charge, pour ma part, de
« mille choses à l'endroit de mon oncle Bibetta, et
« prends plaisir à me déclarer ici son neveu et votre
« admirateur.

« PASQUALE. »

A mesure que je lisais cette belle épître, mon visage
épousait toutes les transes et toutes les inquiétudes que

j'avais ressenties cette nuit même; je n'hésitai point à reprendre ma route et ne fus pas médiocrement surpris, quand j'arrivai à Capoue, de trouver le paisible Bibetta assis dans sa chaise à clous dorés et faisant sa classe à quelques élèves favoris. Du plus loin qu'il m'aperçut, il vint à moi en me demandant de mes nouvelles. Sa figure n'indiquait pas la moindre altération, il me parut au contraire ne s'être jamais mieux porté; la surprise qu'il montra en me voyant augmenta bientôt ma colère. Je lui racontai de point en point le tour que m'avait joué son cher neveu Pasquale; je pensais qu'il allait se mettre en fureur et prendre mon parti; il n'en fut rien, le bonhomme rit jusqu'aux larmes... Il ne tarda même pas à se faire de mon histoire un texte d'avis charitables, qui ne fit qu'accroître ma mauvaise humeur, si bien qu'endurant une peine indicible à écouter ses belles maximes, je suis revenu à tour de roues dans cette ville que je n'eusse jamais dû quitter.

De sorte, ajouta le docteur, qu'il ne me reste plus maintenant qu'un seul parti, celui d'insérer dans ma très-prochaine 3e édition, un chapitre sur les désagréments d'un voyage à Terracine... »

Anacharsis et Apollon Pluchot réconfortèrent de leur mieux le pauvre docteur, en lui promettant de lui envoyer eux-mêmes le journal fidèle de leur passage des marais Pontins, quand ils en seraient venus à ce redoutable défilé...

. . . . , . , ...

(cætera desiderantur.)

UN TRAIT DE GRANDMÉNIL

Grandménil jouait *l'Avare* supérieurement.

Il y a encore à la Comédie-Française un excellent portrait représentant Grandménil se serrant le poing à lui-même dans le rôle d'Harpagon. Ce portrait orne le foyer de MM. les comédiens ordinaires du roi; il est, à tous égards, meilleur que celui où l'on peut voir Talma en fourrures et en bottes jaunes jouant le rôle d'Hamlet.

Grandménil jouait non-seulement fort bien *l'Avare*, mais il l'était à un degré tel, que ses camarades l'avaient surnommé *M. Quatre sous*.

L'usage des luminaires ne consistait pas alors, comme aujourd'hui, dans deux superbes quinquets placés des deux côtés d'une glace pour éclairer dans sa loge le visage de l'acteur. La bougie et la chandelle étaient l'adjutorium ordinaire des comédiens, Grandménil en connaissait le prix, il faut le croire, plus que tout autre, car il lui arrivait souvent le soir d'éteindre son luminaire et de s'en aller dans un corridor accrocher son morceau de glace à un clou, lorsque ce corridor était éclairé par les pâles rayons de la lune. Il faisait sa barbe et mettait son rouge à la seule lampe de la complaisante Phœbé.

Grandménil était pourtant fort loin d'être pauvre. Il avait été avocat, puis il s'était dégoûté du barreau et avait joué d'abord les rôles de grande livrée. Bientôt il s'éprit des rôles à manteau, et le cachet supérieur qu'il leur imprima en faisait une comédie à part dans quelque comédie que pût jouer Grandménil.

Jamais il ne porta de gants, même à la scène, disant que les gantiers étaient les seules gens qui fussent parvenus à rendre les applaudissements sourds. Par cette excuse sublime Grandménil croyait faire excuser son avarice.

Laissant aux physiologistes et aux studieux de Lavater le soin de rechercher l'influence qu'un rôle peut avoir sur le caractère et le moral d'un comédien, nous nous bornerons à raconter le trait suivant arrivé à Grandménil. Comme il ne se trouve dans aucun ana, nous croyons rendre service aux compilateurs modernes en le publiant.

L'Odéon, qui a brûlé trois à quatre fois dans sa vie, jusqu'à ce qu'il devînt théâtre des Bouffes, brûlait ce jour-là comme une énorme botte d'amadou. C'était au plus fort du Directoire, et il n'y avait rien d'étonnant que les théâtres prissent feu, après les têtes. La foule encombrait les avenues de l'Odéon, et parmi cette foule on n'entendait vraiment que voix lamentables, qu'imprécations, appels à la garde et aux pompiers. C'est que parmi cette foule il y avait des comédiens, et qu'un comédien peut bien voir brûler de sang-froid son théâtre, mais il ne saurait voir brûler patiemment sa garde-robe.

Celle de Grandménil était magnifique. Dans les rôles à manteau, qu'il jouait, il déployait autant de luxe que de goût; il ne se fût jamais avisé de jouer avec des cannes de cuivre; conciliez cela, si c'est possible, avec son avarice!

Grandménil accourt, Grandménil traverse une haie de spectateurs; il arrête un pompier, il lui offre cent francs, deux cents francs, il va jusqu'à cinq cents, pour déterminer le pompier à monter à cette échelle qui est là, et qui aboutit, par un bonheur singulier, à sa loge. Un quart d'heure encore et toute sa richesse sera perdue!

Le pompier refuse, il dit à Grandménil que sa consigne est seulement d'éteindre le feu, que les réclamations ne le touchent pas; il passe outre, il va faire la chaîne plus loin.

Le désespoir s'empare alors de Grandménil... La flamme darde partout sa langue furieuse, déjà même elle atteint l'échelle... Grandménil se souvient que toute sa garde-robe est dans une malle de cuir qui est un chef-d'œuvre de légèreté, c'est une malle qu'il pourra traîner facilement après lui, il s'élance... il a le pied sur l'échelle... Les spectateurs lui battent des mains.

De mémoire d'aéronaute, on ne vit jamais une si rapide ascension.

Quatre minutes ont suffi au comédien résolu pour emballer ses effets, il descend avec la malle qui les enferme, ses cheveux sont presque roussis de la flamme, sa cravate pend dans sa main, il a l'air d'un diable qui va étouffer.

Déjà son bras triomphant a posé la malle sous la surveillance d'un pompier, lorsqu'il s'aperçoit qu'il a oublié quelque chose; il part, il grimpe de nouveau, et ressort une seconde fois tenant... un pot de nuit et un petit miroir à barbe !!!!

Et le voilà qui descend majestueux, qui regagne sa maison et embrasse sa femme.

Le théâtre était brûlé, mais Grandménil n'avait-il pas joué *l'Avare?*

FIN

Imprimerie D. BARDIN, à Saint-Germain.

www.ingramcontent.com/pod-product-compliance
Lightning Source LLC
Chambersburg PA
CBHW070210030726
47505CB00006B/1633